崧燁文化

天際

華夏民族之

天壇頭「祭義」綜覽

徐鴻模 撰述

目錄

「對越在天」與《聖經》的交會叩問

—— 談徐鴻模博士及其《天之際》

東華大學中文系 吳冠宏

　　與徐鴻模先生結識始於他旁聽我「儒道思想專題」的課程，相較於其他年輕正式修課的學子，他在聽講過程中勤做內容摘要，留給我篤實認真的好印象。其後參加東華中文博士班甄試，他談起 1970 年考大學時就想讀中文系，由於父母反對改讀「企業管理」，遂歷經旅美求學與經商事業，走入塵網四十多年，終於換回這一次的真情歸返，如此難得的因緣與際遇，都令口考委員們為之感動。

　　這一趟復返漢學之路可謂得來不易，致使他每一門修課都加倍用功，全力以赴。可能是我正津津有味地閱讀唐文明教授的《與命與仁》，也剛剛邁入知天命的歲數，對於他提出「以《春秋繁露》『天、祭』奧義屬綴華夏民族天觀，並論『祭』—天人際遇」的博論規劃，就義無反顧地答應指導了。在東華校園的兩年修課結束後，他顧及遠居美國的家人，仍需往返於美臺之間，並於臺北車站附近找個歇腳處，故常邀請我利用北上開會之便，一同在火車站旁天成飯店附近的怡客咖啡進行專題討論。除了在古典文獻的解讀問題上交換心得之外，他曾手捧兩本我推薦的書—《知天者：西漢儒家知識理論探索》與《為神而辯》，書側都貼滿記號的標籤，在等候返花東的火車班次前，我們曾多次在此共營閱讀的風景，分享彼此的收穫與發現。

徐先生以分秒必珍的紀律，努力與時間賽跑，一頭栽進古奧艱澀的文獻，盡力彌補早年與傳統經籍失之交臂的遺憾，更立基於神學的素養，企圖援引《聖經》的內容與古代典籍的天觀進行對話，掌握此處的分際大不易，既不能受制於信仰中不時存在的絕對與必然，又得從古代典籍的神祕性中找到足以提昇轉化的詮解契機，整個學術工程相當浩瀚並且難以駕馭，他卻能憑著自律、嚴謹、積極的治學態度，逐夢踏實，克服此博論在高度、深度與廣度上所面臨的挑戰，我認為除了矢志勤功的願力之外，一定不時於「天」的文獻中發現相近於天啟之神聖感的喜悅，才得以在邁入「從心所欲不逾矩」前的 2019 年七月一日，順利通過博論口考，取得最高學位。

在畢業前夕，徐博士曾走訪大陸見證孕育董仲舒的文化現場，參與董仲舒思想研究國際學術研討會，但沒有料到畢業後不久，新冠病毒疫情已逐漸肆虐全球，他本立意將綰合中國傳統文化（經典古籍為主軸）與西方信仰（聖經啟示為核心）的見地與用心在大陸與更多相關學者、同道、友人交流推廣，也只能擱置暫緩了。由於邊界管制諸多不便，他往返於美臺之際必須兩地佇留，遂利用居家檢疫的空檔，修補其博士論文以完成新版，不斷自我潛修，積澱、擴散、吸納更多中國古典經籍的文獻知識，持續在「天之際」的議題上深耕拓植，有如自費執行博論改寫計畫與博士後研究般，最終完成新的書稿《天之際：華夏民族之「天觀」與「祭義」綜覽》，由崧燁文化出版社正式發行。徐博士目前並非在學界發展，仍不減其學術熱情，這樣的堅持奮進，真是鳳毛麟角，也難怪他會說：「飛越太平洋，跨過中央山脈，這一路真的不是人走出來的、是天恩浩蕩」，冥冥之中我也深覺有此師生的善緣，只能謝天。

徐博士從余英時院士「中國人講『天』，但是很少去搞清楚『天是什麼』」的反省語中出發，「天」就是催促他砥礪前行的密碼，也是他於茫茫學海中專注開竅之所在。全書分為三大面向：第一部分是天觀，他界定為「本體天」，不僅闡析《詩》、《書》、《易》，亦廣涉《論》、《孟》、《荀》、《老》、《莊》、《墨》諸多經典的體天悟道，繼而融匯在西漢《淮南子》與《春秋繁露》的融舊開新。第二部分他標出「轉折」，權分「斷裂」與「溯原」兩區塊來展開，前者為玄學與佛學，後者為宋明理學，有此價值判準，除持之以先秦至西漢之經典古籍為

天觀祭義的正統所在之外，也涉及他立基於《聖經》信仰下對於超越界的肯認與關懷。第三部分處理「祭義」—「天人際遇」，從《春秋繁露》如何論人啟義，進一步他考察金甲骨文、三禮、墨子、董仲舒之論祭義，繼而探索「究天人之際」的《史記》，並據此與《聖經》進行跨文化的天人關係比較，最後印證在會天之意的漢字大典—《說文解字》上。

人文學科固然仍有一些客觀的方法可參酌，然每位學者的體會與立場有別，就會發展出不同的知識系統與學術向度，徐博士頗有化繁為簡的本事，方能以有限的篇幅及架構處理如此深遠的大哉問！該書諸多論述頗能與當今學界所關注之儒家的宗教性議題相互呼應，觀其別具巧構的書名《天之際》，正可說明其宗旨微意，「際」音同「祭」，卻書之為「際」，一則使其立論能環扣在天人之際的大格局上，畢竟這是人類最艱難的真理叩問，二則又以祭義輔天觀，談天觀卻不離祭義，看似天顯祭隱，實則在此脈絡下，《聖經》的天恩浩瀚遂能與傳統文化的「對越在天」內外應和了。思及其博論啟航之際，可謂舉步維艱，直到《天之際》的現身，這場學術對話才體現出一以貫之的判準，是以對於該書列玄學與佛學為「轉折」中的「斷裂」，或不免有立場先導的質疑，但我仍願意秉持尊重的態度，因為面對這一位識天體道的基督徒，爾後可以為宗教的信仰文化注入更多傳統漢學的力道，已令我倍感欣慰了。

作為徐博士的指導老師，我所扮演的角色僅是支持與陪伴的助緣，從博論到此新書的大功告成，都是他獨立研究的辛苦結晶。在我們共同成長的交涉經歷中，我總是惦記著《為神而辯》中一句話的提點，還有他曾來函叩醒的共鳴，最後願以這兩段話共勉之，在未來彼此繼續精進的路上：

1. 不論是密契者或科學家，如果沒有勇氣走出已知知識的舒適圈，就會被困在不再妥切的信念裡。（凱倫·阿姆斯壯 Karen Armstrong《為神而辯》THE CASE FOR GOD，頁 247-248）

2. 我一直以來都自許要作一個認真學習的「學者」（a learning person ～ learner、學習的人，而非 a learned person、a sophisticated scholar、飽學之士）；感謝老師給我的提點：在津口（或謂「天津」）成為一個「擺渡人」～作一個先行者，竭盡綿薄之力、濟助需要方向的尋覓者、探索者。（徐鴻模博士 2021/3/7 的來信）

序言

　　展讀中國經典古籍，諸子哲思著述、史書記言敘事，總見天啓昭彰、天顯常在、天跡處處、天光閃爍，與一己腦際間、心念裡對「天」本然認知、體驗[1]映照契合，於焉觸發了深入全面探究中國經典古籍所論及的「天」之意圖。余英時嘗謂「中國人講『天』，但是很少去搞清楚『天是什麼』」[2]，他的感慨也深深激發探究其實的意念。

　　「以《春秋繁露》『天、祭』突義屬綴華夏民族『天觀』、並論『祭』～天人際遇」是筆者在東華大學取得「中國文學博士」學位論文之論題。該文依託於《春秋繁露》、董仲舒天觀思想～「天有十端」為樞軸，架構申述華夏民族天觀思想：以「十端之天」立論「本體天」、以「十端其九」（天地、陰陽、木火土金水）闡發「自然天」；並就「天端第十～人」論人之所由與人性。另據董仲舒「祭、際也」之洞見和其對「天子」的冀求，聯綴以《聖經》相關啟示，申論

1　主觀上與「天」的真實確鑿之對遇、客觀上是奠基於對《聖經》啟示的理解。誠然，信仰是主觀的，一個人所認定的「客觀」真理，也會被他者認定那是你「一廂情願」的一己之見。匯集許多的「主觀」經驗的「共識」，能否被他者客觀地認定為「客觀」？經過他者驗證的「客觀的」主觀信仰經歷，能否「放諸四海而皆準」？十八世紀，英國經驗主義首創者洛克（John Locke 1632-1704）提倡白板（tabula rasa）學說。其大意是、人類初生時的心靈狀態，猶如空白的紙張，對於外界的知識是由於「心靈接受」和「反應外在事物」得來的；因而真理的標準和知識的正確可靠性，是以主觀心靈和客觀世界兩相符合為根據。一個曾歷經「天人際遇」和上帝對遇的「上帝子民」，在他和上帝際遇之前，他的心靈悉心尋求終極的主體（上帝），當他發現他的心靈和「文字記載的道」和「成了肉身的道」的客觀憑據可以相契合，而內心又「有聖靈同證他是屬神的兒女」之時，這正是洛克所謂的「主觀的心和客觀世界兩相符合」，於焉驗證了上帝所啟示的「道」具其正確性和可靠性。而這「主觀經歷」若是無數生民的「交疊共識」時，更驗證了其所認知的真理普遍性，雖不能謂其必然放諸四海而皆準，然亦能指陳其為一明晰而可因循的安身立命之道。

2　余英時：《中國文化與現代變遷》；台北：三民，1995年，頁192。

祭義、闡發「依歸天道」並「天人之際、天人合一」。約言之，該文概分為兩部分，先論「天」、次論「祭」～依歸天道。本書植基於該文的基本框架，掌握其大要並深化、延伸論述，以《天之際》稱名。其大要仍不離於華夏民族之「天觀」與「祭義」之探究，故其「副題」稱之為「華夏民族『天觀』與『祭義』綜覽」。要之，概分為三部分，先論「天」、其次言及「轉折」、再次論「祭」～天人際遇，全書綱要如次：

第一部 (I)「天觀」～「本體天」之探究

　I.1　　經典文獻～「詩、書、易」天觀表述

　I.2　　先秦古籍～「論、孟、荀、老、莊、墨」體天悟道

　I.3　　西漢融舊開新～「淮南子、春秋繁露」於「天觀、祭義」之融匯

第二部 (II) 轉折

　II.1　「斷裂」～「玄學、佛學、易學」

　II.2　「溯原」～「循天理、致良知」

第三部 (III)「祭義」～天人際遇

　III.1　《春秋繁露》論「人」

　III.2　古籍經典～「金甲古文、三禮、墨子、董子」論「祭義」

　III.3　《史記》「究天人之際」之探索～
　　　　　從「脩仁行義」視角綜覽「際天」之踐履

　III.4　《說文解字》「達神悟」奧義探究～
　　　　　掘發會天之意的漢字併觀照其與《聖經》啟示之或有聯結

　　概言之、第一部「天觀」，在於掘發、綴集「詩、書、易」、「儒、道、墨」等攸關「天、帝」～「本體」之記述。並統合、總覽《春秋繁露》董子知見和《淮南子》中對先秦諸子「天觀」的諸多體悟。

　　第二部、從中國哲學思想發展的脈絡，掌握華夏民族「天觀」思想的轉折～「斷裂」與「溯原」：略述魏晉玄學和隋唐佛學「玄、空」思想對華夏民族天觀的衝擊影響～斷裂而隔絕於「天」；再簡述宋、明「理學、心學」循天理、

致良知，溯原於「天」的用心和努力。

第三部、論「祭義」～天人際遇：

首先本於《春秋繁露》「天端第十」～「人、天之副」論起，述及人之本源與人性；並論董仲舒成為「天子」的亟望～「受命於天、取仁於天而仁；視天而行…欲合諸天」。

其次論「祭」～「祭之為言際也歟」，董仲舒明確體悟「祭祀」乃為人與天對遇、依歸於「天」的路徑。在此段落中梳理「金甲古文、三禮、墨子和《春秋繁露》所闡述之「祭義」。

再次、論述「天人之際」；司馬遷撰著《史記》目的其一乃在於「究天人之際」，展閱《史記》敘事記言，但見「脩仁行義」的行止所體現的生命即為「天人之際」的具實呈現。

末了、本於許慎編纂《說文解字》以「達神恉」的目的，特匯集「會於天意」的漢字，聯綴於《聖經》啟示之相關要義，以申述其達神恉的良苦用心。

筆者為文撰述，殷殷亟望能透過中國經典古籍，找回中國人原原本本的「天～上帝」；也能明確闡釋歸依祂的路徑～「祭、際也，祭然後能見不見」，「祭祀」是讓獻祭者和受祭祀的「天」交際聯結，致至「天人之際」的實境。

王國維肯認治學之道可「取外來之觀念與故有之材料相參證；取異族之故書與吾國之舊籍聯結補綴」，本書嘗試以源自「希伯來民族之故書」～《聖經》的「啟示」聯綴中國經典古籍。本文以《聖經》的啟示聯綴於中國經典「天觀」的另類延伸，冀望那些嫻熟中國古典經書「天觀」者，能不把聖經定位在「宗教」的框架中，而能把它視為另一部古籍經典，並以開放的心態、肯認在本書中這個「創造性詮釋」視角之嘗試。相對的說，對那些信奉、執守《聖經》啟示者，亦能以寬廣的心，認識華夏民族天觀思想中燦然閃耀的天啟亮點與光芒。

中國經典中的「天觀」和《聖經》「天啟」，其間或有被認為有「道不同、無以為謀」者，所以如此，蓋因基督教被看成「西方的宗教」，「上帝」也是西

方國家傳入，外來的信仰對象。其實《聖經》中有明確關於「天」的啟示，中國古典經書中亦有許多吉光片羽相近的「天啓」，本文試圖將之相對觀照，並作適切的聯結、縮和、補綴，冀望得以釐清一些迷思，並能鋪陳一塊正向進深探究的踏板。

第一部（Ⅰ）「天觀」～「本體天」之探究

～六合之外的終極實在

「對於神、人類所能想見的任何概念都必然有所不足」

《為神而辯》

　　「本體」$^{\sim\,noumenon}$、源自「希臘文：νοούμενον」[1]；其為哲學名詞，其意為「在思想中的某事物」，它與「現象」是兩個相對的名詞。在柏拉圖主義中，本體的領域，在於理型的世界。「本體」的意涵是「思想所對應的對象」，則其為哲學形上、理性思維所構建的產物；若然、則「本體」含蘊於人心思想，顯然「人」比「本體」更大、更高、更超越；就主客關係而言，人反而自立為「主體」，所謂的「本體～思想所對應的對象」即被擺置於客體地位上。在這樣的邏輯思考下，人人皆是各為其是的「主體」，就此「主體」而言，因各有其主觀意識的判別，是則所謂的「本體」～「在思想中的某事務、思想所對應的對象」，對於「萬事萬物」的界定也都會因人而異、莫衷一是、而大異於其本然應有的「他是」矣。從「唯心論」的觀點而言，對一定限度範圍的事物，的確人心也可以一定程度的理會、把握它；然衡諸世情，一個不爭的事實是（人類也可以清楚地意識到），有限的人、就其短暫的生滅，其心怎能包容萬物、萬象和那「使之然」並蘊含宇宙萬有的夐然「本體」（或稱謂其為「超越的終極實在」）。

　　學者余治平即是從「認識論」的進路把董仲舒的「天」定位為「人心信念本體」的對象，意即他以「人心信念」為本體、它是絕然的智慧，就是那能善於駕馭一切的「思想」[2]。他強調「人心信念」為本體～「本位主體」。「天」只是「人心信念」中的「對象」。從邏輯上來說、應是「唯心為大」而非「唯天為大」，因為如果以天為大，則「天」就應該是夐然自立的主體，而非由有限的「人心」信念為主體所構建、理性思維可駕馭的對象、客體。余君又謂「董仲舒之學是天學，天是董仲舒思想體系運轉的軸心所在」[3]，但其於「本體天」的認知有異於董仲舒對「天」為「本體」之洞察（其論述詳如本書 I.3 段落～《春秋繁露》論「天觀、祭義」頁 101~115）。

1　νοούμενον 是 νοεῖν 的現在分詞，原義是「我思、我想」字面意思為「在思想中的某事物」、「思想所對應的對象」。又、智性（νους、nous），也是來自於這個希臘文字根。

2　余治平：《唯天為大～建基於信念本體的董仲舒哲學研究》；在第一篇「信念本體」伊始、引赫拉克利特所言為序，其要義即在於強調「人心信念」為本體～「本位主體」。「天」只是「人心信念」下的「對象」。從邏輯上來說、似乎是「唯心為大」而非「唯天為大」，因為如果以天為大，則「天」就應該是夐然自立的主體，而非由「人心」信念為主體所構建、理性思維可駕馭的對象、客體。

3　余治平：《唯天為大～建基於信念本體的董仲舒哲學研究》；導言、頁 3。

康德稱「本體」為「物自身、物自體」[4]（the thing-in-itself）。其為不必用感官即克覺知、意識到的物體，或事件。於此、比較合理的推定終極「本體」則當是夐然自在、自是、自存的「祂是」，「祂」樂於向人顯明、表彰其「所是」（若稱「祂是」為「天」，則其自我啟示即為所謂的「天啟」）、「祂」是人心深處可以感知、交流、對遇的「主體」；「祂」是許多心靈經歷、體驗過的共識認知對象。不單單是靠知識、理性，也靠「信心、信念」際遇經歷的具實本真、夐然自在「本體」。歸言之，為人在世植基於此「夐然本體」，方克底定「主客、物我、本末、起訖」以致得以在浩瀚無垠時空中確立自我定位座標。

林安梧對熊十力的「體用哲學」作了詮釋與重建，他在《存有～意識與實踐》論述「存有根源的開頭」中，標示要旨：豁顯存有三態，其首要乃為「存有的根源～X」～是越過了執著性的、對象化的存有，它是不可思議的，是越過了心行（意識的活動）與言說，而進到一超言說的、心行皆泯的階層[5]。 林氏對「本體」之訴求定位於「存有的根源～X」，非常類似於希臘人對「本體」追尋的終極認定～未識之神（X）[6]。

《聖經》、〈創世記〉記載了摩西和「那位」（或姑且借用「X」來代稱之）的對遇：當摩西問上帝的名號時，神告以：「我是『我是』」；所以摩西向以色列百姓提述祂時，就把第一人稱的「我是」改稱為第三人稱的「祂是」；「祂是」也就是《舊約》所常見通稱上帝的名「耶和華」[7]。各個世代，人心在理性思維中總會探索「本體」～超越的終極實在，上帝向摩西宣告，也向世人啟示，祂就是夐然自存、自在的本體～「我是」。

4　德語：das ding an sich　（the thing-in-itself）「物自身、物自體」。

5　林安梧《存有、意識與實踐》；台北、東大圖書，1993 年，頁 148；「不可思議」之意涵，熊十力有精闢切要的解說：思者心行相、議者言說相。此是「染慧」、是意識取物之見，夫以取物之見，逐而推論無方之變，則恣為戲論，顛倒滋甚。故不可思議之云，直以理之極至，非思議所可相應。

6　《聖經》、〈使徒行傳〉17:22-23 記載使徒保羅在希臘雅典、衛城的經歷「保羅站在亞略巴古當中、說，眾位雅典人哪、我看你們凡事很敬畏鬼神。我遊行的時候、觀看你們所敬拜的、遇見一座壇、上面寫著『未識之神』」（姑且亦以「X」稱之）。使徒保羅就從這個接觸點、開始向雅典人述說上帝。

7　《聖經》、〈出埃及記〉3:13-14：「摩西對　神說、我到以色列人那裡、對他們說、你們祖宗的　神打發我到你們這裡來；他們若問我說、他叫甚麼名字、我要對他們說甚麼呢。神對摩西說、我是「自有永有的」；又說、你要對以色列人這樣說、「那自有的」打發我到你們這裡來」。又，「道成肉身」的耶穌也自稱是「我是」，因為祂就是本體「上帝」、《舊約》所名稱的「耶和華」。

　　對自由、靈魂、上帝等理性理念，即使絞盡腦汁也無以界定其「本然所是」；因此，對其認知必須在窮極理性之際、飛越理性，以信心接受而確切體悟；「康德向我們證明，理論、理性不能讓我們接近本體；實踐生活、具體經歷卻能夠使我們感覺到世界的實在。康德對認識、經歷上帝所下的結論是由他的邏輯體系推演出來的，但是它在客觀上（非主觀、非自我本位的，是可以放諸四海被驗證的）又為後世生活在科學昌明的科技時代裡的人開出了一劑醫治心靈創傷、克服人性異化的良方」[8]。引文要義蓋謂：世人當超越理性的匡限、以信心識天體道、歸依上帝。

　　《聖經》應許「尋覓祂的就找到、勞苦的人得安息」[9]；因於「信心」^{～飛越理性}一個人可以與神對遇、支取上帝的生命成為新造的人～「凡接待他的，就是信他名的人，他就賜他們權柄做神的兒女」^{～約翰福音 1:12}；人與上帝對遇聯結、「上帝」成為世人倚恃的絕然「本體」。

　　歸言之，關於「本體」的稱謂，其於本文的意涵概為「夐然自存的終極存有」；其固迥異於「知識論」所謂以人為中心的「認知主體」（心智）。故此，在本文所論及的「本體」^{～祂是}，並非由人的心識、理性所認知、體悟、構建的對象。

　　「本體」^{～終極所是}，或有稱其乃「天」者；「本體」與「天」合曰「本體天」。在中國經典古籍中，存有於六合之外的「本體天」，其昭然若揭、處處可見：

　　《老子》第四十章有謂、「天下萬物生於有，有生於無」，「有」生於「無」，「無」^{～無以名狀的存有}是另類的「有」^{～存在}，「祂是」先存於具體的、現象界的形形色色的「萬有」之外，「萬有」亦能彰顯「祂是」的「存有」。《淮南子》、〈原道訓〉有曰「夫無形者，物之大祖也；無音者，聲之大宗也」…「無形而有形生焉，無聲而五音鳴焉，無味而五味形焉，無色而五色成焉。是故有生於無，實出於虛」，「無」與「虛」並非「空無」、「虛無」，一無所有，而是對「本體」的一種指稱；祂是「使之然者」，祂是萬有存有之所源、依據。

8　大陸學者余治平君有一段對康德的美讚。參 余治平：《唯天為大》；北京：商務印書館，2003 年，頁 18

9　《聖經》、〈馬太福音〉7:8；11:28。

　　中國賢哲對戛然道體之先存、自在，所見深邃明晰：「道…吾不知誰之子、象帝之先」[10]、「夫道有情有信…」[11]、「朝聞道夕死可矣」。《聖經》、〈約翰福音〉啟示昭彰：「太初有道、道與　神同在、道就是　神。這道太初與　神同在」[12]。宇宙受造以先「道」已然存有、或稱其為「神、上帝」，一切存有源起於祂，祂是生命之源。

　　中國古典經籍中「天啓、天顯、天道、天理、天光、天功、天志、天意、天譴、天威、天心、天子、天民」關乎「天」的記述所在多有。本文試圖於聖哲先賢之著述中逐地毯式地、竭力掘發探究、歸納整理之：首先從中國經典文獻「詩書易」中著手探源華夏民族在堯舜、虞夏、商周時代，初民所蒙受的「天啓」；又從《論語》、《孟子》、《荀子》；《墨子》；《老子》、《莊子》原典蒐尋關乎「天」的記述，再以其共性、通性匯整攸關乎「天」之奧義。在行文中多所引述「原典」關乎「天」的表述，並只作極為簡要的闡釋，意在準確的凸顯典籍「天觀」於其本然。總此，概稱其為「舊章」天觀，其亦為華夏民族所認知體悟的「天」者。

　　史學家司馬談視「六家、六藝」為瑰寶，嘗擷取其精萃扼要論述、信而有徵。司馬遷自述其承繼父業為史官記述史實，提及司馬談珍重六家、儒者六藝及尊崇孔子修舊起廢之史實曰：

> 「太史公~司馬談學天官於唐都，受易於楊何，習道論於黃子。太史公仕於建元、元封之間~前140-105，愍學者之不達其意而師悖，乃論六家之要指…夫儒者以六藝為法」；「…幽厲之後，王道缺，禮樂衰，孔子修舊起廢，論詩書，作春秋，則學者至今則之。自獲麟以來四百有餘歲，而諸侯相兼，史記放絕。今漢興，海內一統，明主賢君忠臣死義之士，余為太史而弗論載，廢天下之史文，余甚懼焉，汝其念哉！」遷俯首流涕曰：「小子不敏，請悉論先人所次舊聞，弗敢闕」[13]。

　　「六家、六藝」為史家所肯認、承傳，本文遂亦依傍「舊章」探究天觀。

　　董仲舒多連、博貫，苦心孤詣遍覽經籍，傳《春秋》（所謂「為《春秋》

10　楊宇烈：《老子、周易王弼注校釋》；台北：華正書局，1983 年，頁 13。
11　【清】郭慶藩：《莊子集釋》、〈大宗師〉；台北：世界書局，1955 年，頁 111。
12　《聖經》、〈約翰福音〉1:1-2。
13　【漢】司馬遷：《史記》、〈太史公自序〉。

者」），察「天之微」；「不騫不忘，率由舊章」，其詮釋、申論「舊章」奧義，斐然有成，撰著《春秋微露》盡述其所見所參。於此、或可以學者劉國民之所見概述曰「董仲舒的學問是博與專的統一，他立足於《春秋》公羊學，而又博通「五經」與諸家學說」[14]。本文遂援其「宗經、徵聖」探本究源的進路，首先述及「舊章」天觀。

　　建安年間，徐幹推崇「舊章」深具洞徹之見，其有謂「六藝者，群聖相因之書也。其人雖亡、其道猶存。今之學者，勤心以求之，亦足以到昭明而博達矣。故凡學者，大義為先，物名為後，大義舉而物名從之。然鄙儒之博學也務於物名、詳於器械、考於訓詁、摘其章句，而不能統其大義之所極，以獲先王之心…董子以明義理為依歸」[15]。本書「掠跡其義」，簡約以「詩書易」為主體，並依於「儒道墨」三家之見，試圖攫取攸關「天道」要義[16]，期其映照於《春秋繁露》闡述的「天觀」（或曰「董仲舒之天學」）[17]；並適切以《聖經》相關啟示要義對觀、聯綴之。

14　劉國民：《董仲舒的經學詮釋及天的哲學》，頁 50。
15　蘇輿引用曹魏時人徐幹：《中論》、〈治學〉之見解以推崇董子治學依傍舊章義理；《春秋繁露義證》，頁 145。
16　司馬遷《史記》秉承於司馬談概述「六藝」、「六家」；本文多所引述者乃「詩書易」三經，並主要著重於「儒道墨」三家關乎天道之見。
17　余治平：《唯天為大～建基於信念本體的董仲舒哲學研究》；導言、頁 3。

Ⅰ.1 經典文獻～ 「詩、書、易」天觀表述

中國古典經籍中關乎「天」的記述所在多有，諸如「天啓、天顯、天道、天理、天光、天功、天志、天意、天譴、天威、天心、天子、天民」等等。本書試圖於聖哲先賢之著述中逐地毯式地，竭力掘發探究，歸納整理之：首先從中國經典文獻「易、詩、書」中著手探源華夏民族在堯舜、虞夏、商周時代、初民所蒙受的「天啓」。

「詩、書」顯明「天人際遇」

經典古籍《詩經》與《尚書》中，關乎「天」的記述所在多有、斑斑可考，謹就「本體、創生、主宰、位格」等面向稽考華夏初民對天的體悟，羅列屬綴梳理如次：

壹、本體天 [18]

一. 六合之外的存有

關於「本體」的稱謂，其於本文的意涵概為「夐然自存的終極存有」；其固迥異於「知識論」所謂以人為中心的「認知主體」（心智）。故此，在本文所論及的「本體」～袛是，自非由人的心識、理性所認知、體悟、構建的對象。

「本體」～終極所是，或有稱其乃「天」者，「本體」與「天」合曰「本體天」，其於中國經典古籍「尚書、詩經」中，攸關存有於六合之外的「本體天」之記述，昭然若揭、處處可見。

《尚書》開篇為〈堯典〉，記述帝堯之所是、所為，其行止成為典範廣為後人所推崇；早在虞舜時代，帝舜的臣下伯益即如此讚揚他，特別肯認堯乃「皇

---

18 關於「本體」的稱謂，其於本文的意涵概為「夐然自存的終極存有」；其固迥異於「知識論」所謂以人為中心的「認知主體」（心智），故此，在本文所論及的「本體」（袛是），並非由人的心識、理性所認知、體悟、構建的對象。

天」所眷命者：

> 伯益~舜帝臣下曰：「都~發語詞，帝~堯德廣運，乃聖乃神，乃武乃文。皇天眷命~其有情、有意，奄~盡有四海為天下君」[19]。

〈大禹謨〉[20] 記述舜帝對大禹的深刻了解，並託付他戮力治水。對他期許殷切、當面對他說：「天命就在你肩頭上，你必定高升為全民之大君、承受天祿」：

> 帝~舜曰：「來、禹！降水儆予~天譴、天透過洪水以示儆戒於吾等之際，成允~能實現政教承諾成功~能完成治水任務，惟汝賢。克勤于邦，克儉于家，不自滿假~盈滿誇大，惟汝賢。汝惟不矜~誇，天下莫與汝爭能。汝惟不伐~讚許，天下莫與汝爭功。予懋~讚許乃~汝德，嘉乃丕績，天之歷數在汝躬，汝終陟~升元后~大君。人心惟危，道心惟微~精微，惟精~研究惟一~專一，允~誠執~守厥中~道。無稽之言勿聽，弗詢~專斷之謀勿庸~用。可愛非君？可畏非民？眾非元后~君何戴~擁戴？后非眾，罔與守邦？欽~敬哉！慎乃有位，敬修其可願，[如果]四海困窮，[那麼]天祿[或將]永終。惟~雖然口[能]出好~說好興戎~說歹，朕言不再[改變]」[21]。

帝舜的臣下伯益對同僚禹也期勉有加～當因循天道，以至誠事奉神：

> 三旬，苗民逆命。益~伯益贊~會見于禹曰：「惟德動天，無遠弗屆。滿招損，謙受益，時~此乃天道。帝~舜初于歷山，往于田~耕作於田間，日號泣于旻天、于父母，負罪引慝~各惡。祗載~恭敬行事見瞽瞍~舜的父親，夔夔~恐懼齋~莊敬慄~戰慄，瞽亦允若~信順。至誠感神，矧~何況茲有苗」[22]。

以上三段引文、俱見對「天」的稱述並其多面向的聯綴；對「祂」的稱謂則為：「皇天、旻天、神」；對其屬性的體悟、感知，概可謂是：

1. 祂有「意」、是命定者、是主宰，是祂決定了歷數；

2. 祂有「知」、

---

19 【漢】孔安國 傳、【唐】孔穎達 疏：《尚書正義》；上海：古籍出版社，2007 年，頁 124；周秉鈞：《尚書譯注》，頁 206。

20 《尚書》、〈大禹謨〉、〈湯誥〉、〈堯典〉、〈舜典〉等等經文，有訓詁學者認定其為東晉偽「古文尚書」中之篇章。即或如此，亦無非是人心對「天、昊天、皇天」、「神」、「上帝」、「道心」、「天心」深刻確切的覺知述說。引文即或是被論定其為「偽古文者」，本文重在「取義」，故此攸關《尚書》真偽之辨非本文論述範疇。

21 【漢】孔安國 傳、【唐】孔穎達 疏：《尚書正義》，頁 132-133；周秉鈞：《尚書譯注》，頁 209。

22 【漢】孔安國 傳、【唐】孔穎達 疏：《尚書正義》；頁 139-140；周秉鈞：《尚書譯注》，頁 211。

3. 祂有「情」。

此外、引文亦見「天心」昭彰、「天道」存焉，三代初民對「天」的感應靈通敏銳。

成湯既黜夏命，復歸于亳~^{今河南商丘}，作〈湯誥〉，在誥文中具實看見「天」、「上帝」鮮活在人心中；清晰可見關乎「天」的稱謂和與天相關聯的指稱：「皇上帝、天道、天命、上天、天、天休、上帝之心~^{天心}」：

> 「王歸自克夏，至于亳，誕告萬方。王曰：「嗟！爾萬方有眾，明聽予一人誥~^{訓論}。惟皇~^{偉大}上帝，降~^{本體天的作為：賜給}衷~^{善心}于下民。若有恆性，克綏~^{安於}厥猷~^{垂範、天心鵠旨}惟后~^{君王}。夏王滅德作威，以敷虐于爾萬方百姓。爾萬方百姓，罹其凶害，弗忍荼毒，並告無辜于上下神祇。天道福善禍淫，降災于夏，以彰厥罪。肆~^{因此}台~^我小子，將~^{力行}天命明威~^法，不敢赦~^{寬待、引伸為枉法}。敢用~^[祭以]玄牡~^{黑色公牛}，敢昭告~^{昭然奠請}于上天神后 ²³，請罪有夏。聿~^{發語詞、於是就}求~^{遂請}元聖~^{大聖、指賢相伊尹}，與之~^我戮力，以與爾有眾請命。上天孚佑~^{誠信護佑（本體天的作為）}下民，罪人~^{指夏桀}黜伏~^{廢黜}，天命弗僭~^{差錯}，賁~^{音奔、紋飾～欣欣向榮}若草木，兆民允~^{信、具實}殖~^{蓬然生活}。

> [上天]俾予~^{託付我}一人輯~^{和睦}寧~^{安寧}爾邦家，茲~^{如斯作為}朕未知[是否]獲戾~^罪于上下，慄慄危懼~^{驚恐畏懼}，若將隕于深淵。凡我造邦~^{所建立的邦國}，無從匪彝~^{非法}，無即慆~^{怠慢}淫~^{逸樂}，各守爾典，以承天休。爾~^{爾等}有善，朕弗敢蔽；罪當朕躬，弗敢自赦~^{寬貸}，惟簡~^{閱、明察秋毫}在上帝之心~^{天心}。其爾萬方有罪，在予一人；予一人有罪，無以爾萬方。嗚呼！尚~^{但願}克~^能時~^此忱~^{誠信居心}，乃亦有終~^{好的結局}」²⁴。

二.「天」、「帝」並稱

「『上帝』之稱，最早見於卜辭」_{ᴸ.28.14}，帝而稱上者，似商人已有帝在天上之說」²⁵。「在商人的心目中，帝是居於一切之上的主宰者，所以也稱其為『上帝』」²⁶。殷商初民原初所祭祀的「帝」是夐然的主宰者～「上帝」。其後雖也有被殷商初民所祭祀的「東、西、南、北」所謂之「帝」，其概為「自然神」爾；到了殷王祖庚、祖甲的卜辭，「把『帝』字用來冠在父親武丁之丁的前面，稱之

---

23 「上天神后」在《論語》堯曰引用此段落時曰其為「皇皇后帝」，整合之、可謂其為「高高在上皇天上帝」。

24 【清】阮元：《十三經注疏》，頁342-343；周秉鈞《尚書譯注》，頁247-249。

25 陳夢家：「故文字中之商周祭祀」，《燕京學報》第十九期，頁143。

26 趙誠：《甲骨文與商代文化》；潘陽：遼寧出版社,2000年,頁43，並引證以《甲骨文合集》10166。

為『帝丁』」[27]，其後「殷王」遂亦被尊祀為「帝」，則其概為「王帝」爾。此外、尚有所謂之「禘」乃在於祭祀祖靈、「先祖神」。「大盂鼎」金文記述了周文、武二王奉行祭祀、不為酒亂、行政合乎天命，得天之翼臨，周初「天」之思想昭彰[28]。

　即或「帝」為商人用以稱謂人王祖靈、神祇，然初民對夐然的本體「天」、「上帝」的覺知是清晰的，誠如當代學者傅佩榮所謂：「由周初文獻《詩經》、《書經》看來，『天』與『帝』可以互換使用，因此亦具有共同的含意。天與帝都代表同一位至高主宰，祂是「主宰者」~Dominator、「啟示者」~Revealer、「審判者」~Judge、「創造者」~Creator、「護守者」~Sustainer」[29]。職是之故，在本文中「天」、「上天」、「帝」、「上帝」會互換使用，並就如上所列舉之「天、帝」之屬性（Attributes）並其施為以相關引文聯綴之。

「肆~如今上帝將~意欲復我高祖之德，亂~發語詞越~揚升、光大我家~國家」~盤庚下 ；[30] 。

　盤庚所體悟一位覺知世情~分判對象、施恩護守~復我、定意作為~將復、越的上帝，蓋可謂「上帝」其「有知、有情、有意」。

{「玼兮玼兮~美玉光澤耀眼、其之翟~紋飾如翟雉之形的祭服。鬒髮~黑稠密髮如雲、不屑~無需髢~音替、假髮髻也。玉之瑱~音甜、耳塞、以絲繩繫於冠冕兩側的垂玉也、象~象牙之揥~音替、用以搔頭和綰髮的簪子也、揚~寬廣方正的前額 且~語助詞之皙~潔白皮膚也。胡然~何以如此而天也、胡然而帝也」[31]。}
{鄘風、君子偕老；661、53} [32] 。

　這首詩，雖歌詠一位后妃的佳形美容及其華麗服飾並其玉石妝點，然其亦隱喻這一切終究盡是外在虛浮膚淺體現，其內心深處冀望當以天之高尚、尊貴為真實底蘊。這段引文中顯然可見，當代百姓在生活的歌詠中，因感知一位超

27　趙誠：《甲骨文與商代文化》，頁 45-46。
28　【日】白川靜 著、蔡哲茂、溫天河 譯：《金文的世界》；台北：聯經，1989 年，頁 65-66。
29　傅佩榮：《儒道天論發微》；台北：聯經；2010 年，頁 31。
30　【清】阮元：《十三經注疏》；北京，中華書局，2015 年 4 月重印版，頁 364；參 周秉鈞：《尚書譯注》，頁 273。
31　【清】阮元：《十三經注疏》，頁 661；參 韓崢嶸：《詩經譯注》；台北：建安出版社，2002 年，頁 53。
32　《詩經》引文之「篇名和頁碼標記」～鄘風、君子偕老；661、53，概參用【清】阮元：《十三經注疏》；北京，中華書局，2015 年 4 月重印版。又、參考版本則為 韓崢嶸：《詩經譯注》；台北：建安出版社，2002 年。自此以下《詩經》之引用，僅於引文其後，列《詩經》篇章之名、且並列標記兩者頁碼，例如（鄘風、君子偕老；661、53）者。

越者的存有，在不自覺間呼喚其曰「天」與「帝」。「天」、「帝」的平行稱謂，表明稱「帝」為「天」、而呼「天」即為求告於「帝」，「天、帝」具為商周初民所覺知、仰賴、依恃的更高主宰者。

「徯~等待 志~有心志士、仁德者 以昭~昭＝詔、指導、
受~受命、服膺順從於 上帝；
天　其~將 申~再三 命~命定 用~賜以 休~休美恩福」[33]。

若能等待依靠有德仁人志士的指導、並且更願意服膺臣伏於上帝主權的命定，若然、上天必定將再三賞賜以休美恩福。這是對「上帝」與「天」平行、等同並稱的最具體的一段陳述。就「天」與「上帝」之稱謂，學者亦有謂：「孔子所講的天，就是活靈活現有人格、有意志的上帝」[34]。

[伊尹]曰：「嗚呼！古有夏代 先后~君，方~當其 懋~＝茂、勉力施行 厥德~德政，罔有天災。山川鬼神，亦莫不寧，暨鳥獸魚鱉咸 若~隨順。于~到了 其子孫 弗~不率~遵循先人德政，皇天 降災，假手于我~湯王有 [天]命：造~始 攻~討伐 自 鳴條~夏桀居所所在、即指夏桀，朕 哉~遇「載」、即開始行動 自亳~音薄、湯的國都」[35]。

「惟上帝不常，作善降之百祥，作不善降之百殃。爾惟德 罔小~無論多小，萬邦惟慶；爾惟不德 罔大~無論多大，墜~失 厥 宗~宗廟、指國家」[36]。

「皇天、上帝」並稱；祂有知~鑒察；有情有意~主權作為~降祥、降殃 施行公義刑罰。

成周既成，遷殷頑民，周公以王命誥，作〈多士〉，全篇屢見「天」、「帝」，「命」、「天命」：

王~周公代替成王到殷商遺民所在成周 若~如此這報 曰：「爾殷遺多士，[紂王]弗弔~敬重 旻天，大降喪于殷，我有周佑命，將[奉行]天明威，致~執行 王~紂王所當受罰~誅罰，敕~宣告 殷命終~斷絕于帝。肆~如今 爾多士！非~並不是 我小國敢弋~取代 殷命。惟天不 畀~給予{允~相信 罔~誣罔固~憑藉 亂~禍亂}~{信誣怙惡者}、[故此上天]弼~輔助 我，我其敢~豈敢 求位？惟帝不畀，惟我下民 秉為~所作所為，惟天明畏」[37]。

33【清】阮元：《十三經注疏》、《尚書》「益稷」，頁297；參 周秉鈞：《尚書譯注》，頁216。
34 任繼愈 主編：《中國哲學史》、第一冊；北京：人民出版社，1999年，頁77。
35【清】阮元：《十三經注疏》，頁344-345；參 周秉鈞：《尚書譯注》，頁250。
36【清】阮元：《十三經注疏》，頁344-345；參 周秉鈞：《尚書譯注》，頁252。
37【清】阮元：《十三經注疏》，頁466；參 周秉鈞：《尚書譯注》、〈多士〉，頁362。

　　「旻天、天」即為「帝、上帝」；「天、帝」並稱、其有知、有情、有意，其佑命、其有天威、殷命終于帝、惟天不畀、惟帝不畀，下民百姓當惟天明畏。

　　我聞曰：「上帝 引~制止 逸~淫佚」。有夏不適~節制 逸；則惟帝降格~格=詣、教令，嚮~引導 于時~此 夏~夏桀。弗克庸~採用、依從 帝，大淫泆有辭~拒、推讓、怠慢。惟時~因此 天罔念聞~不念不問、無顧念、任憑，厥~語詞 惟廢 元命~大命、國運，降致~至 罰；乃命爾先祖成湯革夏，俊民~傑出人才 甸~治理 四方。自成湯至于帝乙，罔不明德恤~用心謹慎 祀。亦惟天丕建~樹立，保乂~安治 有殷，殷王亦罔敢失~違背 帝~上帝（魾旨），罔不配天其澤。在 今 後嗣王~即指紂王，誕~大 罔顯~不明 于天，矧曰~更遑論 其有聽念于先王 勤家~勤勉治政的垂範？誕~大 淫~淫佚 厥~語詞 泆~逸樂，罔顧于天顯~天啟、天意 民祗~困，惟時~因此 上帝不保，降若茲大喪。惟天 不畀~給予天命於那些 不明厥德~不勉力施行德政者，凡四方小大邦 喪~覆滅，罔非~沒有不是 有辭~輕忽怠慢 于罰~上帝的刑罰」38。

　　「天、帝、上帝」交替使用。「天意」即是上帝懿旨~上帝制止逸樂；帝降格~詣、諭令，天丕 建~樹立保乂。天顯~啟昭彰，然而後嗣王~紂卻「誕罔顯于天」、「不明德恤祀」，其結果自然是「上帝不保」。

　　[康]王若曰：「庶邦~「侯、甸、男、衛」，惟予一人 釗~康王、姬釗 報~答覆 誥~教誨建言。昔君文、武 丕平~非常公平，富~仁厚慷慨 不 務咎~專注刑罰，厎~致 至~行 齊~平、中、不偏 信，用昭明于天下。則亦有 熊羆 之士~勇武將士，不二心之臣，保乂~安定治理 王家，用 端~開始 命~敬受天命 于上帝。皇天用訓厥道，付畀~託付 四方~天下」39。

　　康王既尸天子，徵集諸侯之見以為匡弼，遂誥諸侯，作〈康王之誥〉。康王說：「列位諸侯，我姬釗敬領回應你們眾位的教導。昔君文武很公平，仁厚不務咎，力行中信，昭明於天下。加上有勇武將士熊羆，不二心之臣，保乂王家，上帝遂任以天命，皇天順應其治道、把天下交付他們。成康聖治世代，可以清晰看見上帝活躍在他們當中；從敘述中也具體呈現「皇天」即是「上帝」。

貳、創生天

　　「天作~生成 高山~岐山、大王~古公亶父、周文王之祖父 荒~開墾 之。彼作~創始 矣、文王 康~賡續 之。彼~周人 徂~往 矣岐、有夷之行、子孫保之~祭祀先王先公於岐山之樂歌：清廟之十、天作：1262、409。

　　「天之生我。我辰安在」~節南山之十、小弁：971、253。

---

38 【清】阮元：《十三經注疏》，頁467；參 周秉鈞：《尚書譯注》、〈多士〉，頁362、363。
39 【清】阮元：《十三經注疏》，頁519；周秉鈞《尚書譯注》、〈康王之誥〉；頁409。

「天作高山」、「天之生我」，詩人具體、簡要勾勒，揭櫫天造作了高山，天生成了世人。詩人以描寫筆法、素樸直截地表述其所認知的「創生天」～生命、一切存有源起於「天」，「天」其為萬有所源出、「終極存在」者。

參、主宰天

一．生命之主

「各敬爾儀、天命不又」 ～節南山之十、小宛：969、251 。

周王朝小吏感懷於遭遇時亂，生活忙亂、屢受迫害而賦詩，其間以寓意當謹慎小心應對世事～各敬爾儀、天命不又、在人世生旅中體會掌管「天命」的主宰者。

「天之生我，我辰安在」 ～節南山之十、小弁；971、253 。

這是一個被父親棄逐的貴族子弟[40]抒發哀怨的詩～天問、追溯於生命源起，並認知生命有更高的宰制者、祂生我，祂賦予生命氣息，世人的生活、動作、存留都在乎祂。

「悠悠昊~皇 天、曰父母 且~語助詞 。無罪無辜、亂~遇到禍亂 如此憮~大 。

昊天已威~可敬畏 、予慎~誠然 無罪。昊天泰~過分 憮~急怒 、予慎無辜」 ～節南山之十、巧言；973、256 。

詩人對「昊天」稱曰「父母」，蓋意表「天」乃生命之所從出者、祂是生命的源起。於一己際遇，他對「天」訴盡幽怨衷腸「無罪無辜、亂如此憮」。他意識到人與天的感應～天知道、天有情、也寄望天可憐現改變他的運途。

綜言之、從以上三段引文中，可見詩人所表述、對天之不同感知，概可謂彼等所認知的天、其「有知、有情、有意」；生命源起於祂、祂是創生天、主宰天。

二．王權天命

「皇天既付 中國民 越~語助詞 厥 疆土 于先王，肆~今 王惟德用，和懌~和悅 先後~教導迷

---

40 本篇、據《詩序》說是太子宜臼所作，他因周幽王寵愛褒姒而立其子伯服而被逐；然，亦有謂此說證據不足。

民 ~迷惑悖亂的殷商遺民，用懌 ~通斁、終、完成 先王受命。已 ~語詞！若茲 ~如此這般 監 ~治理，{惟 ~想曰} ~我預料[你的統治] 欲 ~將 至于萬年，惟 ~與 王 子子孫孫 永保[殷]民」~梓材；41。

〈周書、梓材〉篇，乃周公告誡康叔治理殷商遺民的誥辭，以「梓材」寓意為政之道，亦如梓人治木成器。為政者既然受命於天（皇天既付疆土、百姓），則當施行德政，和懌開導迷民，完成先王受命。務求治理得當，期能「欲至于萬年，惟王子子孫孫永保民」，以不負天命。

從引文記載之誥命中可略見周公識天體道，體會天心～王權天命，茲以三代王權遞嬗為主軸概覽其實。

（一）殷商代夏

「[天]受 ~授 小球 ~球、法 大球、為下國 綴旒 ~表率。何 ~荷 天之休、不競不 絿 ~急躁、不剛不柔、敷政優優 ~寬和、百祿是 遒 ~聚攏。[天]受 ~授 小共 ~拱、法 大共，為下國 {駿厖 ~音芒} ~庇蔭。何 ~荷 天之龍 ~寵、敷奏 ~施展 其勇、不震不動、不戁 ~音赧、懼 不竦 ~音聳、長、百祿是 總 ~音總、聚攏」~（商頌、長發）；1352、453；（「長發」其義見註42）。

〈商頌、長發〉篇雖是宋國君主祭祀成湯及其先祖、先王之詩作，全篇歌頌商的祖先契、相土，成湯和湯相伊尹，蓋可謂自契以來，殷商世代已經有蒙受天命的禎祥。若此、則君上蒙天授予治國理政政特權、蒙天賜予天寵厚恩，即當戮力奉天範式、成為全民表率、庇蔭萬民，為政寬和不苟，不威懼、不妄動，聚攏各樣福祿以恩澤百姓。

「{濬 ~深 哲} ~深達明哲 維 ~語助詞、其乃 商 ~指商的始祖契、即號稱「玄王」者也、長發其祥 ~祥瑞徵兆。洪水芒芒 ~茫茫、[大] 禹敷 ~治理 下土 ~天下、[四] 方，外大國 ~指夏朝統治區域以外的諸夏 是 疆 ~劃定為疆域。幅隕 ~員 既長 ~廣大、有娀 ~娀音松、有娀、古部族名、亦是國名；於此乃特指有娀氏之女（簡狄）方 ~正值 將 ~少壯、帝 ~上帝 立子 ~指立有娀氏之女子（簡狄）為高辛氏（帝嚳）之妃生商～即契（玄王）。[玄王後嗣] {帝 ~上帝之 命不違} ~不違命命。至于湯 齊 ~濟、成就（王業）。[成] 湯降 ~生 不遲 ~治達其時、聖敬 ~聖明敬度 日 躋 ~上進。{昭 假 ~音格} ~稱告祈福 遲遲 ~恆常不止息、{上帝是 祗 ~音知、敬仰} ~專心致志尊崇上帝、帝命 式 ~成為典型範式 于九圍 ~九州」~商頌、長發；1350、453。

追述上帝立子 ~立有娀氏女子為帝嚳之妃子、生商～契，王權天命及於帝王妃子的選立；受命為君的殷商始祖契、成湯 ~契的十四代孫、殷商開國之君 統治江山、敬畏上帝，成

41【清】阮元：《十三經注疏》，頁443；周秉鈞《尚書譯注》，頁346。
42「長發」、大禘也：郊祭天也；殷商初民外祭「天、上帝」之「郊祭」。

為全國九州百姓楷模，循依天意施行仁政，善牧黎民百姓，無愧於天心。

伊尹相湯伐桀，升自陑～河曲之南，在都城亳告諭弔民伐罪的必要，遂與桀戰于鳴條之野，作〈湯誓〉：

王～湯曰：「格～來爾眾庶，悉聽朕言，非台～我小子，敢行稱亂！夏多罪、天命殛之」…「予惟聞～雖然我能理解汝眾言，夏氏有罪，予畏上帝，不敢不正～征伐」…

「爾尚輔予一人，致天之罰，予其大賚～賞汝！爾無不信，朕不食言～偽言、說假話、欺騙。爾不從誓言，予則孥～奴戮～刑汝，罔有攸赦」[43]。

湯王說：「來、眾位，悉聽朕言，非我小子，敢行稱亂！夏多罪，我敬畏上帝，不敢不去征伐，是天命誅滅夏桀～夏多罪、天命殛之」；成湯順應「天詔」～弔民伐罪，成就「天命」。引文具實體現「天」是「命定者、主宰者」。

(二) 周王受命

「維此王季、帝度其心、貊～＝莫、大、引伸為傳播其德音。其德克明、克明克類～辨別好歹、克長克君。王此大邦、克順～順應民意克比～相與並立、引伸為採納建言　～文王之十、皇矣；1120、334。」

此段引义乃對大王占公亶父的三子～王季的歌頌：其乃體會天心、體察民情、順應民心，為上帝所肯認的仁君。

周文王接續王季、敬受天命、順帝之則、上帝同在、配得天命：

「比于文王、其德靡悔～有過、不妥而留下遺憾。既受帝祉、施于孫子」～文王之十、皇矣；1120、334。

天心殷切，亟欲文王：前事不忘、後事之師、殷鑑不遠、記取教訓：

「[爾等行事]無～發語詞、無意念～務必牢記在心爾祖、聿～語詞脩厥德。永言配命、自求多福。殷之未喪師、克配上帝。宜鑒于殷、駿～大命不易」～文王之十、文王；1087、320。

「皇矣上帝、臨下有赫～顯赫。監觀四方、求民之莫～安定。維此 { 二～古文上字國 }～上國、指殷朝、其政不獲～得民心。維彼四國～四方諸國、{ 爰～何、哪裏有、哪裡談得上存在著究～軌則、即法度爰度～法度 }～意指毫無規範、法度可言。上帝耆～稽之、憎其 { 式～用廓～大 }～越益增加擴大。乃 { 眷西顧 }～留意西方的岐周、{ 止維與宅 }～維與此宅、意即上帝與周王同住、保佑周王」～文王之十、皇矣；1117、333。

「穆穆～莊重恭敬文王、於～音嗚、發語詞緝熙～光明正大敬～端莊敬度止～語詞。假～大哉天命、有商孫

---

43 【清】阮元：《十三經注疏》，頁338；周秉鈞《尚書譯注》，頁242-243。

子~指周國此前曾臣服於殷商歷代君王。商之孫子~殷商歷代子孫、{其麗~數不億}~不計其數。[然而]上帝既命、{侯~唯于周服}~唯服於周，只有全然歸順於岐周」~文王之十、文王；1081、319。

上帝既相與於周~「上帝臨女」，受命文王即當專一信靠上帝，毫不猶疑、佔據先機、英勇成就天命：

「殷商之旅、其會~旝、旌旗如林。矢于牧野、維予侯興。上帝臨女、無貳爾心」~文王之十、大明；1093、323。

「帝謂文王、無然畔援~盤桓、無然歆羨、誕先登于岸」~文王之十、皇矣；1121、334。

上帝殷殷期盼「天子」，其能不識不知、順帝之則、小心翼翼。昭事上帝、宣昭令譽、萬邦作孚：

「帝謂文王、予懷~期待明德[之君]，[其]不大~重聲以色、{不長~依夏~棍以~與革~鞭}~不倚仗嚴刑峻罰。不識不知~本原自性地、順帝之則」~文王之十、皇矣；1123、335。

「命~持守天命之不易、無~切勿遏~止於爾躬。宣昭~發揚光大義問~令聞、好名聲、有~又虞~慮及殷~殷商的覆亡自天。上天之載~作為、無聲無臭。儀刑~仿效文王，萬邦作孚~信服」~文王之十、文王；1087、320。「維此文王、小心翼翼。昭事上帝、聿~語詞懷~招致多福。厥德{不回~邪僻}~率真正直、以受方國」~文王之十、大明；1091、322。

「綏~定萬邦、婁~屢豐年。{天命匪解}~未為天命所棄。桓桓~威武武王、保有厥士~朝臣。于以~任用治理四方、克定厥家。於~嗚！昭于天。皇~成為君上以閒~取代之~紂王」~閔予小子之十、桓；1303、432。

引至〈桓〉，「太武舞曲」、第六章、敘寫武王滅殷平南後還朝之太平景象。周公、成王太平之時追述武王伐紂王時之「類」祭於上帝，為治兵獻「禡」祭之詩歌～「援以為美、允其代殷」。

「昊天有成命、二后~二君；指文、武二王受~承受之。成王不敢康~安樂、夙夜 基命~謀劃政教宥~語助詞密~勉、勤勉、努力。於~嗚、唯緝熙~祖業發揚光大、單~殫厥心。肆~故、遂其靖~平定之」~清廟之十、昊天有成命；1266、409。

周文王秉持天命、承殷代紂，皇天上帝赫然臨在、濟助有加；武王接續大業，綏定四方，建立周朝，皇天同在；成王不敢圖安逸、夙夜匪懈圖謀政教、勤勉奮發，發揚光大、盡心竭力，天下安寧，不負天命所託。

（三）天命無常

　　周朝既受「天命」，為「天子」者治國理政當倚天恃命、勤政愛民、契合天心，為臣者對君上亦當多所諷諫惕勵。成王除武王之喪，行將即政、朝於廟；〈敬之〉篇記載群臣進戒嗣王樂歌，其意即在提醒惕勵成王：

> 「敬之敬之、天維顯 思~語詞、命不易哉。無曰[天]高高在上、[其實祂]陟降厥士、日監在茲」。

　　於此、成王即應曰：

> 「維予小子~成王自稱、不聰敬~曾誤信管、蔡之亂的流言 止~語詞。日就~往月將~行、學有 緝熙~積漸廣大于光明。[務請爾等]佛~音必、弼、輔助{時~是 仔肩~所擔負的責任}-我的這份責任、示我顯德行」~閔予小子之十、敬之；1290、425。

　　天子雖受命於天，天子治政當服膺於天意、順遂於天心，若逆反於天~上帝、私心自用、為所欲為，致至天怒人怨，則「天視自我民視，天聽自我民聽」，黎民百姓伺機而動、起義革命亦是「天經地義」的天賦人權。

> 「伊尹申~再三誥于王~太甲曰：「嗚呼！惟天無親，克敬惟親。民罔~無常懷~歸附，懷于有仁。鬼神無常享，享于克誠。天位~天子地位艱哉！德惟治，否德亂。與治同道，罔不興；與亂同事，罔不亡。終始慎~謹慎選擇厥與~同事、共事者，惟 明明~大明、英明后~君。先王惟 時~因此 懋敬~勉力敬修厥德，克配上帝。今王嗣有 令緒~美好基業，尚監茲哉~但願明鑑於此」。

> 「一人~天子元良~優越，萬邦以貞~貞正。君罔以辯言亂舊政，臣罔以寵利居成功，邦其永孚~信守于休」44。

　　天即上帝，清晰可見；祂公義，明鑑世情，為君者當勉勵自持「懋敬厥德」以配上帝。

　　厲王邪僻、逆反天意民心，治國理政、恣意妄為、生民塗炭。

> 「上帝~喻指周厲王板板~邪僻、違反常道、下民{卒~音翠、病瘁音但、病}~病苦 」~生民之十、板、1182、364。

> 「蕩蕩~恣意妄為上帝~喻指周厲王、下民之辟~君；疾威上帝~喻指周厲王、其命~政令多辟~邪僻」~蕩之十、蕩；1191、368。

44【清】阮元：《十三經注疏》，頁348；周秉鈞《尚書譯注》，頁257。

「出話不然、為猶~為政不遠~無遠見 。靡聖~無視於聖賢 管管~隨心所欲、不實~不依據於亶~誠信。猶~獻、謀略之 未遠~無遠見、是用大諫」~生民之十、板；1182、364 。

「是用大諫」、周公之後嗣～凡伯，為卿士於是用心刺諫其君上周厲王當尊天為大、敬畏天威，全心歸依、與天同行：

「天之方難、無~毋然~如此 憲憲~欣欣、喜悅、天之方 蹶~變動、動亂、無然泄泄~話多案叨…天之方 虐~降災、無然謔謔~戲謔、開玩笑、不擺在心上 」~生民之十、板；1184、364 。

「敬天之怒、{ 無敢戲~嬉戲 豫 }~意即當嚴肅以對。敬天之渝、無敢馳驅。昊天曰明~明鑑、及~一起爾出王~往。昊天曰旦~明、及爾游衍~相與結伴 」~生民之十、板；1186、365 。

「文王曰~假託文王指責殷紂來諷刺厲王 咨~語詞、女~汝殷商。天不 湎~使沈…迷於酒 爾以酒、不義從 式~惡。既 愆~差錯 爾止~容止、禮節、{ 靡明靡晦 }~不分晝夜。{ 式~語詞 號式~語詞 呼 }~大吵大鬧、{ 俾晝作夜 }~意謂白天昏睡、夜裡痛飲。文王曰、咨女殷商。匪上帝不時、殷不用舊。雖無老成人、尚有典刑。曾是莫聽、大命以傾」~蕩之十、蕩；1193、368 。

衛武公刺周厲王，亦以自省：上天臨在顯現，昭彰天譴「誨爾諄諄」、然昏君「聽我藐藐」，上帝明鑑，祂不會有所差錯，對夢夢昏君刑罰必至：

「神之格~至 思~語詞、不可度~揣度 思~語詞、矧可 射~射通斁、厭惡 思~語詞 」~蕩之十、抑；1194、372 。

「昊天孔昭、我生靡樂。視爾夢夢、我心慘慘~憂慮不安。誨爾諄諄、聽我藐藐。匪用為教、覆用為虐~謔。借曰未知、亦聿~語詞 既耄~老；昊天不忒~差錯。回遹~邪僻 其德、俾民大棘~急、難 」~蕩之十、抑；1194、372 。

君子芮伯刺厲王：厲王無道，致至國運艱難、貲財耗盡，民生疲弊，自西徂東、靡所定處、

「俾彼昊天，寧不我矜」~蕩之十、桑柔；1197、376 。

「國步~國家的命運 蔑~無所資~資助、天不我將~扶助。靡所止疑~不再猶疑、即得以安定、云~語詞 徂~往何往。君子~芮伯實維~惟、思想、秉心無競。誰生 厲階~禍源、至今為梗~災害 者。我生不辰、逢天 僤~大怒。自西徂東、靡所定處」~蕩之十、桑柔；1203、376 。

肆、位格[45]天

「天」有「意」、是命定者、是主宰，祂有「知」、祂有「情」；湯歸自夏，

---

[45]「位格」者、就人而言，就是此人之所以是此人而非彼者之立基，每個人有其一己的位格（可具體辨別的主體）、「我非你，你非他、他非我」仁人仁位格，各不相同，各不相屬，但彼此能溝通、交流、分

至于 大坰～音囧、大坰，未詳所在，當在定陶與亳（商都、今河南商丘）之間，仲虺～湯臣、左相作誥：

仲虺乃作誥、曰：「嗚呼！惟天 生民有欲，無主乃亂，惟天生聰明 時～此、藉茲以 乂～治理，有夏昏德，民墜塗炭，天乃錫～賜王勇智，表正萬邦，纘～音總、繼承禹 舊服～基業。茲率～遵循厥～大禹典～常法，奉若天命。

夏王有罪，矯誣上天～假造上天鈞旨，以布命于下。帝～上帝用～認定其不臧～善，式～用商受命，用 爽～明、用為動詞、意為使…明白厥～群眾百姓師…

予～我、仲虺聞曰：『能自得師～自己求得老師者王，謂人莫己若者亡。好問則裕，自用則小～心胸狹窄』。嗚呼！{慎厥終，惟其始}～任事當慎其終如其始作。殖～扶植有禮，覆昏暴。欽崇～敬重推崇天道，永保天命」46。

太甲和伊尹的君臣對話，其重要交集乃在於對「天、皇天」的體悟；引文所見，「天」、其有知～分判、選擇、有商、有情～眷祐、有意～俾、使得；本體「天」具「位格」，世人因其「知、情、意」之心識功能～魂的作用可以和「天」際遇聯通。

「惟～發語詞{三祀十有二月朔}～三年十二月朔日，伊尹以～穿戴冕服～禮貌禮服、奉 嗣王～太甲歸于亳，作書曰：『民非后～人民沒有君主的話，罔克～不能 胥匡～彼此互相匡正 以生；后非民，罔以辟四方～治理四境。皇天 眷佑 有商，俾嗣王克終厥德，實萬世無疆之休』。

王～太甲拜手稽首～跪拜磕頭曰：『予小子不明于德，自厎～招致不類～善。欲～貪慾多敗[壞]度～法度，縱敗禮～禮法體制，以 速戾～召罪于厥躬。天作孽，猶可違；自作孽，不可逭。既往背師保之訓，弗克于厥初，尚賴[您、賢相、伊尹]匡救～匡正護守之德，圖惟厥終』」47。

一.其有知

「彼黍～黃米離離～茂盛、彼稷～小米之實。行邁靡靡～腳步緩慢、中心搖搖～神不守舍。知我者、謂我心憂、不知我者、謂我何求。悠悠蒼天、此～或指亡國之君、周幽王何人哉」～王風、黍離：697、76。

王朝大夫，憑弔故國、來到被犬戎攻陷的鎬京，目睹宗廟宮室毀壞成為廢墟、長滿莊稼，不勝唏噓，感懷歌詠問蒼天。

「蕭蕭～鳥羽震動的聲響鴇～野雁羽、集于苞～叢生栩～櫟樹。王事靡盬～休止、不能蓺～音藝、種植稷黍、父母何怙～音護、依靠。悠悠蒼天、曷～何時其有所～處所…父母何食。悠悠蒼天、曷其有極～盡頭、終了 」～唐風、鴇羽：774、135 。

享、互動。參 亨利提森 著、廖加恩 譯：《系統神學四十七講》，頁86。
46【清】阮元：《十三經注疏》，頁340-342；周秉鈞《尚書譯注》，頁244-246。
47【清】阮元：《十三經注疏》，頁347；周秉鈞《尚書譯注》，頁255-256。

無休無止的「王事」導致長期在外當徭役的民工，不能在自家耕作，父母衣食匱乏，於是怨懟詰問蒼天，冀望蒼天之鑒察。

「彼蒼者天、殲我良人。如可贖兮、人百其身」 ~秦風、黃鳥；793、147。

西元前 621 年，秦穆公死，依其遺囑用 176 人殉葬，當世為人民所敬重的車氏三兄弟也在其中。於此暴行，百姓哀痛，天問、歌詠挽詩。

「彼何人斯、胡逝我 陳 ~由堂下到院門的通道。我聞其聲、不見其身。不愧于人、不畏于天」 ~節南山之十、何人斯；976、258。

蘇公刺暴公 ~二者咸為畿內國君、當代王之卿士；暴公譖蘇公，蘇公 ~坦蕩君子、作派正直～不愧於人、不畏於天之稽考 作詩以絕歪曲之人，冀望有知蒼天鑒察暗中隱情。

「明明上天、照臨下土。我征徂 ~音蘇、往也 西、至于{艽 ~音求 野} ~遙遠蠻荒之地。二月 初吉 ~農曆每月初一至初七、八、載 ~則、乃、已然 離 ~經過 寒暑 ~一年。心之憂矣、其毒 ~苦毒、心中積怨 大 ~太 苦。念彼 共人 ~同僚、忠於職守者、涕零如雨。豈不懷歸、畏此罪罟…

嗟爾君子 ~掌權貴族、無恆安處。靖共爾位、正直是與。神之聽之、式 ~發語詞 穀 ~善 以 ~於 女 ~汝…嗟爾君子、無恆安息。靖共爾位、好是正直。神之聽之、介爾景福」 ~谷風之什、小明；995、273。

年輕的周朝官吏目睹國政敗相、百般痛苦憂心，對領導者抒發心中期許：「神」明鑑、聽聞世情，治國理政之掌權貴族、當全力以赴察理天下之事，以蒙天賜鴻福。

「驕人 ~讒人得志面驕 好好 ~得意忘形、勞人 ~受到誹謗、蒙受困擾而憂愁者 草草 ~憂愁掛心。蒼天蒼天、視 ~明察秋毫 彼驕人、矜 ~憐恤施恩 此勞人」 ~ 節南山之十、巷伯；979、261。

寺人～內侍宦官小臣[48]，遭人讒毀，作詩討伐誹謗者，祈求蒼天昭雪。「視彼驕人、矜此勞人」表述人心對「天」的認知，祂有知能鑒察（視事）、祂有情會施恩（矜恤），祂有意能斷（定奪是非）。

二．其有情

（一）賜恩福

〈天保〉：下報上也、臣子為君上祈福。君能下下、以成其政，臣能歸美、

48　此寺人，《詩經譯注》稱其名為「孟子」、任巷伯之職（頁262）。

以報其上焉。臣下冀望君上當上倚天而下盡厚天下之民，是則皇天無福不開，使其美物益多、無不眾也。

「天保~保佑定~安定爾、亦孔~大、甚、極為之固。俾爾 單厚~富厚、何福不 除~賜予。俾爾多益、以莫不 庶~多」。

「天保定爾、俾爾戩~音見、意福穀~祿。罄~盡無不 宜~合宜、受天百祿。降爾遐福、維~惟、只日~時光不足」…

「神之弔~至、到矣、詒~通貽、贈予爾多福。民之質~常、具體需要，即日用飲食矣。群眾百姓、徧為~盡受爾德」~鹿鳴之十、天保；880、194。

茲依傍周朝歷史的脈絡，梳理周人抒發其生活閱歷、生命體悟的詩篇以觀照天恩之彰顯：

〈維天之命〉：周承天命、周公居攝五年之末，天下太平，是乃上告文王，其曰：

「維~惟、思念天之命、於~語詞穆~美好不已。於乎~嗚呼不~通丕、大顯、文王之德之純~精粹不雜。假~嘉以溢~體恤我、我其收之。駿~大惠我文王、曾孫~後代眾王篤~忠誠實踐之」~清廟之十、維天之命；1258、406。

〈下武〉：繼文也。武王有聖德、復受命於天，能昭先人之功焉、「受天之祜、四方來賀」：

「昭~顯赫茲~彷等來許~嗣服、後進、繩~緊隨其祖~先祖武~步履。於萬斯年、受天之祜；受天之祜、四方來賀」~文王之十、下武；1131、340。

〈既醉〉、大平也：「天被覆爾祿、景命有奴僕」：

「其胤~後輩維何~何如？、天被~音披、意披、授予爾祿。

　　　　　　君子萬年、景命有僕」~生民之十、既醉；1153、350。

〈假樂〉、嘉美成王也：

「假~嘉樂 君子~成王、顯顯~光耀令德。宜民宜人、受祿于天。保右~祐命之、自天申之」~生民之十、假樂；1165、353。

〈烝民〉假樂、百姓繁盛，有則秉彝、好是懿德。尹吉甫[49]美宣王，亦稱頌

49　周宣王大臣尹吉甫送別仲山甫往齊築城所作的詩。

上天對周的監護眷祐，賜福保全他：

> 「天生 烝~億萬民、有 物~受造萬物有 則~規律、自然法則。民之秉彝~常情、常理、好是懿德。天監有周、昭假于下、保茲~此天子、生 仲山甫 50」~蕩之十、烝民：1224、388。

（二）施刑罰

正如董仲舒所深切體會天意之仁、天心恩慈：「其大略之類，天地之物有不常之變者，謂之異，小者謂之災。災常先至而異乃隨之。災者，天之譴也；異者，天之威也。譴之而不知，乃畏之以威」。上天透過「災、異」向世人表達天心、傳遞天意，顯明其對世人不捨棄的慈愛。

周宣王時代遭遇嚴重大旱，雖有祭祀禮儀，天仍降喪亂。關於獻祭《聖經》勸諭明確：

> 「耶和華喜悅燔祭和平安祭、豈如喜悅人聽從他的話呢·聽命勝於獻祭、順從勝於公羊的脂油。我喜愛良善、不喜愛祭祀、喜愛認識　神、勝於燔祭」51。

設若沒有敬虔的生命本質，即或「靡神不舉，靡愛斯牲，圭璧既卒」亦是枉然。

> 「倬~浩大彼雲漢~雲河、昭~明曜回~迴轉于天。王~周宣王曰：『於乎~嗚呼、何辜今之人。天降喪亂、饑饉薦臻~重、再臻~至。靡神不舉~祭祀、靡愛~吝惜斯牲。圭璧~祭品既卒~用盡、寧~乃、竟莫我聽』」~蕩之十、雲漢：1209、381。

董仲舒對災異的體悟是「天意有欲也，有不欲也。所欲所不欲者，人內以自省，宜有懲於心；外以觀其事，宜有驗於國。故見天意者之於災異也，畏之而不惡也，以為天欲振吾過，救吾失，故以此報我也」；旱災嚴重，周宣王體恤民情、深自省察，愁苦喟嘆 52：

> 「旱既大甚、蘊~燻、悶熱隆~盛 蟲~燻、熱氣燻蒸 蟲。不殄~音舔、斷絕禋祀~祭天禮儀、自郊徂~往宮。上下 奠~陳列祭物以祭天 瘞~埋葬祭物以祭地、靡神不宗~敬奉。后稷不享、上帝不臨。耗~損壞 斁~音渡、敗壞下土、寧丁~當、遭逢我躬」~蕩之十、雲漢：1210、381。

50　仲山甫：周宣王的大臣，魯獻公的次子、封樊侯～別稱樊仲山甫、樊穆仲、樊仲。

51　《聖經》、〈撒母耳記〉、上 15:22；《聖經》、〈何西阿書〉6:6。

52　《詩序》因於此詩的開頭有「王曰於乎」而認為作者是大夫仍叔讚美宣王體恤民情而作。

「旱既大甚、則不可推～規避。兢兢 業業～長懼、如霆如雷。周～周國一帶地方餘黎民、
靡有 子遺～殘餘。昊天上帝、則不我遺～音未、慰、存問、恤問。胡不相畏、先祖于
摧～滅絕　～蕩之十、雲漢；1210、381。

「旱既大甚、滌滌～光禿、寸草不生山 川～河川乾涸。旱魃為虐、如惔～音炎如焚。

我心憚～懼怕暑～熱、憂心如熏～火燻。{群公～前代累先人先正～前代群賢}～先人祖靈、則不我
聞～問。昊天上帝、寧俾我遯～頓、困頓」　～蕩之十、雲漢；1211、381。

「旱既大甚、黽勉～勤勉、努力{畏 ～所畏長者、即旱魃去～祛除}～祛除所害怕的旱魃。胡寧
瘨～音顛、意迫害我以旱、憯～音慘、乃、竟不知其故。祈年～祈求豐收孔夙～很早、
方～祭祀四方神祇社～祭土神不莫～通暮、遲、晚。昊天上帝、則我不虞～助、敬恭明神、宜無
悔～恨怒」　～蕩之十、雲漢；1212、381。

「旱既大甚、散～亂無友～有紀～法紀。鞫～音局、窮困哉庶正～眾官長、
疚～＝尤(音軌、奸、害)、引伸為窮困、貧病哉冢宰～宰相。{趣馬～掌養國君之馬者師氏～教導皇室子弟者}
[同心祈禱]、{膳夫～負責國王后妃飲食者左右～國君左右官吏}[共同助祭]。靡人不
周～周濟、賑災、無不能止～沒有誰因不能而不做、意即人人都竭盡其所能。瞻卬～仰昊天、{云～語詞如何
里～通癉、意指憂愁}～重重憂愁何以終結　～蕩之十、雲漢；1212、382。

「瞻卬昊天、有嘒～微小其星～星光。大夫君子、昭假～誠敬祈求無 贏～益。大命 近
止～幾乎就要終止、無棄爾成～不要停止虔誠祈禱。何求為我～祈求禱告並非為我自己、以～求其戾～安定庶
正～眾公卿。瞻卬昊天、曷～何時惠～惠賜其寧」　～蕩之十、雲漢；1213、382。

「天」雖施刑罰，但總不忍猝然下手，必先多方儆戒，其一為「聖人之
言」。識天體道的「聖人」多次多方諫言君上，冀望得以力挽狂瀾。然、當天怒
人怨、無以復加時，「天命靡常」、上天任憑其硬心自是。

「獻醻～敬酒、勸酒、意指「酒杯」交錯、禮儀 卒度～盡都合乎法度，笑語{卒獲～鑊}～全然滿盈，神保
是格～至、報以介福，{萬壽攸酢～酬答}～以萬壽酬答」　～谷風之什、楚茨；1006、277。

〈楚茨〉篇者、刺幽王也。幽王政教既煩，賦斂又重，下民供上廢闕營
農，故使天萊多荒、而民皆飢饉，天又降喪病之疫、民盡流散；祭祀不為神所
歆饗，不與之福，有識君子思古之明王，力諫其當虔敬以祭祀歸向上帝以蒙
恩澤：

「交交～鳥鳴聲桑扈～青雀、有 鶯～鳥羽有文彩其羽。君子樂胥～語助詞、受天之祜。」～甫田之什、
桑扈；1030、289。

〈桑扈〉是竊脂鳥、飛而往來有文彩，人觀視、而愛之；刺幽王人不如鳥：

君臣上下動、無禮文焉；亟盼王者樂見臣下有才智文章、則賢人在位、庶官不曠、政和而民安，天予之以福祿。

太師尹氏為政不平，致使君上不寧，民怨沸騰，呼求昊天：

「昊天不傭~均平、降此鞠~誨~禍亂。昊天不惠、降此大戾~惡。君子~賢臣如~假使能居~至、就位上嶄治國理政、俾民心闋~音確、平息。君子如夷~治理公道、惡怒~指沸騰的民怨是~或可遄~去除」~節南山之十、節南山；945、235。

周大夫針砭時政：

「下民之孽~妖孽、意指災害、匪降自天…天命不徹~不道、未循常道、沒有規律、我不敢傚我友~指其他同僚自逸~自求安逸」~節南山之十、十月之交；959、243。

大夫諷刺幽王與群臣、惕勵其當敬畏眼目遍察全地無所不知的上天：

「浩浩昊天、不駿~常其德。降喪飢饉、斬伐四國~天下四方。昊天疾威、弗慮~謀弗圖。舍彼有罪、既伏~袒護其辜。若此無罪、淪胥~陷溺以~在…中鋪~痛、病痛。如何昊天、辟~法、法度言不信。如彼行邁~指奔走趕路的人、則靡所臻~至。凡百君子~滿朝權臣大員、各敬~譬、做爾身。胡不相畏、不畏于天」~節南山之十、雨無正；959、246。

卿士芮良夫諫刺周厲王，指責執政大臣亂政致使天降飢荒災變，百姓無奈，只能禱求蒼天：

「天降喪亂、滅我立王~遭逐於彘的厲王。降此蟊賊、稼穡卒痒~盡病。哀恫中國~國中、四境、具~俱、都贅~連結於卒荒~盡為荒原。靡有旅~膂力[克服災害]、以~只有念~祈求穹蒼」~蕩之十、桑柔；1205、376。

天子之大夫凡伯、諷刺周幽王亂政亡國，仁人志士流亡，深切冀望昊天救拔脫困：

「瞻卬昊天，則不我惠，孔~很填~久不寧，降此大厲，邦靡有定，士民其瘵~音債、意病」~蕩之十、瞻卬；1244、400。

「天何以刺~指責、何神不富~降福。舍爾~爾捨介狄~元惡、維予胥忌~唯我相恨。不弔~善[則]不祥、威儀不類~善。人~賢德者之云亡~奔亡、邦國殄瘁~音舔翠、病困」~蕩之十、瞻卬；1246、400。

「天之降罔~法網、維其優~多矣。人之云亡、心之憂矣。天之降罔~法網、維其幾~逼近矣。人之云亡、心之悲矣」~蕩之十、瞻卬；1246、400。

「蘐蘐 ~高遠 昊天、無不克鞏 ~敎。無忝皇祖，式 ~語詞 救爾後 ~後人 」~蕩之十、瞻卬；1247、400 。

凡伯譏刺幽王昏庸陷民於網羅，任用邪僻讒言內鬥群臣，敗壞政綱，胡作非為，遭致天怒人怨：

「旻天疾威 ~暴虐、天篤降喪。瘨 ~音顛、病、引伸即使之陷入困境 我饑饉、民 卒 ~盡都 流亡。我居 ~指國內 圉 ~音宇、邊羅 卒 ~盡是 荒 ~荒涼 」~蕩之十、召旻；1247、402 。

「天 ~指周幽王、53 降罪罟、蟊賊 ~音茅、毀壞吃食莊稼的害蟲、意指危害家國百姓者 內訌、昏椓 ~譖、毀謗 靡共 ~共=供、供職、潰潰 ~滿溢 回遹 ~音玉、回遹意為邪僻、實靖 ~圖謀 夷 ~夷滅 我邦 」~蕩之十、召旻；1248、403 。

三．其有意

「出自北門、憂心殷殷。終 ~既 窶 ~音居、寒微 且貧、莫知我艱。已焉哉、天實為之、謂之何哉 」~邶風、北門；653、45 。

衛國一個小官吏公務繁重、勞役辛苦，不堪忍受；俸祿微薄、難以養家糊口，家人埋怨，在內外交困下，賦詩以抒發幽怨，無可奈何、聽天由命，無期然間也感知命不由己，有更高的宰制主控性命。

歸言之，本段論述從「天」其「有知、有情、有意」表述天之「位格」，祂能相與於世人。《詩經》與《尚書》對「上帝」與「天」的稱謂，在朱熹編纂的《二程語錄》則有謂：程子曰：「《詩》、《書》中凡有個主宰底意思者皆曰「帝」，有一個包涵徧覆底意思則言「天」54。援是，「朱子學」專家，陳榮捷55以為：「《詩》、《書》之帝無疑是『人格神』」56。上帝至大，至能，至可畏，無所不在，無所不知，是「有知、有情、有意」是具有位格的神，是能與世人靈通往

---

53 「天」、依上下文，其所指當為凡伯所譏刺的幽王：施刑罪民以羅網、天下眾民具為殘酷之人，雖外遭禍害、而又自內爭互相讒惡。

54 陳榮捷：《朱熹》；台北：東大圖書，2003 年，頁 70；引《遺書》卷 2、上，頁 13 下。

55 陳榮捷、臺灣中央研究院院士；主要著作有《朱學論集》、《中國和西方對仁的解說》、《西方對儒學的研究》、《現代中國的宗教趨勢》等。

56 陳榮捷：《朱熹》，頁 70；「人格神」一辭用以指稱六合之外存有的「天、上帝」，應當避免陷入迷思、「人本位的思想所構建的神觀」。就如董仲舒的認知：「人、天之副」的邏輯來看，當以「天」為「本位、主體」來定稱其「位格」。執此，為免於反客為主，與其用「人格神」毋寧使用「位格天」、「本體天」以「定位」神的「實」存，及其本質屬性～永恆、自在、自存。人稱「天」為「人格神」只是基於從「人格」之「知、情、意」的特性，而相信「天」亦為「一位」、人可以相與對遇的「實在」存有、本本真真能被辨識的那一位，祂能與有「知、情、意」的人有感、交流、相通。

來的「天」。

伍、救贖之恩～祭以際也

《尚書》〈堯典〉：「乃命羲和，欽~敬若~順昊天，歷象日月星辰，敬授人時」[57]。羲和者重黎也[58]；引文概謂：羲和遵從帝堯之命，依恃昊天，就日月星晨萬象制訂曆法，以利眾民依循天道而行。

羲和之職任既如上述「欽若昊天」（敬順於昊天）、「敬授民時」（恭謹地教導黎民百姓以天時節令）。然、更有進者，就「羲和」二字而言，其饒富深意：從「羲」字字形而言，關聯於「義」：即以義之「秀」全「我」以成「義」，即以「羊」~犧牲覆蔽「我」而成「義」；致至「和」合「昊天、上帝」，是為「羲和」。「羲和」深意頗為洽合於聖經啟示救贖之道「神的羔羊除去世人罪孽」，道成肉身的耶穌、神的羔羊的犧牲救贖，讓「我」在「天」面前取得正確的地位「義」。

《尚書》〈呂刑[59]〉述及「羲和」，其曰：「重黎絕地天通、罔有降格」，乍見之，像是在說羲和阻絕了「天地相通」（即天人關係的斷絕），然、依上下文來看，「絕地天通」的目的是在整飭當時的嚴刑峻法，冤屈難伸，民不聊生，苦不堪言的社會「泯泯棼棼」之亂象，呂侯以穆王命，作書訓暢夏禹贖刑之法，並從輕以佈告天下，其結果是「群后之逮在下，明明棐常，鰥寡無蓋」亦即是說「高辛，堯，舜等諸王相繼治國理政，都選用賢德的人，扶持常道，於是孤苦的人再沒有壅閉之苦了」。從引文的敘述可以得知、當時嚴刑峻法的執行必定是和「神明降格」的巫術有關；意即巫覡透過「裝神弄鬼」造成「天地通」的「假象」～鬼神降臨卻生發驚恐萬狀的氛圍來唬弄矇騙百姓，使他們蒙受不白之冤而受「劓刵椓黥」的苦刑，產生社會「泯泯棼棼」之亂象。而自從〈呂刑〉頒布執行之後，終止了亂象，故有「重黎絕地天通、罔有降格」的說法。

---

57 【清】阮元：《十三經注疏》，頁 251；周秉鈞《尚書譯注》，頁 194。

58 「羲和」者「重黎」也。又「重、黎」：重～少昊之後；黎～高陽（即顓頊）之後。

59 穆王訓夏贖刑、作《呂刑》；呂侯以穆王命，作書訓暢夏禹贖刑之法，並從輕以佈告天下，天下遂致安定。《十三經注疏》，頁 526-527；周秉鈞《尚書譯注》，頁 419-420。

　　或有謂「絕地天通」是執政者的「權謀」把宗教權柄掌控在王權之下，以至於「余一人」能全面掌權，一切朕說了算的「權謀」[60]。若依據原典「重黎絕地天通、罔有降格」說法之析述，這樣的看法是有待商榷的。其實、一個「人」在任何時代、任何地方都能和「天」通。政權或可制約「宗教」，然而「人」心與「上天」相通是無以阻絕的。

　　從商周初民對天的稱謂及對其屬性的認知，昭然見其與「天」對遇、往來頻密真切：「皇天、命、天威、上帝、天、天佑，天命、天命誅之、天矜于民、天必從之…」：

「惟天地萬物 父母~生之謂父母~生命之源起，惟人萬物之靈~天地所生惟人為貴。亶聰明，作元后~大君，元后作民父母。今商王受~紂，弗敬上天，降災下民。沈湎~嗜酒冒~貪色，敢行暴虐，罪人~刑罰百姓以族~滅絕全族，官~任用人以世~世襲，惟宮室、台榭~高台庭樓、{陂~音杯、堤壩池}~人工湖泊、侈服，以殘害于爾萬姓。焚炙~炮烙忠良，刳剔~割剖孕婦。皇天震怒，命我文考~前王周文，肅~嚴肅地將~行、推動天威，大勳未集~成就。

肆、予小子發~武王姬發，以爾友邦冢~大君，觀政~考察政事商。惟受~紂罔有悛~音圈、悔改心，乃夷居~蹲著、意即傲慢不恭，弗事上帝 神祇~天神地祇，遺~遺棄厥先宗廟弗祀。犧牲粢~黍稷之祭品盛~盛置入祭器，既~盡、都耗廢于~被凶盜~凶惡之盜竊者。[紂王]乃~竟然遺曰：『吾有民、有[天]命！』、罔懲~悔改其侮~輕慢。

天佑下民，作之君，作之師，惟其克 相~相隨與共於上帝，寵綏~愛護並安定四方。有罪無罪，予曷敢有越~僭越違反厥~上天的志~歸旨？同力、度德；同德、度義。受~商紂有臣億萬，惟億萬心；予有臣三千，惟一心。商罪貫盈，天命誅之。予弗順天~聽天命討伐商紂，厥~我的罪惟鈞~即等同於[商紂]。

予小子夙夜祗~音知、敬慎懼~敬長上天，受命~接受討伐商紂的命令[在]文考~先王祀廟，類（祭）于上帝，宜~祭社于塚土~大社，以爾有眾~率領你們眾人，底~致天之罰。天矜于民，民之所欲，天必從之。爾尚弼予一人，永清四海，時哉弗可失！」[61]。

　　《尚書》攸關「祭祀」以「際天」、「會神祇、祖靈」的記述所在多有，茲綴輯、援引並擷要概述如次：

「肆~於是類（祭）于上帝，{禋祭}~潔祀于 六宗~天地、四時，望（祭）于山川、徧于群神。輯~聚斂五瑞~諸侯的五種圭玉。既月乃日~選擇了吉祥月份日子，{覲~接受朝見四岳群牧}~接受四岳群牧(即四方

60 余英時：《論天人之際》，頁28。
61【清】阮元：《十三經注疏》，頁382-384；周秉鈞：《尚書譯注》，頁291-293、〈泰誓〉註解。

諸侯君長）朝見，**班**~班＝頒、分發**瑞**~圭玉**于群后**~眾位君長」…「**歲二月、東巡守至於岱宗**~東嶽泰山、**柴**祭、**即燎（燔）祭於天**」[62]。

舜接受了禪讓的冊命，於是在堯的太廟祭告上帝、關於繼承帝位的事；祀祭先祖、神祇～「禋祭於六宗；望祭山川」之外，更重要的是「類~祭于上帝」、「…當年二月舜巡視東方，到泰山，柴~燎祭於天」，堯舜心存「上帝、天」確鑿可考。

周王祭上帝、祀德配於天之先祖后稷，祈禱年穀豐收：

「**思**~發語詞**文**~有文采的**后稷**~周之始祖、名棄，嘗為農官、後被奉為穀神、**克配彼天、立**~安然護守**我烝**~眾**民、{莫匪**~非**爾極**~法則}~法則普及全境。**貽**~遺留給**我來牟**~小麥、大麥、**帝命率**~全然**育**~育養。**無**~毋**此疆爾界**~彼此疆界、**陳**~陳設、施行**常**~法**于時**~此**夏**~華夏」~清廟之十、思文：1271、413。

「祭祀」是一個鑑別敬虔與否的指標，也是國家興滅之所在：對亡國的商紂如此敘述「惟受~紂罔有悛心，乃夷居，弗事上帝神祇，遺厥先宗廟弗祀。犧牲粢盛，既于凶盜」。天有顯道、天啟昭彰，祂的法則應當顯揚。商王受~紂弗順上帝，郊社不修，宗廟不享，狎侮五常，荒怠弗敬。自絕于天，上帝的刑罰~天罰降臨。樹德務滋，除惡務本，周武王替天行道「予小子誕以爾眾士，殄殲乃仇」：

時厥明~時序在戊午的第二天，**王**~周武**乃大巡　六師**~集結的討伐大軍，明誓眾士。王曰：「嗚呼！我西土君子。**天有顯道，厥類**~它的法則**惟**~理當**彰**~顯揚。今商王**受**~紂，**狎侮**~輕慢**五常**~父義、母慈、兄友、弟恭、子孝，荒怠弗敬。自絕于天，結怨于民。**斮**~斫、砍**朝涉**~清晨過河涉水者**之　脛**~腳脛，剖賢人之心，作威殺戮，**毒痛**~音疐、病也、意即傷害**四海。崇信奸回**~邪，放黜師保，**屏棄典刑**~廢除常法，囚奴~囚禁奴役**正士**，郊社不修，宗廟不享，作奇技淫巧以悅婦人。**上帝弗順**~上帝不再任從，**祝**~斷絕**降時**~此**喪**~誅罰。爾其孜孜~全心全力，奉予一人，恭行**天罰**…獨夫**受**~紂**洪**~大**惟作威**~行作威虐，乃汝世仇。樹德務滋，除惡務本，**肆**~所以**予小子誕以**~率領**爾眾士**，{**殄**~音繇**殲}**~殲滅乃仇。爾眾士其**尚**~庶幾**迪**~致力用命**果**~果敢**毅**~堅決，以登乃**辟**~君上。功多有厚賞，**不**~不**迪**~用命**有顯戮**~懲處」[63]。

相對而言，受天之命興起的武王迥然不同而以紂王為鑒戒：

「我聞亦惟曰：『在今~指武王討伐紂王前不久**後嗣王**~即指紂王，**酣**~好酒，**身厥命**~自以為有其天命，

62【清】阮元：《十三經注疏》，頁 251；周秉鈞：《尚書譯注》，頁 200。
63【清】阮元：《十三經注疏》，頁 386-387；周秉鈞：《尚書譯注》，頁 296-298。

罔顯于民 祗~祗=疧，意病、痛苦，保越怨~安於民怨不易~不改。誕~大惟~為厥~其縱~悖亂，淫泆~淫佚于非彝~非法活動，用~因於燕~宴樂喪威儀，民罔不盡~音西，傷痛傷心。惟~一心只想荒腆~放縱其一己逸樂于酒，不惟~思自息~自我約束乃逸~放縱其已逸樂，厥心疾很~異常很，=很、狠毒不克畏死~不會因大難臨頭、死之將至而心生畏懼。辜~作惡多端在商邑~殷商國都，越~關乎殷國滅~覆亡，無懌~無憂，即不把它當一回事。弗惟~不思德馨香祀、登聞于天；誕~語詞惟民怨，庶群自酒~抱團飲酒，腥聞在上。故天降喪~覆亡之禍于殷，罔愛于殷、惟逸。天非虐，惟民自速~招致辜~罪』」64。

武王敬謹自我惕勵曰：

「予小子夙夜 祗懼~敬慎憂懼，受命~敬受天命於 文考~先父文王(的祖廟)，類~祭告于上帝，宜~祭社于 塚土~大社」65。

商紂王於天不敬～「弗惟德馨香祀登聞于天」、淫泆好酒「荒腆于酒、庶群自酒，腥聞在上」，誕惟民怨，故天降喪于殷；天非虐，惟民自速辜。鑒察世情、公義的上帝處斷逆天而行的暴君、暴政。

成王既黜殷命，殺武庚，命 微子啟66代殷後，作《微子之命》：

王~成王若曰~訓喻曰：「猷~發語詞！殷王元子。惟 稽古~稽考古代，崇德 象~效法賢~前賢。統承先王~繼承先王的傳統，修~善守其禮~體制物~文物，作賓~隨侍于王家，與國咸休，永世無窮。嗚呼！乃祖成湯克齊聖廣淵，皇天眷佑，誕受厥命。撫民以寬，除其邪虐，功加于時，德垂後裔。爾惟踐修厥 猷~治道，舊有令聞，恪慎克孝，肅恭神人。予嘉乃德，曰~可以說是篤~篤實純厚不忘~未敢或忘。上帝時~於此歆~欣然(享祀)，下民[對你]祗~愛戴協~和睦，庸~因此建~立爾于 上公~上公～總理百姓，尹茲~治理此地東夏~東方的華夏之國、指宋位處周朝京都之東。欽哉~務必慎重，往敷~前往發布乃訓~政令，慎~誠信持守乃服命~服膺於你所擔負的任命，率由典常~遵循常法，以蕃~保衛王室。弘乃烈祖[之治道]，律~規範乃有民，永綏~長久安居厥位，毗~音皮、意輔助予一人。世世享德，萬邦作式~範式楷模，俾我有周無斁~音度、意厭倦。嗚呼！往哉 惟休~當盡其在我、竭智盡忠，無替~棄守朕命」67。

皇天、命、上帝、上帝時歆~欣；享祀等語彙，在在顯示殷商初民與天交際具實確鑿。

64【清】阮元：《十三經注疏》，頁439-440；周秉鈞《尚書譯注》，頁341。
65【清】阮元：《十三經注疏》，頁384；周秉鈞《尚書譯注》，頁293。
66 微子、名啟，紂王的同母長兄，帝乙之長子。周成王殺了紂王的兒子武庚，於是命令微子啟代替武庚為殷之後裔，封其於宋，以封祀成湯。
67【清】阮元：《十三經注疏》，頁425-426；周秉鈞《尚書譯注》，頁327-328。

成王在豐，欲宅洛邑，使召公先相宅，作〈召誥〉：

「若~及、到翼日~明日乙卯，周公 朝~早晨至~抵達于洛，則 達觀~全面視察于新邑 營~一帶地區。越三日丁巳，用牲于郊~獻祭於南郊、牛二~以為犧牲」[68]。

太保昭公底定洛都新址的次日，「周公於早晨至于洛，則達觀于新邑營。越三日丁巳，用兩頭牛在南郊祭祀上帝」。遷都是國家大事，周公深知在此時節「天子」首要之務、「祭天」而已！

《周易》揭櫫「天」與「祭祀」

壹、開宗明「易」

關乎「易」、有許多的相關稱謂，一般大多把《易》、《易經》、《周易》混為一談。於此、特先略作些許必要的釐清界定。

一．「易經」

「上經」30「卦」並其爻義簡述～「卦辭」以及 180「爻」並其意義～「爻辭」。「下經」34「卦」並其爻義簡述～「卦辭」以及 204「爻」並其意義～「爻辭」。

彙集合成「上經」與「下經」共 64「卦」之「卦名」、「卦畫」以及解釋 64 卦的「卦辭」和解釋「各卦六爻」（合共 384「爻」（6x64）的「爻辭」即為「易經」。若將之編輯為一本書（冊）、則其可加上書名號《》，而稱其為《易經》。因此就此狹義定稱的《易經》，它並不等同於眾所稱說的《周易》。

二．「易傳」

「傳」是詮釋、解析「經」的著作。註解「易經」的撰著則為「易傳」；最原始註解「易經」的著述有、「象傳」、「象傳」「繫辭」（因「經」分「上、下」，此所述及的三「傳」亦相應分為「象傳[上下]」、「象傳[上下]」、「繫辭[上下]」）。此外加上從不同面向解析「易經」的著述有「說卦」、「序卦」、「雜卦」和「文言」，合

---

68 【清】阮元：《十三經注疏》，頁 449-450；周秉鈞《尚書譯注》，頁 348。

共為十、稱其為「十翼」～附屬於「經」的羽翼，其為詮釋、解說、引申「經」的內容、以助益理解「易經」。就此「十翼」扼要題述其要義如次：

- 象傳[上下]～《易經》「卦名」的機要論斷、並對「卦辭」作言簡意賅的精要注解。
- 象傳[上下]～就「卦象」所作解說，即「大象傳」[64則]；對「爻象」所作註解，即「小象傳」。
- 繫辭[上下]～乃「易傳」之樞機著述，闡述《易經》的基本意義、哲理、功用、源起、筮法等要義，並以「一陰一陽之謂道」奠定了詮釋「易經」的基調。
- 文言～分前後兩節，單就「乾、坤」二卦用有文采的語言所作鞭辟入裡的全面解析。「乾坤」為《周易》的門戶，故深入闡明乾坤要義以為其餘六十二卦奠基。
- 說卦～對「八經卦」之「卦象」的具體解說。
- 序卦～簡要題述「六十四重卦」排列邏輯及其次序之所由。
- 雜卦～解析所謂的「綜卦」、「錯卦」、從「卦形」判讀卦與卦的相對聯繫。

三.「周易」

- 「周」～或謂「易道周普、無所不備」，亦即其「周延普遍」。又或謂「周」其為「周朝」、指年代。
- 「易」～就其字形來看，有謂其為「飛鳥狀」；或謂其為「蜥蜴」（取義其色變）；亦有謂其為「從日從月、陰陽具矣」。就其字義而言，《易緯、乾鑿度》則有謂「一名而含三義～所謂易也、變易也、不易也」。
- 「周易」～簡言之，「周易」乃在記述「陰、陽」兩股對立勢力、剛柔推移相互作用而生發存有變化萬象。

　　從以上簡要的梳理，可以清楚得知「周、易」其實並不能將之等同於《周易》這部經典。《易經》亦與《周易》有所分殊。若將前述之《易經》[狹義]與《易傳》[特指「十翼」]彙集成書[冊]或可概稱其為《易經》，或有甚者即概然稱其為《周易》。

貳「卦」

　　「太極」為「元」、為「一」～說文解字解「一」曰：「惟初太極、道立於一」，其為「根源」，亦有謂其為渾沌未開、蘊涵萬有的存在。其含藏陰、陽，即「陰陽之集合」，若以數學符號表述則為～{陰、陽}。在數位時代可以更具體的領

會「太極」的意涵：聲光音影透過電子正負（0、1～二進位），在「渾沌」中卻能有序極速運算、傳輸，並於制定的介面轉折，得以在接收電器上呈現。

「兩儀」～一切可以二分的、相對的事物，即如「乾坤」有「天、地」之分，「人」有「男、女」之別，「日月」之「明、暗」，門戶之「闢、闔」，或其他抽象對立～「尊、卑」「貴、賤」「動、靜」「剛、柔」…。此類相對，可以用數學的一次元來表述～ $2 = 2^1$。在數位時代則能以二進位的「0、1」表述之。在「易」中則用符號表述～陰（--）、陽（—），它被稱為「爻」[69] 它是構成「卦」[70] 的基本要素。

「四象」～兩儀之「陰、陽」相重之則成四象，可以用數學的二次元來表述～ $4 = 2^2$。此四相以陰陽符號表述則分別是：太陽（⚌）、少陽（⚎）、太陰（⚏）、少陰（⚍）。

「八卦」～以兩儀之陰、陽三重之而成八卦 [71]，可以用數學的三次元來表述～ $8 = 2^3$。

乾（☰）、兌（☱）、離（☲）、震（☳）、巽（☴）、坎（☵）、艮（☶）、坤（☷）。

八經卦（單卦）乃構成六十四重卦的基礎。「六十四重卦」：以八經卦（單卦）相重之（8x8）而構成六十四卦，茲列表如次、以觀其成：各列~横皆以「乾兌離震巽坎艮坤」~黑體為上／外卦；各欄~豎皆以「乾兌離震巽坎艮坤」~宋體為下／內卦。

欄、列交會、彙集上卦與下卦為一「重卦」~楷體，括號內的數碼即為〈卦序〉之（序號）。

69「爻」～效也，代表「易」的百般變化、無盡交錯；分為陽爻（—）與陰爻（--）它是組成「卦」的基本元素。

70「卦」～卦者、掛也；宇宙萬象像是掛在眼前，而以陰陽符號表徵之。

71「八卦」～宇宙萬象像用陰陽符號以三次元表述（$2^3=8$），簡易地標記無窮變化、交錯綴聯的宇宙萬象。

乾、乾 乾 (1)	兌、夬 乾 (43)	離、大有 乾 (14)	震、大壯 乾 (34)	巽、小畜 乾 (61)	坎、需 乾 (5)	艮、大畜 乾 (26)	坤、泰 乾 (11)
乾、履 兌 (10)	兌、兌 兌 (58)	離、睽 兌 (38)	震、歸妹 兌 (54)	巽、中孚 兌 (62)	坎、節 兌 (60)	艮、損 兌 (41)	坤、臨 兌 (19)
乾、同人 離 (13)	兌、革 離 (49)	離、離 離 (30)	震、豐 離 (55)	巽、家人 離 (37)	坎、既濟 離 (64)	艮、貫 離 (22)	坤、明夷 離 (36)
乾、無妄 震 (25)	兌、隨 震 (16)	離、嗜嗑 震 (21)	震、震 震 (51)	巽、益 震 (47)	坎、屯 震 (3)	艮、頤 震 (27)	坤、復 震 (24)
乾、姤 巽 (44)	兌、大過 巽 (28)	離、鼎 巽 (50)	震、恆 巽 (31)	巽、巽 巽 (57)	坎、井 巽 (48)	艮、蠱 巽 (18)	坤、升 巽 (46)
乾、訟 坎 (6)	兌、渙 坎 (59)	離、未濟 坎 (63)	震、解 坎 (40)	巽、困 坎 (47)	坎、坎 坎 (29)	艮、蒙 坎 (4)	坤、師 坎 (7)
乾、遯 艮 (33)	兌、咸 艮 (31)	離、旅 艮 (56)	震、小過 艮 (61)	巽、漸 艮 (53)	坎、蹇 艮 (39)	艮、艮 艮 (52)	坤、謙 艮 (15)
乾、否 坤 (12)	兌、萃 坤 (45)	離、晉 坤 (35)	震、豫 坤 (16)	巽、觀 坤 (20)	坎、比 坤 (8)	艮、剝 坤 (23)	坤、坤 坤 (2)

　　〈卦序〉～為「十翼」之一，其撰著者推敲各重卦間的相屬或對立關係，從「乾、坤」以迄「濟濟、未濟」，梳理歸納出六十四卦間的邏輯性而訂定六十四經卦的順序：

乾、坤、屯、蒙、需、訟、師、比、小畜、履、泰、否、同人、大有、謙、

豫、隨、蠱、臨、觀、嗜嗑、貫、剝、復、無妄、大畜、頤、大過、坎、離；

咸、恆、遯、大壯、晉、明夷、家人、睽、蹇、解、損、益、夬、姤、萃、升、困、井、

革、鼎、震、艮、漸、歸妹、豐、旅、巽、兌、渙、節中孚、小過、既濟、未濟。

　　意欲瞭然體會六十四重卦之「內外卦之構成」並印記於心、或可「化整為零」靈活變通，分別以「乾坤坎離、震艮巽兌」為內卦切入，並以八句卦頌為心法、助益銘記於心：

天啟地基、六四卦頌

天啟、乾～「三大一小、夬泰需乾」 ～（三大一小、怪泰需錢）；括號中四字／五字句，參以諧音以助記憶

乾 01	夬 43	大有 14	大壯 34	小畜 09	需 05	大畜 26	泰 11
乾~一	兌~二	離~三	震~四	巽~五	坎~六	艮~七	坤~八
乾	乾	乾	乾	乾	乾	乾	乾

地基、坤～「剝否晉萃、地豫觀比」 ～（剝皮盡瘁、地獄關閉）

否 12	萃 45	晉 35	豫 16	觀 20	比 08	剝 23	坤 02
乾	兌	離	震	巽	坎	艮	坤
坤	坤	坤	坤	坤	坤	坤	坤

坎陷、坎～「困蒙訟渙、師解未濟」 ～（困蒙送飯、師解未濟）

訟 06	困 47	未濟 64	解 40	渙 59	坎 29	蒙 04	師 07
乾	兌	離	震	巽	坎	艮	坤
坎	坎	坎	坎	坎	坎	坎	坎

火升、離～「革賁離明夷、人人豐既濟」 ～（革弊離明夷、人人豐既濟）

同人 13	革 49	離 30	豐 55	家人 37	既濟 63	賁 22	明夷 36
乾~天	兌~悅	離	震~雷	巽~木	坎~水	艮~山	坤~地
離~火	離~火	離~麗	離~火	離~火	離~火	離~日	離~日

震蕩、震～「震益屯復隨、無妄嗜嗑頤」 ～（震益尊復隨、無妄適合宜）

無妄 25	隨 17	嗜嗑 21	震 51	益 42	屯 03	頤 27	復 24
乾~晴天	兌	離	震	巽	坎	艮	坤
震~霹靂	震	震	震	震	震	震	震

山根、艮～「小過蹇咸、遯旅漸謙」 ～（小過見嫌、遯旅漸謙）

遯 33	咸 31	旅 56	小過 62	漸 53	蹇 39	艮 52	謙 15
乾	兌	離	震~雷	巽	坎	艮	坤~承載
艮	艮	艮	艮~山	艮	艮	艮	艮~山蘊

風流、巽～「恆蠱大過、鼎姤井升」 ～（恆蠱大過、鼎go升升~姤、go同音，風力強大，鼎go~鼎可飛走、井升~井可昇起）

姤 44	大過 28	鼎 50、HS	恆 32	巽 57	井 48	蠱 18	升 46
乾~天	兌~悅	離~火	震~長男	巽	坎~水	艮~山	坤
巽~風	巽~風	巽~風、靈	巽~長女	巽	巽~木桶	巽~風	巽~木 ↑

澤處、兌～「睽損兌歸妹、履節中孚臨」 ~（艮損兌歸妹、履節中孚臨）							
履 10	兌 58	睽 38	歸妹 54	中孚 61	節 60	損 41	臨 19
乾、天	兌	離↑	震	巽	坎↓	艮~山↓	坤~岸
兌、悅	兌	兌↓	兌	兌	兌↑	兌~澤	兌~澤

參 「經、卦、爻」的詮釋

　　如前所述：「易」、最基本的要素～「爻」曰「陰（--）與陽（一）」、合六爻構成一「卦」。「乾、兌、離、震、巽、坎、艮、坤」八經卦、其重疊之而成六十四卦；各重卦的下三爻（下卦）為「內卦」、上三爻（上卦）為「外卦」。

　　每一「爻」在某一卦中、從下往上的位置定稱其為「初、二、三、四、五、上」，依六爻所在位置、其若為陽爻則以「九」稱之、若為陰爻則以「六」稱之。就以「既濟」卦（䷾）的六爻為例，其六爻的稱謂乃是「初九、六二、九三、六四、九五、上六」。

　　每一卦的每一爻之「陰、陽」與其「所在位置」都會有其特別意義的解說、稱之為「爻辭」；每一「卦」亦具其整體要義，每一卦的意 / 喻義、解說則稱之為「卦辭」。每一「重卦」除了其「卦象」和「卦名」，再加上其簡要詮釋～「卦辭、爻辭」合為一「重卦」之「經」。從第一卦「乾」到末了第六十四卦「未濟」串綴而成所謂的「易經」。若將之編輯為書 / 冊、則其可謂是加上書名號的《易經》。

　　解讀詮釋《易經》的著述即所謂的「傳」～「十翼」，其大要即如前所述及：
- 象傳上下～《易經》「卦名」的機要論斷、並對「卦辭」作言簡意賅的精要注解。
- 象傳上下～就「卦象」所作解說，即「大象傳」～ [64則]；對「爻象」所作註解，即「小象傳」。
- 繫辭上下～乃「易傳」之樞機著述，闡述《易經》的基本意義、哲理、功用、源起、筮法等要義，並以「一陰一陽之謂道」奠定了詮釋「易經」的基調。
- 文言～分前後兩節，單就「乾、坤」二卦用有文采的語言所作鞭辟入裡的深度解析。「乾坤」為《周易》的門戶，故深入闡明乾坤要義以為其餘六十二卦奠基。
- 說卦～對「八經卦」之「卦象」的具體解說。

· 序卦～簡要題述「六十四重卦」排列邏輯及其次序之所由。
· 雜卦～解析所謂的「綜卦」、「錯卦」、從「卦形」判讀卦與卦的相對聯繫。

肆、《周易》窔義～「本體天」與「祭義」

「是故，形而上者謂之道，形而下者謂之器」～〈繫辭、上〉。

《易經》有清晰的「道」、「器」之辨。「道」者形上的、眼不能見的、萬象之「其所以然」者；「器」者形下的、可見的、「其然」萬象。

「太極」乃對「終極存在」之渴求、尋覓而感悟的「具實存有」者。就「易」而言，「太極」即是「陰、陽、卦、爻」易理的「終極根源」。「太極」雖是本於理性思維、邏輯思考，所推斷倚恃之縝密理據；然、畢竟理性有其困限，終極存有深具其「未知性」，緣是，對「太極」的參透亦得飛越理性，憑藉信心，其乃不憑眼見而能感知、體悟之形上的自是、自在「具實本體」。

「兩儀」則是對現象界的觀察而歸納出來的宇宙萬象存有運作的基本原理法則～「一陰一陽之謂道」[72]。陰陽和合、化生萬物，或可謂其為《周易》思想的核心。在數位化的時代，聲光影音在「陰陽～0 與 1」極速電子運算中得以具象呈現，或可謂是最好的解說例證。

「卦、爻」～兩儀生四象、四象生八卦、 八卦相重為六十四重卦、每卦六爻、合共 384 爻（若包括「用九」與「用六」則為 386 爻）。以「卦、爻」縝密構建了邏輯系統，加上簡約的解釋～「卦辭、爻辭」就構成了「易經」～亟望萬象存有能於「一陰一陽之道」中井然陳明。

「卦、爻」是在觀萬象中，以陰陽符號，簡約地標記了對宇宙萬物存有的觀察，並以文字簡約記述了陰陽、剛柔原理（卦辭、爻辭），《易經》於焉串綴而成。「繫辭、彖傳、象傳、文言、說卦、序卦、雜卦」乃是對《易經》所作的邏輯性歸納整理，形成哲學性的闡釋、申述，以之成為仁人君子生命探索的依歸憑據，生活路向的惕勵提點。除此之外，《周易》～{《易經》和「十翼」}蘊涵著許多被遮蔽而應當挑明的更深邃窔義，本文謹就「啟示」、「本體、天」、「生命源

72　〈繫辭傳〉、上。

起」、「祭義」幾個面向略作掘發探究如次。

一．啟示的冀求

以「陰爻、陽爻」，和合六爻為一「卦」。卜筮者（算卦者、命相者等）透過揲蓍布卦、金錢卦以及梅花易數（數字占卜、時間起卦、方位起卦、測字起卦等法）求得一卦，就其卦象、爻象、卦辭、爻辭等，為一個徬徨求問者在面臨或左或右、抉擇當下指點迷津。如此殷切尋覓，顯而易見：有限的人在其惶惑不知所措時，會尋找更高明者的幫助，冀求「祂」指引一條走出迷惘的去路，以脫離困限。如此這般的事實，在在說明「啟示」對於世人有其絕然的必要性。

〈繫辭、上〉曰

「聖人設卦觀象，繫辭焉而明吉凶，剛柔相推而生變化 …

是故，君子居則觀其象，而玩其辭；動則觀其變，而玩其占。

是以自天祐之，吉无不利」。

聖人（伏羲[73]）透過觀察萬象而創立了六十四重卦；文王在羑里，演六十四卦著「七八九六」之爻[74]，「卦」由「爻」生其下繫之以言辭、言簡意賅表其所蘊涵的意義。執此，顯然「卦」的緣起並非由「卜筮」而來，而是源自對現象界的觀察（觀象），透過「陰、陽」符號簡要的標記，在二維（陰、陽）

---

73 對於「三皇」究竟是哪三位，歷史記載有不同的認定。然而在諸多的說法中，「伏羲」卻一定名列其中。「伏羲」這兩個字意涵蘊了極為深邃的意義：「伏」～人俯伏如犬、一派全然順服形狀；「我」由「右戈」、「左反戈」相對而成。「義」字下半左側的「反我」被 更優越的～秀 犧牲替代了，亦即透過犧牲「羔羊」的覆蓋、因其血祭替代了本該承受刑罰（該死）的「我」讓我成「義」。那位俯伏敬拜、敬受天恩者即是「伏羲」。

74 「天數五，地數五，五位相得而各有合」；「天數五」就是一三五七九這五個數。「地數五」就是二四六八十之五個數。亦即十以內的五個奇數和五個偶數。五位相得，是一與二相得，三與四相得，五與六相得，七與八相得，九與十相得。「各有合」是五個天數合到一起等於二十五，五個地數合到一起等於三十，二十五與三十相加等於五十五。這就是「凡天地之數五十有五」。《周易》的千變萬化，神秘莫測，正是由五個天數與五個地數合成的五十有五的變化產生的。「五十有五」的變化產生「七八九六」四個數字。由七八九六的變化產生「爻」，由爻組成「卦」。所謂「成變化行鬼神」即指此而言。又，蓍草大衍之數筮法，蓍草十有八變結果出來以後，陽奇之數或七或九，陰偶之數或六或八。陽為合二為一故陽數為奇數，陰為一分為二故陰數為偶數。七為少陽九為老陽、八為少陰六為老陰。

邏輯的基礎下，從一次元（2^1~2）兩儀、堆疊二次元（2^2~4）為四象、三次元（2^3~8）而生發「八卦」，重疊此八卦～以六爻為一單元～重卦而成「六十四卦」；本於 64 卦和 384 爻而形成了縝密邏輯系統，並對各卦以及各爻之「象」以及各爻的當位、時中、陰陽、剛柔，作了 簡要的解說~[繫辭]，從而據之以分判前程吉凶禍福。然而歸根究底終極而言最重要的乃是「自天祐之，吉无不利」，吉祥義和之利，源自於「終極實在」的本體~[天]。

二. 終極本體

「本體」~[noumenon]、源自「希臘文：voούμενον」[75]；其為哲學名詞，其意為「在思想中的某事物」，它與「現象」是兩個相對的名詞。在柏拉圖主義中，本體的領域，在於理型的世界。「本體」的意涵是「思想所對應的對象」，則其為哲學形上、理性思維所構建的產物；若然、則「本體」含蘊於人心思想，顯然能思想的「人」比所思想的對象～「本體」更大、更高、更超越；就主客關係而言，「人」反而自立為「主體」，所謂的「本體～思想所對應的對象」即被擺置於客體地位上。在這樣的邏輯思考下，人人皆是各為其是的「主體」，就此「主體」而言，因各有其主觀意識的判別，是則其「在思想中的某事務、思想所對應的對象」、萬事萬物也都會因人而異、莫衷一是、失去其本然應有的「他是」。從「唯心論」的觀點而言，對一定限度範圍的事物，的確人心也可以一定程度的理會、把握它；然而衡諸世情，一個不爭的事實是（人類也可以清楚地意識到），有限的人、就其短暫的生滅，其心怎能包容萬物、萬象和那「使之然」並蘊含宇宙萬有的夐然「本體」（或稱謂其為「超越的終極實在」）。

康德稱「本體」為「物自身、物自體」[76]（the thing-in-itself）。其為不必用感官即克覺知、意識到的物體，或事件。於此、比較合理的推定終極「本體」則當是夐然自在、自是、自存的「祂」，祂樂於向人顯明祂自己（所謂的天啟）、是人心深處可以感知、交流、對遇的「主體」；祂是許多心靈經歷、體驗過的共識認知對象。不單單是靠知識、理性，也靠信心、信念而際遇的具實本

75　voούμενον」是 voεῖν 的現在分詞，原義是「我思、我想」字面意思為「在思想中的某事物」、「思想所對應的對象」。又、智性（voυς、nous），也是來自於這個希臘文字根。

76　德語：das ding an sich （the thing-in-itself）「物自身、物自體」。

真、並體悟的夐然自在「本體」。歸言之、為人在世植基於這「夐然本體」，方克底定「主客、物我、本末、起訖」以致得以在浩瀚無垠時空中確立自我定位座標。

　　林安梧對熊十力的「體用哲學」作了詮釋與重建，他在《存有～意識與實踐》論述「存有根源的開頭」中、標示要旨：豁顯存有三態，其首要乃為「存有的根源～ X」～是越過了執著性的、對象化的存有，它是不可思議的、是越過了心行（意識的活動）與言說，而進到一超言說的、心行皆泯的階層。[77] 林氏對本體之訴求定位於「存有的根源～ X」，非常類似於希臘人對「本體」追尋的終極認定～未識之神（X）。使徒保羅以此為切入點向雅典城的希臘人陳明成了肉身的道～神的兒子耶穌，即為本體上帝的顯現 [78]。就「本體」～「天」，在《周易》的表述明晰確切，分述如次：

　　〈繫辭傳〉、上、段 7:「易之興也，其於中古乎，作易者，其有憂患乎」。

　　〈繫辭傳〉、上、段 11：「易之興也，其當殷之末世、周之盛德，當文王與紂之事」。

　　引文指謂：易《經》成書於殷商時代。《詩經》和《尚書》記述「天」或「上帝」的作為和其屬性，因此「詩、書」提供了《易經》成書的時代背景，也具體陳明《易經》著述本源於「天、帝」，概如朱伯崑有言「有神論是《周易》這部典籍的主導思想」[79]：

　　「維此文王，小心翼翼。昭事「上帝」，聿懷多福。厥德不回，以受方國」～《詩經、大明》。

　　概謂：文王敬謹，侍奉上帝，蒙受恩福。盛德昭彰，四方來附。

　　「皇矣「上帝」，臨下有赫。監觀四方，求民之莫」～《詩經、皇矣》。

77　林安梧《存有、意識與實踐》；台北、東大圖書，1993 年，頁 148；「不可思議」之意涵，熊十力有精闢切要的解說：思者心行相、議者言說相。此是「染慧」、是意識取物之見，夫以取物之見，逐而推論無方之變，則恣為戲論，顛倒滋甚。故不可思議之云，直以理之極至，非思議所可相應。

78　《聖經》、〈使徒行傳〉17:22-23 記載使徒保羅在希臘雅典、衛城的經歷「保羅站在亞略巴古當中、說、眾位雅典人哪、我看你們凡事很敬畏鬼神。我遊行的時候、觀看你們所敬拜的、遇見一座壇、上面寫著『未識之神』」（姑且亦以「X」稱之）。使徒保羅就從這個接觸點、開始向雅典人述說上帝。

79　朱伯崑《易學哲學史》；頁 19。

概謂：至大上帝，顯赫臨在，鑒察遍地，求民之安定。

「出自北門，憂心殷殷．終窶且貧，莫知我艱．已焉哉，「天」實為之，謂之何哉」~《詩經、泉水》。

概謂：衛之賢者，不得其志，外出北門，喟嘆清貧，天意致之，莫可奈何。

「『皇天』眷命，奄有四海為天下君」~《尚書、大禹謨》。

概謂：上天顧念帝堯盛德，使他盡有四海之內，成為天下君主。

「…予惟聞汝眾言，夏氏有罪，予畏『上帝』，不敢不正」~《尚書、湯誓》。

概謂：商湯說我理解你們的話，但是夏有罪，我畏懼上帝，不敢不去征伐。

從以上引文，大致上可以理解「上帝」、「天」是可以通用的，對「上帝」與「天」的稱謂，在朱熹編纂的二程語錄有謂：程子曰，「《詩》、《書》中凡有個主宰底意思者皆曰「帝」，有一個包涵徧覆底意思則言「天」[80]。依陳榮傑之見：「《詩》、《書》之帝無疑是人格神」[81]。上帝至大，至能，至可畏，無所不在，無所不知，是有知，有情，有意是有位格的神，是能與人對遇，靈通往來的「天」。《易》其有本於「天、帝」昭然若揭、無庸置疑；〈繫辭〉所謂「自天祐之，吉无不利」良有以也。

「夫《易》惟談天，入神致用」[82] 無怪乎《文心雕龍》也畫龍點睛、精簡陳明《易經》奧義：「談天、致用」。

《易經》對「本體」~天，實多有題述，茲詳細臚列各處引文，以觀其大要：

〈乾、卦〉曰：「元，亨，利，貞」。

「元」：《精蘊》注曰「天地之大德，所以生生者也」。「元」、被注解為「大」、為「生生者」～表示天地萬物的本源。又「元」字「从二从人… 在天為

80　陳榮傑：《朱熹》；頁 70：引《遺書》卷 2 上，頁 13 下。

81　同上頁 70。

82　【南朝、宋】劉勰：《文心雕龍》、〈宗經〉；參 羅立乾：《新譯文心雕龍》；台北：三民書局，2014 年，頁 20。

元」[83]。二＝上，於人之上者「天」也，故「天」為元、為首～先存於一切萬物之存有者。「聖人能屬萬物於一，而繫之元也…元者為萬物之本」[84]。

〈需、六四、象〉曰：「需于血、順以聽也」。

〈需卦〉上卦為「坎」～困也、下卦為「乾」～天也，在困限中唯「天」是賴；「六四」〈象〉曰：「需于血」乃是以傷重如臥血泊中亟待救援，寓意身處危難險峻坎困中，在此情境中則當「順以聽」，亦即在困限中當順命、依恃於「天」。

〈否、九四〉爻曰：「有命、无咎，疇離祉」。

「否卦、九四爻辭」云：雖以陽居陰位，或有不正之嫌，然其乃廩受「天命」、故無咎。九四失位而依附（疇＝儔、相伴）於天（乾～上卦），故而蒙受（離）其福祉。

〈否、九四、象〉曰：「有命無咎、志行也」。

「否卦、九四爻、象傳」說「承受上天之命，沒有過錯；所以然者，乃因九四敬奉天命，在扭轉否道的努力，正在進行中。

〈大有、象〉曰：「火在天上，大有；君子以遏惡揚善，順天休命」。

「大有、象傳」說：「離火在乾上，乾為天，故曰『火在天上』，其時節為夏季、萬物並盛，故曰『大有』。乾陽為善，光明於天，君子順應天道「遏惡揚善」，成就上天所託付的佳美使命。

〈大有、上九〉曰：「自天佑之、吉、無不利」。

〈大有、上九、象〉曰：「『大有』上吉、自天佑之」。

「大有、上九、爻辭」說：「承蒙上天資助、吉利祥和、義之合也、無有不利。於此、其〈象傳〉注解說：「〈大有、上九〉的吉利祥和、源自上天的祝福護佑」。

〈豫、象〉曰：「雷出地奮，豫。先王以作樂崇德，殷薦之上帝，以配祖考」。

「豫、卦象」說：雷鳴轟然、大地振奮、歡娛。先王有感而作樂頌揚上天

---

83 《康熙字典》二部。
84 《春秋繁露》、〈玉英〉頁 54。

仁德恩澤、一則殷切供奉犧牲祭祀上帝、同時也追念先祖、祭祀祖靈」。

〈觀、彖〉曰：「…觀天之神道，而四時不忒，聖人以神道設教，而天下服矣」。

「觀、卦象」斷觀卦曰：「觀看天地萬象的存有、日月星辰的神奇運轉，四季更替、節氣變換井然有序、無所差池、聖人從中體悟「天道」的奧妙神奇，從而依傍天理、制定準則教化黎民百姓，讓他們衷心信服循天之道。

〈賁、彖〉曰：「…觀乎天文、以察時變；觀乎人文、以化成天下」。

「賁卦、象傳」斷賁卦曰：「觀察上天所顯明的色彩斑斕、美不勝收作為、體察四季節氣變化；觀看人類的文化與文明、教化育成天下。

〈復、彖〉曰：「…反復其道，七日來復，天行也。利有攸往，剛長也。

復其見天地之心乎」。

「復卦、象傳」斷復卦曰：「天行健、反復其道」；「七日來復，天行也」～「七」是「天數」，在《聖經》、〈創世記〉開篇就記載了上帝的創造成全於六日間，而於第七日定為「安息日」，於焉七日循環為「一週」，亦即在此所謂的「七日來復，天行也」。此外，有趣的是「光譜」七色、「音階」七音等皆以「七」為界域、律呂。否極泰來、剝而復返，消滅生息，陽剛之氣復返，有利於義無返顧勇往直前。從「復」的啟發中但見昭然「天心」。

〈姤、九五、象〉曰：「九五含章，中正也。有隕自天，志不舍命也」。

「九五」位正時中，據君尊之位，含彰美之質；天隕休美，蒙受恩澤，故此九五之尊者矢志信守天命、不負天恩。

〈兌、彖〉曰：「兌、說也。剛中而柔外，說以利貞，是以順乎天，而應乎人」。

「兌卦、象傳」所謂「剛中而柔外」乃因於「九二、九五」陽剛居中、「六三、上六」陰柔於外所作的判斷～「說以利貞」，意謂內正而和悅於外，內剛以應對外境。其內外和合、周延備至；歸根究底是內心依恃順服於「天」、即所謂「是以順乎天」、從而能執守天心、民胞物與～「而應乎人」。

〈革、彖〉曰：「天地革而四時成，湯武革命，順乎天而應乎人，革之時大矣哉」。

「革卦、象傳」的大意是：天地萬化水火消息，四時更替與時推移；商湯

和周武王弔民伐罪、乃「順乎天而應乎人」，王朝變革更迭、生滅契機乃天所命定。

〈繫辭傳〉、上有曰「形而上者謂之道，形而下者謂之器」[85]，形上之「道」與形下之「器」相對有別。就此「道、器」之別，〈繫辭傳、上〉又有謂「易有聖人之道四焉～以言者尚其辭、以動者尚其變、以制器者尚其象、以卜筮者尚其占」[86]。聖人運用的「道」～「易理原則」有四，概言之其乃：據「辭」以言、依「變」以動、擬「象」以制器、布「占」以卜筮；顯見易理運作之「道」，體現了現象界「形下」的具體存有或動靜，在在憑依根據「形上」之無形的據實存有～本體。

> 〈繫辭傳、上〉又曰「『易』與『天地』準，故能彌綸天地之道。
>
> 仰以觀於天文，俯以察於地理，是故「知」幽明之故。
>
> 原始反終，故「知」死生之說。
>
> 精氣為物，遊魂為變，是故「知」鬼神之情狀。
>
> 與天地相似，故不違。「知」周乎萬物，而道濟天下，故不過。
>
> 旁行而不流，樂天「知」命，故不憂。
>
> 安土敦乎仁、故能「愛」。
>
> 範圍天地之化而不過，曲成萬物而不遺，
>
> 通乎晝夜之道而「知」，故神无方而易无體」。

形上之「易」無體～不具形象、但神妙而無所不在，故能「彌綸天地之道」～普遍包絡天地之道；具體而言，「易」為「道」體，其乃「有知，有情、有意」之據實存有「本體」～易與天地準，意思是說「易」雖不具形象、卻也如同天地般具實存在。

其「知」及乎「幽明、死生、鬼神、命」～其知「周乎萬物」、「通乎晝夜之道」。

---

85 《周易》〈繫辭傳〉、上。
86 《周易》〈繫辭傳〉、上。

其「情」能愛～敦乎仁以安土、道濟天下；

其「意」能忖度適切周延～「不違、不過、不流、不擾、不遺」。

《聖經、創世記》記載了摩西和「那位」～他是的對遇：當摩西問上帝的名號時，神告以：「我是『我是』」；所以摩西向以色列百姓提述祂時，就把第一人稱的「我是」改稱為第三人稱的「他是」；「他是」也就是《舊約》所常見通稱上帝的名「耶和華」[87]。各個世代，人心在理性思維中總會探索「本體」（超越萬有的終極實在），上帝宣告、祂就是夐然自存、自在的本體、「我是」。

三 . 萬有、生命的源起

〈屯、彖〉曰：「屯、剛柔始交而難生，動乎險中，大亨貞。雷雨之動滿盈，天造草昧，宜建侯而不寧」。

「屯卦、彖傳」是對「屯卦」～「屯：元亨、利貞，勿用有攸往，利建侯」之注解、

其大意是：「屯」內卦為「震」，一陽初生於陰爻之下，故謂「剛柔始交」、又其上陰爻有二，一陽屈居於二陰之下、此為一難；又下「震」動而遇險～「坎」～困限、此為二難。故可謂「屯、難也」，像草木之初生、屯然有難。就人事而言、雖宜於草創、建立諸侯，但也不能掉以輕心、悠忽將事。

固然萌動於艱險之中，卻仍亨通有利。天地間充盈雷電動能、大雨滂沱，上天創造的大能彰顯、萬物勃然生發於冥昧間、是謂「天造草昧」。

〈復、彖〉曰：「…七日來復，天行也」。

「復卦、象傳」曰：「…復、先王以至日閉關，商旅不行，后不省方」。

「七」是「天數」，在《聖經》、〈創世記〉開篇就記載了上帝的創造於六日間成全、而於第七日定為「安息日」，於焉「七日」循環為「一週」，即此所謂「七日來復，天行也」。

---

87 《聖經》、〈出埃及記〉3:13-14：「摩西對　神說、我到以色列人那裡、對他們說、你們祖宗的　神打發我到你們這裡來·他們若問我說、他叫甚麼名字、我要對他們說甚麼呢。神對摩西說、我是「自有永有的」·又說、你要對以色列人這樣說、「那自有的」打發我到你們這裡來」。又、道成肉身的耶穌也自稱是「我是」，因為祂就是本體「上帝」、《舊約》所名稱的「耶和華」。

在〈復、象傳〉中記述先王君上亦蒙天啓，了悟復始之先的「安息」～「至日~^{冬至}閉關、商旅不行，后不省方~^{君上不巡視四方邦國}」。

〈說卦〉曰：「帝出乎震…萬物出乎震，震東方也」。

「震」表東方、也意表四季之始~^春。「帝出乎震」概言之乃謂「帝~^{天帝、造物主}創造～^出萬物」；「萬物出乎震」意指萬物肇始於『震』」～初九陽氣揚發而震於春分時節即所謂「陽生初而成震卦」。〈說卦〉簡約敘寫現象界有形的創造，然就形上而論，其乃喻表本體上帝以其永恆大能、始創天地萬物之實。

〈繫辭〉、下曰：「乾坤其易之門邪？乾、陽物也；坤、陰物也；陰陽合德，而剛柔有體，以體天地之撰，以通神明之德；

〈繫辭〉、下、第六章；指陳《易》的門徑（即易之門）~^{「乾、坤」兩卦}、依恃陰陽兩德和合、剛柔各顯其體性，並相與於大衍之數算~^撰，會通創造萬物神明之德。

〈繫辭〉、下曰：「天地絪縕，萬物化醇，男女構精，萬物化生」。

〈序卦〉曰：「有天地，然後萬物生焉。盈天地之間者唯萬物，故受之以《屯》」

「有天地然後有萬物，有萬物然後有男女，有男女然後有夫婦，有夫婦然後有父子」。

〈繫辭〉與〈序卦〉簡單的素描了天地的源起與生成～萬物生焉，人的生命衍生～有男女然後有夫婦，有夫婦然後有父子」，然而卻不能確切言明其所來自。上帝是創造主、是生命的源起，《聖經、創世記》對此清楚曉諭：

創造之前的景況，正如〈繫辭〉所言及「天地絪縕」，《創世記》記述天地受造的來歷更具體，「在耶和華　神造天地的日子、乃是這樣‧野地還沒有草木、田間的菜蔬還沒有長起來、因為耶和華　神還沒有降雨在地上、也沒有人耕地。但有霧氣從地上騰、滋潤遍地」~^{創2:4-6}。

上帝彰顯祂創造的大能創造萬有、「起初　神創造天地。地是空虛混沌、淵面黑暗。　神的靈運行在水面上」。「神說、要有…、就有…」~^{創1:1-3}。「於是神造出…各從其類‧地上一切…各從其類、神看著是好的」~^{創1:25}。

　　上帝「別具匠心」的作為，依照祂自己的形象和樣式造人「神說、我們要照著我們的形像、按著我們的樣式造人、使他們管理海裡的魚、空中的鳥、地上的牲畜、和全地、並地上所爬的一切昆蟲。神就照著自己的形像造人、乃是照著他的形像造男造女」~創1:26-27。「神看著一切所造的都甚好」~創1:31。「天地萬物都造齊了」~創2:1。

　　《創世記》特別挑明了人的受造：人承受上帝「生命之氣」～與萬物有別的「幾希」，成為萬物之靈、「耶和華　神用地上的塵土造人、將生氣吹在他鼻孔裡、他就成了有靈的活人、名叫亞當」~創2:7。「有一日、那人和他妻子夏娃同房、夏娃就懷孕、生了該隱、〔就是得的意思〕便說、耶和華使我得了一個男子。又生了該隱的兄弟亞伯」~創4:1-2人類於焉衍生：

> 「亞當又與妻子同房、他就生了一個兒子、起名叫塞特、意思說、　神另給我立了一個兒子代替亞伯、因為該隱殺了他。塞特也生了一個兒子、起名叫以挪士。那時候人纔求告耶和華的名」~創4:25-26。

　　塞特、以挪士是諾亞的先祖，其後諾亞生了閃、含、雅弗，蒙受方舟的拯救，在洪水後衍生了歐、亞、非三洲，多族的人民。

四．祭義與際天

　　在《易經》中「祭祀以際天」的記述可謂俯拾即是、昭然若揭，特就「占卜」和「祭祀」來闡述：

1. 占卜：上帝是主宰者，人在做事之前，就想預知天意，以免違背祂，而帶來災殃。這是表明人理解自己的有限，得要仰賴祈求從天而來的助益。他們在生活體驗中，以「卜筮」為與天溝通的途徑，常用的方法有兩種：
   - (1)占：用蓍草排列組合，從中得出一些數字，畫出一些符號，根據數字和符號判斷天意。
   - (2)卜：用火燒龜甲或獸骨，通過燒出的裂紋形狀，以判斷天意。
2. 祭祀：祭祀是天人際遇的最具體表現，不管是外在的儀式，或內在的虔敬，都表明了人在上帝面前的敬謹拜服。

　　《易傳》注解《易經》的進路已然趨向於哲學原理的闡述，在其後發展敷衍

而成的「易學」更把易理哲學化、人文化，「天、本體」和「祭義」似乎都被忽略遮蔽了。執是之故，在這個段落裡，不厭其煩、長篇累牘傾力臚列了六十四卦中所提述有關「天」、「祭祀」的記載，是要挑明其元初在《易經》中的重要性。

〈乾、卦〉曰：「元，亨，利，貞」。

「元」：如前所述及：《精薀》注曰「天地之大德，所以生生者也」。「元」、被注解為「大」、為「生生者」～表示天地萬物的本源。又「元」字「從二從人…在天爲元」[88]。二＝上，於人之上者「天」也，故「天」為元、為首～先存於一切萬物之存有者。「聖人能屬萬物於一，而繫之元也…元者為萬物之本」[89]。

「亨」：享上帝，烹飪食物來祭享天帝。

「利」：《廣韻》吉也，宜也。〈說文〉：「利者義之和也」。

「貞」：鼎、象也。以木巽火，亨飪也，聖人亨以享上帝。

如上述、在字義解析「元」中，具體看見「本體」～「天帝」，其為「大」、為「元」，其乃「生生者，生命的源起、天地萬物的本源，萬物之所繫之「元、一」；對如是之本體，配得「享」，故在「亨、貞」中俱見「祭祀天帝」的明確記載。

〈震、六五、爻〉曰：「震往來厲，億无喪，有事」。

引文是「震卦、六五爻辭」，其大意是：在如雷鳴轟轟電光石火危殆情境，雖然不會有所失喪，但「祭祀」的事，仍然是必要的。亦即當從特異天象得到惕勵，從而聯想到那位「使之然者」而生發敬虔敬畏的心念。

〈隨卦、上六〉：「王用亨於西山」。

「亨」、通「享」，其義為「祭祀」。西山在周代指岐山。「王用亨於西山」、有謂其指周文興師討逆，此前先「祭祀」於西山。祭祀在《易經》中多所記述。

〈大過卦、初六〉：「藉用白茅、無咎」。

---

88 《康熙字典》二部。
89 《春秋繁露、玉英》頁54。

　　用潔白柔軟的茅草襯墊在祭品之下，以示敬神之意，「敬」則「無咎」。子
曰：苟錯~措諸地而可矣，藉之用茅何疚之有、慎之至也」。原來在祭祀時，即
或將祭品直接放在地上也無傷大雅，若特意小心翼翼的以潔白柔軟的茅草襯墊
在祭品之下則更能深刻體現那份祭祀的敬虔心念。「祭神如神在」，孔子徹底
表述了祭祀的真義。

　　〈損卦、經〉曰：「有孚、元吉、無咎、可貞，利有攸往。曷之用？二簋可用享」。

　　「損」卦象徵著減損，心存誠信、大為吉祥、沒有災難。「損」卦兌下艮
上，九二陽卦失位，六五陰卦亦失位，若兩爻往而易之則成「益」卦～震下巽
上、當位正中，故曰「利有攸往」。減損之道在乎真誠付出，以下成全其上，
即使是以二簋簡省淡薄祭品也可以體現祭祀的至誠真心。

　　〈益卦、六二〉爻曰：「或益之十朋之龜，弗克違，永貞吉。王用享于帝，吉」。

　　「益卦、六二爻」有奧援～來自九五君上的賜助（十朋之龜），無須拒絕，
受之即能得到長久的吉祥。為君上者以仁德對待臣下，更重要的是他祭祀天
帝，蒙受吉祥天恩。

　　〈萃、經〉曰：「萃：亨。王假有廟，利見大人，亨，利貞。用大牲吉，利有攸往」

　　「萃卦、經」曰：「萃」卦「坤下、兌上」。坤為地、質本在下；兌為澤、
其性潤下其聚下之德，萃聚和合、故卦名「萃」。集聚：祭祀際會，或即如董
仲舒之所謂：「祭之為言際也歟」 ~《春秋繁露》、〈祭義〉。君王至宗廟的祭祀表徵群聚
百姓的誠心，以及拜會大人的有利機遇。以牛為犧牲、體現堅貞祭祀、義和
為利。

　　〈萃、彖〉曰：「萃、聚也；順以說，剛中而應，故聚也。

　　王假有廟，致孝享也。利見大人亨，聚以正也。

　　用大牲、吉，利有攸往，順天命也。

　　觀其所聚，而天地萬物之情可見矣」。

　　「萃卦」強調會聚之道。基本原則是～因「情」 ~天地萬物之實 而聚，順以說～
悅、剛中而順應於天～王假有廟，致孝享也…用大牲。

〈萃、六二、爻〉曰：「引吉、无咎、孚乃利用禴」。

倚仗九五陽剛尊者的援引致吉、無咎，以祭祀~^{用禴}的虔誠表明集會的誠信，在在體現義和大利。

〈升、九二、爻〉曰：「孚乃利用禴、無咎」。

心存誠信，即使所用祭品微薄也能據實體現祭祀的意義、不致蒙受災殃。

〈升、六四、象〉曰：「王用亨於岐山、順事也」。

六四居上卦「坤」之初，外順之始，能順事君上，其寓意意概可謂是：順物之情~^實而立功、立事。周王君上到岐山祭祀，乃順行天道，建功立業。

〈困、九二、爻〉曰：「困於酒食，朱紱方來，利用享祀，征凶、無咎」。

九二中正，立意經世濟民，即便面臨高官厚利豐盛酒食誘惑，卻仍不為所動；受命君上，堅持以豐厚祭物獻祭，冀求民生安泰、無歲凶。

〈困、九五、爻〉曰：「劓刖，困於赤紱、乃徐有說、利用祭祀」。

〈困、九五、爻、象〉曰：「劓刖，志未得也；乃徐有說，以中直也；

利用祭祀，受福也」。

〈困、九五、爻〉「象傳」注解九五爻辭，意謂：遭受削鼻斷足，是表明九五的志願沒達到預期結果；漸漸地擺脫困境，意味著九五仍然可以持守中和正直的信念、德行；利用祭祀，是因為祭祀可以承受上天所賜恩福。

〈渙、經〉曰：「亨。王假有廟，利涉大川，利貞」。

〈渙、象〉曰：「先王以享於帝立廟」。

渙卦「坎下、巽上」，風行水上，水流渙渙然；又巽為木，木行水上、水流無阻，寓意有舟楫之利。在有形的亨通便利中，對治政者的一個確切提點是「王假有廟」～君王到宗廟祭祀神靈。於此、即或「廟」意指「宗祠」，然其對於生命緣起的追溯，其或有更深邃的諭義，故此於象有曰「先王以享於帝立廟」～先代君王通過祭祀天帝、建立宗廟。

董仲舒深諳此奧義，故其有謂「已受命而王，必先祭天，乃行王事」[90]。

既已受天命而為王，當務之急乃隨即祭祀天帝，確立其在「天、帝」面前的地位，同時也向全民宣告其崇高地位，其後才開始處理其他政事。

> 「古者天子之禮，莫重於郊。郊常以正月上辛者，所以先百神而最居前。禮，三年喪，不祭其先，而不敢廢郊。郊重於宗廟，天尊於人也」[91]。

漢廷尉張湯銜武帝之命而來問「郊」事，隱退「資政」董仲舒確知為政當以史為鑑，故特引往古天子如何看重郊祭於天之禮儀以應對君上垂詢。董仲舒強調祭天以示尊天的重要、「郊常以正月上辛者，所以先百神而最居前」，天子即便是在三年守喪期間「郊重於宗廟，天尊於人不祭其先，而不敢廢郊」。在「郊義」篇董仲舒也重申「郊祭」的重要性、

> 「《春秋》之法，王者歲一祭天於郊，四祭於宗廟…郊必以正月上辛者，言以所最尊者，首一歲之事，郊祭首之，先貴之義，尊天之道也」[92]。

> 「《春秋》之義，國有大喪者，止宗廟之祭，而不止郊祭，不敢以父母之喪，廢事天地之禮也」。

董仲舒并引《禮記》、〈王制〉曰「喪者不祭，唯祭天為越～跳躍過喪而行事」以驗證其絕然知見「夫古之畏敬天而重天郊，如此甚也」[93]。

> 〈鼎、經〉曰：「元吉、亨」。

> 〈鼎、象〉曰：「鼎、象也；以木巽火、亨飪也。聖人亨以享上帝，而大亨以養聖賢。巽而耳目聰明，柔進而上行，得中而應乎剛，是以元亨」。

「鼎」卦，「巽下、離上」～☲，卦象狀似於「鼎」。《正義》曰：鼎之為器，具二義：其一為烹飪之用。其二為物象之法～意指鼎器的取新之用。「鼎」、卦象～「巽下、離上」，木有上升之性，升至「五」、當位而正（上卦之中、有居中之實），又鼎器取新，大為吉祥亨通，故云「元亨」。

〈鼎、象〉更斷曰：「以木巽火、亨（烹）飪也」～巽為木，木入火中，以

---

90 《春秋繁露》、〈四祭〉；參【清】蘇輿：《春秋繁露義證》，頁402。
91 《春秋繁露》、〈郊事對〉；參【清】蘇輿：《春秋繁露義證》，頁408。
92 《春秋繁露》、〈郊義〉；參【清】蘇輿：《春秋繁露義證》，頁396-398。
93 《春秋繁露》、〈郊祭〉；參【清】蘇輿：《春秋繁露義證》，頁398。

燃鼎器，故有烹飪之象。再者、「聖人」～擔當聖職者、或為天子、或為祭司得以靈通於天者烹飪食物」以祭祀上帝；斯時也，亦烹飪祭物分享聖賢。

巽德謙遜，恭順、耳聰目明，柔道前進而上、得居六五之中，而應於九二陽剛之爻，故其大為亨通。

〈乾〉卦對「貞」的注解有謂：「貞」～鼎、象也。以木巽火，亨飪也，聖人亨以享上帝，顯然「鼎卦」亦蘊涵著「祭祀」～亨以享上帝的意義。

《聖經》、〈使徒行傳〉記載，聖靈降臨的光景：其如火舌～離、火竄燒、如風～巽揚起，讓身臨其境者，霎時間蒙受震懾而起了生命的巨大的改變～《聖經》、〈使徒行傳〉第二章。這正類同於「鼎」卦、下卦為「巽」～風、上卦為「離」～火，寓意「鼎革嶄新」，這是有趣的聯結。

〈震、經〉曰：「震：亨。震來虩虩，笑言啞啞。震驚百里，不喪匕鬯」。

「震卦、經文」云：「震、象徵著震而又震、雷鳴電閃，地動山搖、萬物震動亨通」。雷聲固然會讓人驚懼發抖，但也能使人得警覺惕勵而修身慎行、從而無所畏懼。雷聲的威力能震驚方圓百里，然而長子的祭祀不輟、讓社稷安寧。

〈既濟、九五、爻〉曰：「東鄰之殺牛，不如西鄰之禴祭，實受其福」。

「既濟卦、九五爻辭」概謂：東邊鄰邦（或指其為商紂王）以牛為犧牲的祭祀，倒不如西邊鄰邦（或指其為周文王）微薄的禴祭。西鄰受神靈更為實在的福澤實因獻祭者敬謹畏天、弔民伐罪。

〈既濟、九五、小象〉曰：「東鄰殺牛，不如西鄰之時也，實受其福，吉大來也」。於此《王弼注》曰：「居既濟之時，而處尊位，物皆盛矣，將何為焉？其所務者，祭祀而已」。余敦康《玄學史》雖曾四次提及引述[94]王弼《易》、〈既濟、九五、小象傳〉此段注解，然似未見其挑明這段注解所潛藏的重要意義～物皆盛矣…其所務者，祭祀而已。

何晏嘉許王弼，認為他是可以與論「天人之際」的人；果不其然、王弼蒙

94　余敦康：《魏晉玄學史》；北京：北京大學出版社 2016，2 月，頁 229、250、276、278。

受天啓光照而洞徹「居既濟之時，而處尊位，物皆盛矣，將何為焉？其所務者，祭祀而已」。「祭祀」是世人歸向上天的一條路逕；透過祭祀表明人對天的尊崇、感恩和真誠的依歸權屬，是對上天依靠恃賴的具體標記與表徵。

　　從古至今世界各地的人都有祭祀的行為，尼泊爾人祭祀獻雞，台灣民俗獻豬；殷商時代的中國人和同時期的希伯來人，都有確鑿記載祭祀的史實，更以類同的方式敬祭天帝或上帝。這一切史實紀錄在在說明了世人都意識到自己「天良的虧欠」，這「虧欠」就是自我覺知的「逆天離天」。「道家的宋尹學派強調人的『內心創傷』的『修復』，這個創傷就是『惡念』 ~悖逆於天，這這種『修復』就是向善」[95]。所謂「內心創傷」之惡即是受造的人乖離造物主的悖逆，上帝預備了「救贖」 ~神的羔羊，即神的兒子耶穌、道成肉身）以修復「創傷」 ~被破壞的人神關係，世人以信心支取救贖恩典，歸向上帝、與神和好～修復關係，成為神的兒女、得以有神的生命~天人合一、屬血氣的人卻具有上帝聖善的屬性 。

結語

一．《易經》啟示「本體」～天

　　〈繫辭、上〉、段12：特別引用〈大有、上九、爻〉「自天祐之、吉无不利」，以挑明《易》的核心奧義：本體~「天」據實存有，「天」是福澤之源，「天」有知、有情、有意，「天」明鑑分判、護祐蒼生；蒙受其恩者，吉安祥和、滿有義合之利。

　　〈繫辭〉的作者更三藉孔子之名以重其言，引申敷衍傳注「自天祐之、吉无不利」曰：

(1) 子曰：「祐者，助也。天之所助者，順也；人之所助者，信也。履信思乎順，又以尚賢也。是以自天祐之，吉无不利也」。

　　蒙受天之護祐就是受到從天而來的幫助，一個人所以能得「天之助」，乃因他是一個敬天順命者。在人際關係上他心存誠信、接納他人，因此也就能得

95　秦煥澤、李順成：「獻王的性靜論與董子的性三品論」；魏彥紅 主編：《董仲舒與儒學研究》；成都：巴蜀書社，2015 年，頁 565。

到「人之助」。作者再深入闡述：所以能信任他人，一則源自他是一個順命於天的人，一則是因為他是一個懂得尊重賢德的人。

(2) 子曰：「書不盡言，言不盡意。然則聖人之意，其不可見乎」。

雖然有話說「書不盡言言、不盡意」，但一個順命倚天、人際和睦，以天心為念的「聖者」，其屬天生命的流露和生活上的見證，豈非已然能不言而道喻耶！

(3) 子曰：「聖人立象以盡意，設卦以盡情~實~偽~假，繫辭以盡其言，變而通之以盡利，鼓之舞之以盡神」。

〈繫辭傳〉之作者總結了《易》之生發與演繹，並指陳了易理所亟盼的終極妙用。引文大意乃是：伏羲以「陰、陽」符號、「卦、爻」之象，表記了其所觀察萬象所得卻無法言傳的奧意；文王演六十四卦以竭盡宇宙萬有陰陽變換、情偽虛實；此外、在符號表象之外再加上「卦辭、爻辭」，是冀望以簡練的言辭，挑明陰陽符號所不能表述的《易經》理則，期其被靈活變通應用而天下得利，萬民樂活於易理妙用間。

〈无妄、彖〉曰：「剛自外來，而為主於內。動而健，剛中而應，大亨以正，天之命也。其匪正有眚，不利有攸往。无妄之往，何之矣？天命不佑，行矣哉？」~天命既已不佑、難道還要逆天硬闖嗎？

〈大畜、彖〉曰：「剛健篤實輝光，日新其德，剛上而尚賢。能止健、大正也。不家食吉，養賢也。利涉大川，應乎天也」。

〈中孚、彖〉曰：「柔在內而剛得中。說而巽，孚，乃化邦也。豚魚吉，信及豚魚也。利涉大川，乘木舟虛也。中孚以利貞，乃應乎天也」。

以上三處引文重點在強調：

(1) 「順應天命、无妄於天；逆天而行、天命不佑」；

(2) 「行止大正、應乎於天」；

(3) 「中心誠信、應乎於天」。

朱伯崑有言「有神論是《周易》這部典籍的主導思想」[96]；如前段所論述

96　朱伯崑：《易學哲學史》；台北：藍燈文化事業；1991 年，頁 19。

《詩經》和《尚書》記述「天」、「上帝」的屬性和作為[97]，也提供了《易經》成書的時代背景。簡言之、「天」有位格，祂是有知、有意、有情。先民自知其有限性，面臨困限、抉擇，自然地透過卜筮向「祂」討教（冀求祂啟示或左或右的抉擇），概言之、「天」是能與世人聯通、對遇交際的上帝～明察人生際遇的超越者、主宰者。

二.《易經》啟示 因於「祭祀」以「際天」

〈乾、卦〉曰：「元，亨，利，貞」。

「元」：如前所述及：《精蘊》注曰「天地之大德，所以生生者也」。「元」、被注解為「大」、為「生生者」～表示天地萬物的本源。又「元」字「從二從人…在天爲元」[98]。二＝上，於人之上者「天」也，故「天」為元、為首～先存於一切萬物之存有者。「聖人能屬萬物於一，而繫之元也…元者為萬物之本」[99]。

「亨」：享上帝，烹飪食物來祭享天帝。

「利」：《廣韻》吉也，宜也。《說文》：「利者義之和也」。

「貞」：鼎、象也。以木巽火，亨飪也，聖人亨以享上帝。

如上述、在字義解析「元」中，具體看見「本體」～「天帝」，其為「大」、為「元」，其乃「生生者，生命的源起、天地萬物的本源，萬物之所繫之「元、一」；對如是之本體，配得「享」，故在「亨、貞」中具見「祭祀天帝」的明確記載。

三.《易經》並非「卜筮之書」

太極生兩儀、兩儀生四象、四象生八卦、八卦相重為六十四重卦、每卦六

97　傅佩榮：《儒道天論發微》頁 31 表明「由周初文獻《詩經》、《書經》看來，天與帝可以互換使用，因此亦具有共同的含意。天與帝都代表同一位至高主宰，祂是「主宰者」（Dominator）「啟示者」（Revealer）「審判者」（Judge）「創造者」（Creator）「載行者」（Sustainer），因此在本文中「天」「上天」「帝」「上帝」會互換使用，並直接運用在此列舉的天，帝的五種屬性（Attributes）。

98　《康熙字典》二部。

99　《春秋繁露、玉英》頁 54。

爻、合共 384 爻。以「卦、爻」縝密構建了邏輯系統，加上簡約的解釋～「卦辭、爻辭」就構成了「易經」～亙望萬象存有能於「一陰一陽之道」中井然陳明。〈彖傳〉及〈象傳〉對「卦」與「爻」又作了進一步的詮釋注解，加上〈繫辭〉、〈文言〉、〈說卦〉、〈序卦〉〈雜卦〉即構成了整部《周易》。

從源流脈絡來看，若要稱「周易」為「卜筮之書」的說法似為偏頗武斷而有待商榷的，不幸的是許多人卻認定說《易經》是卜筮之書。其實《易經》從其成書的進程和經書的內容來看，它並非「卜筮之書」，因此只能說《易經》是「被用來卜筮的書」。

今人金春鋒有謂「《易》經不是占卜術與普通哲學而是『天道』，是天人之道的根本指針」[100]、誠哉斯言也。

---

100 金春峰：「董仲舒與漢代經學哲學」」；魏彥紅 主編：《董仲舒與儒學研究》；成都：巴蜀書社，2015 年，頁 92。

Ⅰ.2 先秦古籍～
「論、孟、荀、老、莊、墨」體天悟道

　　本文試圖於聖哲先賢之著述中逐地毯式地、竭力掘發探究關乎「天」的記述，前文從中國經典文獻「詩書易」著手探源華夏民族在堯舜、虞夏、商周時代、初民所蒙受的「天啟」；本段從《論語》、《孟子》、《荀子》；《老子》、《莊子》；《墨子》原典蒐尋關乎「天」的記述，再以其共性、通性匯整攸關乎「天」之奧義。在行文中多所引述「原典」關乎「天」的表述，並只作極為簡要的闡釋，意在準確的凸顯典籍「天觀」表述於其原貌本然。

《論語》

　　《論衡》、〈超奇〉：「文王之文、傳於孔子；孔子之文、傳於仲舒」；所謂「文以載道」、若從承繼的角度看，王充之意或可解讀為：董仲舒承續孔子之道，孔子承續周朝倚天恃命的「天道」。近人余治平已有近似見解「在儒學演化的歷史過程中，董仲舒直接繼承和發展孔子本原於周朝的本體天觀思想」[101]。

　　下列引文記述了孔子對「天」的體悟，基本可見其溯源於周朝：

　　　「巍巍乎！唯天為大、唯堯則之」[102]。

　　只有「天」才能稱得上是最高、最大的寰宇至上權能者，天下一切都得拳拳服膺於此終極真實。孔子「敬恃天命」，體天識道，蒙受天啟而體認覺知那位有知、有情、有意的「天」。

　　「獲罪於天無所禱也」[103]，孔子的禱告有其對象，祂是一位不能得罪的「天」，足見其對位居主體的「有知、有情、有意」能對遇交流的「位格天」之恆常敬畏及倚恃。

101汝章：《老子哲學》；(注)；(法是與神和好（故在「亨、貞」中具 余治平：《唯天為大》，頁44。

102《論語》、〈泰伯〉；參【宋】朱熹；《四書章句集注》；北京：中華書局，2012年，頁107。

103《論語》、〈八佾〉；參【宋】朱熹；《四書章句集注》，頁64。

「子疾病，子路請禱，曰『丘之禱久矣』」[104]，孔子無時無刻不依天以立命。他的祈求不是為病癒，也不是為祈福求壽；而是在日常生活中，很自然表達對「天」的敬虔靠賴。

「天生德於予，桓魋其如予何」[105]，孔子堅決相信生命是由上天所賦予，不畏懼惡人惡意戕害。

緣於對主體天的體悟，孔子也相信「天命」，他確信「命」是被一特定權勢所掌控～「天」，其為命的主宰者。

「命」有其客觀必然性，非人為之所及的命和命定。「五十而知天命」的「命」有「客觀必然性」的意義。孔子承認有「命」，他認為「不知命，無以為君子也」，知命方得以為君子。命是無可奈何的，不可不畏。孔子言及「君子有三畏」[106]，其中首要的就是「畏天命」，緣於對「天」的敬畏而順服於「天命」，在依天恃命的基礎上，從而能具體做到「畏大人，畏聖人之言」。

此外，「天命」也是人源出於「天」的自然稟性、即「性命之命」，所謂的「天命之謂性」[107]。先天的自然稟賦體現在人身上，就稱為「性」，就其源出而稱為「命」～由天而命定之。人「性」既源於「天」，其形所附之體，理當亦同源於「天」；「天」是人的形體性命之所自者，不言而喻。其後，子思、孟子一脈承傳了孔子倚天俟命的絕然信念。

《孟子》

一．孟子切身體驗與天際遇

樂正子見孟子，曰：

「克～即樂正告～將你舉薦於君～魯平公，君為～因此有意來見～會見你也。嬖人～受君上寵溺之近臣有臧倉

104《論語》、〈述而〉；參【宋】朱熹；《四書章句集注》，頁101。
105《論語》、〈述而〉；參【宋】朱熹；《四書章句集注》，頁98。
106《論語》、〈季氏〉孔子曰：「君子有三畏：畏天命，畏大人，畏聖人之言。小人不知天命而不畏也，狎大人，侮聖人之言」。
107《禮記》、〈中庸〉：「天命之謂性，率性之謂道」。

者沮~阻卻君，君是以不果來也」。^[孟子]曰：「行或使之，止或尼~拘泥之。行止，非人所能也。吾之不遇魯侯，天也。臧氏之子焉能使予不遇哉」¹⁰⁸。

雖有佞臣臧倉作梗，看起來是他攔阻了魯平公與孟子會見；但孟子確知其所以然者，並非小人臧某致至，乃是天意，上天是主導者，是一切事、物的命定者，真正的掌權者。

「湯~商湯三~第三次差使往聘之~隱士伊尹、既而幡然改曰：『與~與其我^[自己單獨]處畎畝之中，由是以樂~自娛自樂堯舜之道，吾豈若使~幫助促使是君^[成]為堯舜之君哉？吾豈若使是民為堯舜之民哉？吾豈若於吾身親見之~指堯舜盛世復現哉？天之生此民也，使先知覺後知，使先覺覺後覺也。予~我、伊尹、天民~天國子民之先覺者也；予將以斯道覺斯民也。非予覺之，而誰也』」¹⁰⁹

孟子引述商湯的賢臣伊尹的「天命」覺知：體悟生命來自於「天」（天之生此民也）。知悉自己已受命而為「先知」，責無旁貸、理當傾力啟迪後進，幫助當代君王成為堯舜聖王、施展堯舜之治道，讓黎民百姓亦能意會「天心」、成為「天民~天國子民」。

「夫天，^[前此]未欲平治天下也；如欲平治天下，當今之世，舍我其誰也？吾何為不豫~悅哉」¹¹⁰

孟子對自己全然的自信心源自對「天」的絕對依恃，和對「天」堅信不移。治、亂有時，孟子相信「天」是主宰人世治亂的「有知天、有意天」。孟子所體悟的「天」當非「自然天」，其理至明。孟子也清楚知道他自己具有「先覺、先知」之位分，因此肩負使命，並有相與於天下大治、「捨我其誰」的自我期許。

二．清晰了悟「位格天」

「天將降大任於是人也，必先苦其心志，勞其筋骨，餓其體膚，空乏其身，行拂亂其所為，所以動心忍性，曾益其所不能」¹¹¹。

「人心」具有「知、情、意」的功用，人心的功用彰顯每一個人獨立特有的個別「位格」。「天」其有知~選擇對象（一個承受得起大任的「是人」），其有情~造就、成全一個人（動

108《孟子》、〈梁惠王〉、下；參【宋】朱熹：《四書章句集注》，頁237。
109《孟子》、〈萬章〉、上；參【宋】朱熹：《四書章句集注》，亦參 詹平：《四書讀本》，頁363。
110《孟子》、〈公孫丑〉、下；參【宋】朱熹：《四書章句集注》，頁253。
111《孟子》、〈告子〉、下；參【宋】朱熹：《四書章句集注》，頁355。

心忍性、曾益其所不能），其有意～降大任、給他各種歷練（苦其心志，勞其筋骨，餓其體膚，空乏其身，行拂亂其所為）；天心「有知、有情、有意」，「天」其為有位格的「位格天」；「天心」能和「人心」相應、聯通。

（一）其為「有知天」

在《孟子》中多處引述「詩、書」言及的「天」，可以說孟子對商周世代的「天」有所體會、並肯認商周初民所敬畏的具體對象，亦相信「天」是人心可以對應的、有知的清晰對象～「本體天」，在如下引文中可見「天」與「上帝」並稱於初民時代，孟子認定並承繼引述天的稱謂於其所處當代：

（1）《詩經》、〈周頌、清廟之什〉

孟子對曰：「惟仁者為能以大事小，是故湯事葛，文王事昆夷；惟智者為能以小事大，故大王事獯鬻～Tㄩㄣ ㄩˋ、即匈奴，句踐事吳。以大事小者，樂天者也；以小事大者，畏天者也。樂天者保天下，畏天者保其國。

《詩》云：『畏天之威，于時保之』」[112]。

（2）《尚書》、〈周書、泰誓〉

「文王一怒而安天下之民。《書》曰：『天降下民，作之君，作之師。惟曰其助上帝，寵之四方。有罪無罪，惟我在，天下曷敢有越厥志』」[113]。

（3）《詩經》、〈大雅、文王〉

「禍福無不自己求之者。《詩》云：『永言配命，自求多福』」[114]。

「商之孫子，其麗不億。上帝既命，侯于周服。侯服于周，天命靡常」[115]。

（4）《尚書》、〈商書、太甲〉

「天作孽，猶可違；自作孽，不可逭」[116]。

（5）《詩經》、〈大雅、生民之什、板〉

112《孟子》、〈梁惠王〉、下；參【宋】朱熹：《四書章句集注》，頁215。
113《孟子》、〈梁惠王〉、下；參【宋】朱熹：《四書章句集注》，頁215-216。
114《孟子》、〈公孫丑〉、上；參【宋】朱熹：《四書章句集注》，頁237。
115《孟子》、〈離婁〉、上；參【宋】朱熹：《四書章句集注》，頁284。
116《孟子》、〈公孫丑〉、上；參【宋】朱熹：《四書章句集注》，頁237-238。

「天之方蹶、無然泄泄〜ㄒㄧㄝˋ；舒散、不經心_泄」[117]。

（二）其為「有情天」

「子曰：『里仁為美。擇不處仁，焉得智？』夫仁，天之尊爵[118]也，人之安宅也」[119]。

孟子和孔子都一致的體認：世人居處相與之至尊首要的持守乃是「仁德」，也正是《聖經》突義「親愛的弟兄阿、　神既是這樣愛我們、我們也當彼此相愛」[120]。經歷上帝的愛～「神既是這樣愛我們」，是彼此相愛的能力來源，「我們也當彼此相愛」。

（三）其為「有意天」

孟子曰：「天下有道，小德役大德，小賢役大賢；天下無道，小役大，弱役強。斯二者天也。順天者存，逆天者亡。齊景公曰：『既不能令，又不受命，是絕物也』、涕出而女於吳」[121]。

孟子徹悟為人當馴服於天意、天所命定。

三．其他天觀：天下、天命、天子、天啟

萬章曰：「堯以天下與舜，有諸？」孟子曰：「否。天子不能以天下與人」。「然則舜有天下也，孰與之？」曰：「天與之」[122]。

「天下並非天子所有，他不能把天下轉交其他人，天下王權是「天」授予「天子」的。

「天與之者，諄諄然命之乎？」曰：「否。天不言，以行與事示之而已矣」。

「天」把天下交託「天子」時並不需鉅細靡遺的交代，「天」不需「言說」，「天」彰顯其「行事」讓人能自然而然地覺知「天意」。

曰：「以行與事示之者如之何？」、曰：「天子能薦人於天，不能使天與之天下…昔者堯薦舜於天而天受之，暴之於民而民受之，故曰：天不言，以行與事示之而

117《孟子》、〈離婁〉、上；參【宋】朱熹：《四書章句集注》，頁281。
118朱子注曰：「仁義禮智，皆天所與之，良貴；而仁者天地生物之心，得之最先，而兼統四者」。
119《孟子》、〈公孫丑〉、上；參【宋】朱熹：《四書章句集注》，頁240。
120《聖經》、〈約翰一書〉4:11。
121《孟子》、〈離婁〉、上；參【宋】朱熹：《四書章句集注》，頁284。
122《孟子》、〈萬章〉、上；參【宋】朱熹：《四書章句集注》，頁312。

已矣」。

「天」彰顯其「行事」讓人能自然而然地覺知「天意」是如何成就的。舉例
來說明：「天子」向「天」舉薦賢德，天意容許；亦將之宣示於人民面前，而人
民也接受他，這就表徵了「天」雖不「言說」，但「天」已然彰顯其「行事」，
讓世人能自然而然地覺知其為「天意」。

> 曰：「敢問薦之於天而天受之，暴之於民而民受之，如何？」、曰：「使之主祭而
> 百神享之，是天受之；使之主事而事治，百姓安之，是民受之也。天與之，人與
> 之，故曰：「天子不能以天下與人」。（孟子、萬章上）

「天」和人都接受了舉薦的賢德者為「天子」後，他就要主持祭祀，神明稱
許；他總理政事，百姓得以安然度日，受到百姓愛戴。這樣就證實了天子所以
有天下、是天所賦予和人所稱許的。

《荀子》

一.引述「詩、書」言「天」

> 「禮者、所以正身也，師者、所以正禮也。無禮何以正身？無師吾安知禮之為是
> 也？禮然而然，則是情安禮也；師云而云，則是知若師也。情安禮，知若師，則
> 是聖人也。故非禮，是無法也；非師，是無師也。不是師法，而好自用，譬之是
> 猶以盲辨色，以聾辨聲也，舍亂妄無為也。故學也者，禮法也。夫師、以身為正
> 儀，而貴自安者也。《詩》云：『不識不知，順帝之則』此之謂也」[123]。

這段引文荀子所強調的是「禮」和「師」。禮以正身，師以知禮；人必須
學習「禮法」，並尊從學效那些「以身為正儀，而貴自安者」。若然、則可謂是
「不識不知，順帝之則」，在不自覺間，自在自是地遵行「上帝」的法則。荀子
主張「性惡」因此冀望以禮法並尊師重道以對治人性。從《詩經》的引述可以
發現，在荀子的內心深處蘊含著對「上帝」並其最崇高法則的認知與依歸。

> 「兼服天下之心：高上尊貴，不以驕人；聰明聖知，不以窮人；齊給速通，不爭
> 先人；剛毅勇敢，不以傷人；不知則問，不能則學，雖能必讓，然後為德。遇君
> 則脩臣下之義，遇鄉則脩長幼之義，遇長則脩子弟之義，遇友則脩禮節辭讓之

123《荀子》、〈修身〉引《詩經》、〈大雅、文王之什、皇矣〉；參【清】王先謙；《荀子集注》，頁28。

義，遇賤而少者，則脩告導寬容之義。無不愛也，無不敬也，無與人爭也，恢然如天地之苞萬物。如是，則賢者貴之，不肖者親之；如是，而不服者，則可謂訞怪狡猾之人矣，雖則子弟之中，刑及之而宜。《詩》云：『匪上帝不時，殷不用舊；雖無老成人，尚有典刑；曾是莫聽，大命以傾』此之謂也」[124]。

此段引文乃荀子申論如何「兼服天下之心」：在人際相與能夠「無不愛也，無不敬也，無與人爭也，恢然如天地之苞萬物」。如果知道這些道理卻不去落實，就是一個「訞怪狡猾之人」，要嚴厲的對治他們「雖則子弟之中，刑及之而宜」。荀子援引《詩經》、〈大雅、蕩〉「上帝」所以傾覆殷商大命的原因：「莫聽典刑」。荀子清楚肯認「上帝」是「有知」[鑒察世情]、「有意」[殷之大命傾覆]的主宰者。

二 . 荀子師承「倚天俟命」的孔子

孔子南適楚，厄於陳蔡之間，七日不火食，藜羹[菜湯]不糂[ムラ、不參米飯]，弟子皆有飢色。子路進而問之曰：「由聞之：為善者天報之以福，為不善者天報之以禍。今夫子累德積義懷美，行之日久矣，奚居之隱也？」孔子曰：「由不識，吾語女。女以知者為必用邪？王子比干不見剖心乎！女以忠者為必用邪？關龍逢不見刑乎！女以諫者為必用邪？吳子胥不磔姑蘇東門外乎！夫遇不遇者，時也；賢不肖者，材也；君子博學深謀，不遇時者多矣！由是觀之，不遇世者眾矣，何獨丘也哉！且夫芷蘭生於深林，非以無人而不芳。君子之學，非為通也，為窮而不困，憂而意不衰也，知禍福終始而心不惑也。夫賢不肖者，材也；為不為者，人也；遇不遇者，時也；死生者，命也。今有其人，不遇其時，雖賢，其能行乎？苟遇其時，何難之有！故君子博學深謀，修身端行，以俟其時。」孔子曰：「由，居！吾語女。昔晉公子重耳霸心生於曹，越王句踐霸心生於會稽，齊桓公小白霸心生於莒。故居不隱者思不遠，身不佚者志不廣；女庸安知吾不得之桑落之下？」[125]

孔子南適楚，厄於陳蔡之間，七日不火食（意無肉可吃）、只喝無米飯的菜湯，弟子皆有飢色。子路按耐不住、詰責譏刺。孔子長篇大論曉以大義、概言之即「君子博學深謀，修身端行，以俟其時」。荀子述及孔子過往生命經歷，深自期勉、當以孔子為師，學效其「倚天俟命」。

三 . 「天」是「本體天」

「自知者不怨人，知命者不怨天；怨人者窮，怨天者無志。失之己，反之

124《荀子》、〈非十二子〉引《詩經》、〈大雅、蕩之什、蕩〉；參【清】王先謙；《荀子集注》，頁86。
125《荀子》、〈宥坐〉；參【清】王先謙；《荀子集注》，頁477-478。

人，豈不迂乎哉！」[126] 荀子體會「知命者不怨天」，認識命運的人，不埋怨「上天」；「怨天者無志」，埋怨「上天」的人是沒有見識。荀子洞察「天」是與人相應對的「主體」，世人應具有「天」的知見、而服膺於命定者戛然絕對的主權。

（一）「天」和「帝」並列等同，且可並稱其為「天帝」

「禮樂則脩，分義則明，舉錯~措 則時，愛利則形。如是，百姓貴之如帝，高之如天，親之如父母，畏之如神明」[127]。

在《荀子》中「天」和「帝」是等同而可以對等互用的，或併稱「天、帝」為「天帝」即所謂「動如天帝」~《荀子》、〈正論〉《荀子集注》，頁 310 。

（二）「天」是「創生、護守」的「本體天」

「夫天生蒸民，有所以取之：志意致脩，德行致厚，智慮致明，是天子之所以取天下也」[128]。「天生蒸民」~亦參「天之生民」；[129]、荀子以為是「上天」「生育」各種各樣的人，每個人都特立獨 ‥、各有其所長而受命~有所以取之 。「天」縱英明於「天子」，致使他「志意致脩，德行致厚，智慮致明」而取得天下。「天」是「主體天」，天性來自「創生天」、「天子」稟受異稟，受命於「天」。荀子昭然理會「天」與「人」的「主」、「客」關係。

「脩百王之法，若辨白黑；應當時之變，若數一二；行禮要節~合於法度 而安之，若生~運用四枝；要時~順應時機立功之巧，若[天]詔四時；平正和民之善，億萬之眾而摶若一人：如是，則可謂聖人矣」[130]。

荀子以為現象界「四季」~四時 運行，是「上天」使之然~天詔四時；聖人效法上天之運作而得以有「要時立功之巧」。

「高者不旱，下者不水，寒暑和節，而五穀以時孰，是天之事也」[131]。

荀子體認主體「天」護守萬物之功，並具體深刻的記述上帝的恩澤作為。

126《荀子》、〈榮辱〉；參【清】王先謙；《荀子集注》，頁 49；亦見《荀子》、〈法行〉，頁 478。
127《荀子》、〈彊國〉；參【清】王先謙；《荀子集注》，頁 270。
128《荀子》、〈榮辱〉；參【清】王先謙；《荀子集注》，頁 50。
129《荀子》、〈大略〉；參【清】王先謙；《荀子集注》，頁 458。
130《荀子》、〈儒效〉；參【清】王先謙；《荀子集注》，頁 113。
131《荀子》、〈富國〉；參【清】王先謙；《荀子集注》，頁 163。

「列星隨旋，日月遞炤~照，四時代御，陰陽大化，風雨博施，萬物各得其和以生，各得其養以成，<u>不見其事，而見其功</u>，夫是之謂神。皆知其所以成，莫知其無形，夫是之謂天~成為天功」、「天行有常」[132]。

記述上帝~天大能的作為~天功神奇奧妙。正如《聖經》所說的「自從造天地以來，　神的永能和神性是明明可知的，雖是<u>眼不能見</u>，但藉著所造之物，就<u>可以曉得，叫人無可推諉</u>」[133]。

「飲而不食者，蟬也；不飲不食者，浮蝣也」[134]。

上帝奧妙的作為：「不飲不食者，浮蝣也」，荀子蒙受天光，發現到這生物鏈的起頭，生命育養有其源源不絕的供應。「深哉、　神豐富的智慧和知識。他的判斷、何其難測、他的蹤跡何其難尋」[135]。

（三）「天」是「位格天」其「有知、有情、有意」

「老老，而壯者歸焉，不窮窮，而通者積焉，行乎冥冥，而施乎無報，而賢不肖一焉。人有此三行，雖有大過~橫，天其不遂乎」[136]。

在為人處事上能夠做到「老老，不窮窮，行乎冥冥，而施乎無報」的人，「天」其有知、必鑒察，天所護佑、不會讓災禍降臨在這樣的人身上。

「得眾動天。美意延年」[137]；「弟子勉學，天不忘也」[138]。

人君當具足高尚品格，並能招賢納士，尚賢使能，使賢德君子歸順，上下一心，國家安定，百姓安適，致至「得眾動天」。顯然在荀子心中的「天」，「有知」、「有情」。「人之命在天，國之命在禮」[139]，可見「天」也是「有意」天。歸言之、天「有知、有情、有意」是所以「天」和「人」可以靈通感應也。

132《荀子》、〈天論〉；參【清】王先謙；《荀子集注》，頁 285-286、284。
133《聖經》、〈羅馬書〉 1:20。
134《荀子》、〈大略〉；參【清】王先謙；《荀子集注》，頁 469。在顯微鏡未使用前難以肉眼看見水中的微生物，但在當時已然是最細微的生物鏈發現。
135《聖經》、〈羅馬書〉 11:33。
136《荀子》、〈修身〉；參【清】王先謙；《荀子集注》，頁 28-29。
137《荀子》、〈致士〉；參【清】王先謙；《荀子集注》，頁 240。
138《荀子》、〈賦〉；參【清】王先謙；《荀子集注》，頁 440。
139《荀子》、〈疆國〉；參 李佐豐：《荀子譯著》，頁 301。

《老子》

一. 道與名、非常道與非常名、太初有道

> 「（道）湛兮似或存。吾不知誰之子，象帝之先」[140]。「道」湛深不可見；「道」「似
> 或存」，有注曰：「道存而不有，沒而不無，有而莫測，故曰似存」[141]。

> 「（道）吾不知誰之子，象帝之先」。王弼注曰「（道）天地莫能及之，不亦似帝之
> 先乎，帝～天帝也」[142]。

「道」先存於有象、有形質的「天地」，「道」正如同「帝～天帝」的先存於
六合之外。王弼可謂蒙天光得以體「天」入微，他清明洞徹的知見，極近乎聖
經的啟示「太初有道、道與　上帝同在、道就是　上帝。這道太初與　上帝同
在」[143]。「太初」亦即在宇宙（時空間架[144]）被造以先，湛深的「道」就和「上
帝」並有先存。

「道、天帝吾不知誰之子」，道～即上帝。「不知誰之子」，沒有人能知道
祂之所自所由，祂先存於六合之外，依於《聖經》啟示，「祂」自我啟示說：「我
是『我是』」，祂是「自有永有的」、祂的名稱為「耶和華」[145]。 「吉光片羽」
屢屢臨照王弼，他清晰蒙光照而體認「道、上帝」與世人可以際遇聯通，祂是
世人求告的「主」，相對於人、祂是「本體」，祂是世人唯一的靠賴、祂是主，
正如土弼的體認、「萬物捨此而求主，主其安在乎」[146]。

140《老子》第四章。
141 樓宇烈：《周易、老子王弼注校釋》，頁13；引【元】趙秉文 著《道德經集解》。
142 樓宇烈：《周易、老子王弼注校釋》，頁11。
143《聖經》、〈約翰福音〉1:1-2。
144「時空間架」：一切受造物存有的時空幅員；人類於時間的久暫、空間的距離的感知是人人皆已接受的
　　典式。地球以太陽為中心，按其繞日的規律，人類定下了時間的刻畫，以致於每一個人就其「所是所
　　在」得以找到其「時空座標」，以對應參照於其他人。參 高友工：《中國美典與文學論集》，頁78。
145《聖經》、〈出埃及記〉3:13-15；「上帝」是無以稱謂名狀的。而當摩西問起上帝的名號時，神告
　　以：「我是『我是』」；所以當摩西向以色列百姓提述「祂」時，就把第一人稱的「我是」改稱為第
　　三人稱的「祂是」；「祂是」也就是《舊約》所常見上帝通稱的名 יהוה，中文音譯「耶和華」，是摩
　　西硬拗來的，是「強為之名」，是希伯來人所敬奉獨一的神，然而希伯來人不敢妄稱「耶和華」的
　　名，只尊祂為「主」（אדני，音Adonai）。
146 樓宇烈：《周易、老子王弼注校釋》，頁11。

　　「道沖而用之或不盈。淵兮 似萬物之宗」[147]。「道沖~虛」、「淵兮」、「萬物之宗」，老子體會道若深淵，沖虛蘊涵萬有，其為萬物之宗，正如《聖經》所啟示的「萬物是藉著他~道造的．凡被造的、沒有一樣不是藉著他造的、生命在他裡頭」[148]。「道~上帝」創生萬物，祂是生命的源頭。

　　茲以《約翰福音》1:1-4 總結上述要點：

　　「太初有道、道與　上帝同在、道就是　上帝。這道太初與　上帝同在」。

　　「萬物是藉著他造的．凡被造的、沒有一樣不是藉著他造的。」

　　「生命在他裡頭．這生命就是人的光」。

　　析論如次：

(1)「太初有道」、意謂宇宙被造以先「道」就存在，亦即「道」先存於時間，空間之受造。

(2)「道與上帝同在，道就是上帝」、表明道與上帝同存在，道與上帝同本質。

(3)「萬物是藉著他造的．凡被造的、沒有一樣不是藉著他造的」、「道、上帝」造作了萬~數物~質，宇宙萬物都是「藉著」[149]道造的。

(4)「生命在他裡頭．這生命就是人的光」、道蘊涵著生命，這「生命」就是人的光；蘊涵生命的「道」是人的「光」[150]。

　　從以上經文可以看見道的「蘊涵項」有七、其為：「時間，空間，數量，質量，自然律，生命，光」[151]是謂「道 沖 而用之或 不盈。淵兮似萬物之宗」。

147《老子》第四章：「道沖而用之或不盈，淵兮似萬物之宗；... 湛兮似或存。吾不知誰之子，象帝之先」。王弼注曰：「道、沖而用之，用乃不能窮滿以造實，實來則溢，故沖而用之，又復不盈，其為無窮亦已極矣。形雖大，不能累其體，事雖殷，不能充其量，萬物捨此而求主，主其安在乎。不亦淵兮似萬物之宗乎。其真不亦湛兮似或存乎 ... 不亦似帝之先乎。帝~天帝也」。
又、「道沖而用之或不盈」或有英注曰：The Dao is (like) the emptiness of a vessel; and in our employment of it we must be on our guard against all fullness.
148《聖經》、〈約翰福音〉1:3 — 4a
149「藉著」表明「律」、「法則」。
150「道」一則是「光源」、光含藏於「道體」；此外，從屬靈意義而言，蘊含生命的「道」以「非常道」顯現～「道成肉身」；上帝成為人的樣式，「耶穌」是祂的「非常名」，祂來到世間，成為世人的「光」引領世人就近上帝；道成肉身的耶穌是「生命之道」，凡接待祂的、就是信祂名的人，祂就賜他們權柄屬成為神的兒女～一個有屬天生命的人。
151門徒約翰記載「耶穌是神的兒子」，約翰記載了七個神蹟，表明耶穌超越了這七個蘊涵項：1. 醫治大

　　《老子》開宗明義：「道可道，非常道。名可名，非常名」。

　　王弼注曰：「可道之道，可名之名，指事造形，非其常也，故不可道，不可名也」[152]。

　　道雖湛深難測，然道亦有可道，名亦有可名，是所謂的「指事造形」者，其乃為「非常道」、亦有其「非常名」。「道成肉身」[153]是「造形」；其名稱為「耶穌」，即是有所為的「指事」；道成肉身的耶穌降世為人，其目的是讓看不見的「道～上帝」被世人看見：「從來沒有人看見　神．只有在父懷裡的獨生子將祂表明出來」。[154] 祂來到世界的目的是展現上帝恩典的作為，正如目睹眼見耶穌的先知施洗約翰所見證的：「約翰看見耶穌來到他那裡、就說、看哪、　神的羔羊、除去〔或作背負〕世人罪孽的」[155]。門徒馬太也記載了道成肉身的「指事造形」、具體表述上帝懿旨：「要將自己的百姓從罪惡中救出來」[156]。

　　上帝的恩澤是客觀的恩典，世人必須主動去支取，「道成肉身」的耶穌降世就是讓人看見歸順上帝的路徑和其結果：「凡接待他的、就是信他名的人、他就賜他們權柄、作　神的兒女」[157]。門徒約翰記述了道成肉身的主、在地上所言所行、最後、總結他記載約翰福音的用意：「但記這些事、要叫你們信耶穌是基督、是　神的兒子．並且叫你們信了他、就可以因他的名得生命」[158]。「耶穌」是上帝在人世間「指事造形」的「非常名」，世人當以信心接受，成為神的兒女，與上帝恢復生命聯結關係，成為「神的兒女」。「道」是世人的「主」，道成肉身的耶穌將「不可道」的「道」、以「非常名」向世人透徹全備的表明了，「萬物捨此而求主，主其安在乎？」[159] 王弼提點了他那個世代的人、

　　臣的兒子（超越空間）；2. 醫治病了38年的癱子（超越空間）；3. 五餅二魚（逾越數量）；4. 使水變酒（逾越質量）；5. 水面行走（自然律的主）；6. 使死人復活（蘊涵生命）；7. 醫治生來瞎眼的（光的源頭）。

152 樓宇烈：《周易、老子王弼注校釋》，頁1。
153《聖經》、〈約翰福音〉1:14。
154《聖經》、〈約翰福音〉1:18。
155《聖經》、〈約翰福音〉1:29。
156《聖經》、〈馬太福音〉1:21。
157《聖經》、〈馬太福音〉1:12。
158《聖經》、〈約翰福音〉20:31。
159 樓宇烈：《周易、老子王弼注校釋》，頁11。

當依「道、上帝」為「主」，他的覺知仍然是當今世、擲地有聲的天籟呼喚！

　　「道成肉身」是屬靈的奧秘，不是理性所能參透理解。在下一段落「道」之展現於「恍」與「惚」是關於「心物合一」的論述，嘗試能在理性思維上對「道成肉身」的理性認知或有所助益。

二．「道」之展現於「恍」於「惚」

　　「道沖而用之或不盈、淵兮似萬物之宗」，湛深而無以名狀的「道」乃萬物之源出。從對浩淼宇宙和其間存有的萬物中，可以讓人不禁要讚嘆那「萬物之宗」的「道」~「帝、上帝、本體」，即如《聖經》所言「深哉、神豐富的智慧和知識。他的判斷、何其難測、他的蹤跡何其難尋，誰知道主的心、誰作過他的謀士呢」[160]。世人也能從祂所創造的萬物中體悟祂的存有：「自從造天地以來，神的永能和神性是明明可知的，雖是眼不能見，但藉著所造之物就可以曉得，叫人無可推諉」。

> 「視之不見，名曰夷；聽之不聞，名曰希；搏之不得，名曰微。此三者不可致詰，故混而為一。其上不皦~「明」，其下不昧~「冥、不明、闇」。繩繩~「動行無窮極也」不可名~「無以名狀、或稱其名」，復歸於無物。是謂無狀之狀、無物之象，是謂惚恍。迎之不見其首，隨之不見其後。執古之道，以御今之有。能知古始，是謂道紀~「端緒；綱領、綱要、總要；依歸、法度」[161]。

> 「孔德之容，唯道是從。道之為物，唯恍唯惚。忽兮恍兮，其中有象；恍兮忽兮，其中有物。窈兮冥兮，其中有精；其精甚真，其中有信。自古及今，其名不去，以閱眾甫。吾何以知眾甫之狀哉？以此」[162]。

　　胡汝章從科學向度～「質能變化」來解釋「恍」~「最小」與「惚」~「最快」[163]。

　　「恍」是從心從光，其小有甚於「光子」。光子在物理學上說，是最小的了。然而嚴格說來，光子已不能算為構成原子核的基本質點，它是核內正子到達核外因「偶滅」~annihilation 而化成的能量質點~finstein，由是，「光子」更合宜的

160《聖經》、〈羅馬書〉11:33-34。
161《老子》第 14 章。
162《老子》第 21 章。
163 胡汝章：《老子哲學》；台南：博元出版社，1989，頁 79。

名稱當為「能量子」~ energy quanta。這樣說來，即或光子雖然已介於物資與非物資間，然仍不足以絕然形容「恍」之至小 164。

「惚」，從心從忽，惚之極速有甚於「新質點的變化」的速度（以一百億分之一秒為時間計度單位）；但用這種物理認知的極速，來形容「惚」的迅捷變化，仍舊不足形容其「極速」之速，因為人的心念轉動之速仍可逾越它。

胡氏從「質能變化」的物理現象，試圖詮釋《老子》14 章、21 章所述及的「恍惚」：「視之不見，名曰夷；聽之不聞，名曰希；搏之不得，名曰微。此三者不可致詰，故混而為一。其上不皦，其下不昧。繩繩不可名，復歸於無物。是謂無狀之狀，無物之象，是謂惚恍」；「孔德之容…道之為物，唯恍唯惚。{ 惚兮恍兮、其中有象 }~急速有象；{ 恍兮惚兮、其中有物 }~極小有物」。

《老子》、「14、21 章」以「恍惚」論述「極小」之「極速」變化。即「不見、不聞、不得、不可名」之「物」，復歸於「無物」～「無狀之狀、無物之象」。其所表述者或可視之為「道」與「物、象」間存有的變異關係。

「道之為物」、就此「道、物／象」關係，或亦可借用引申而謂：無形無限的本體上帝～「道」，因於其大愛、援於其大能「成為肉身」~神子耶穌降世人間，顯明了看不見的上帝本體並成全了在十字架上救贖恩典，是即所謂「無形者陳明能見之有形存有而彰顯其無形」165，即如聖經所啟示的：「祂~神的兒子耶穌本有神的形像、不以自己與神同等為強奪的~而揪著不肯放棄；反倒虛己、取了奴僕的形像、成為人的樣式。既有人的樣子、就自己卑微、存心順服、以至於死、且死在十字架上」。

理性固然無以驗證看不見的上帝、也無以識透祂大能的作為，但透過物理現象「道之為物」，或有所助益於參悟「道成肉身」的啟示～神子耶穌成為人的

164此段從「量子力學」中傳出的科學哲學通則的「互補原理」的論述，英人生物化學家李約瑟從「陰陽」的視角切入解析：「天道大數、相反之物也，不得俱出、陰陽是也」。參 胡義成：「『天人感應論』的現代確立～論錢學森院士對中國古代『天人感應論』的證明」；魏彥紅：《董仲舒與儒學研究》第五輯，頁 162。

165《春秋繁露》、〈人副天數〉謂：「陳其有形以著其無形者」，意即「無形者藉著陳明其能見之有形存有、而彰顯其無形」這句話是「道成肉身」最確切、到位的詮釋。

樣式，彰顯上帝之「所是」及其救贖大功之「所成」。

三 . 以理性探究「道成肉身」並論其所以然

　　理性思維、邏輯思考，無以證實「終極實在者」的存有。縱然如此，透過思考的歷程，在究極之窮，發現理性的有限性時，瞬間豁然飛越越理性，以極簡卻深邃的信心突破理性的疆界，而得以進入無邊無際的會意、了悟中。

　　關於「道成肉身」的屬靈奧秘，在前一段落「道」之展現於「恍」與「惚」的論述中，在理性思維上關於「心物合一」的思辨或有概念性的理解。

　　「大到無外」的空間，須以光速運動一年的距離（光年）為單位，來概算無邊無際之寰宇的距離。有趣的是，老子發現，人的心可以涵蓋以「光年」算計的浩淼空間：「從心從光」的「恍」似乎亦可以對觀、聯結心念速度於光速，和以光速計量的空間距離；意即、緣於人是按上帝形象受造的，其心是可以超越於寰宇窈冥。「惚」，從心從忽，惚之速，有甚於「質能變化」以「百億分之一秒」計度的極速。新質點的極速變化，是難於想像的。然而老子也發現，人心卻可以奇妙的掌握認知時間快速的概念：以超越心念的速度的「惚」來表達人心可以逾越無以言諭的時間之極速。

　　宇「上下四方」、宙「古往今來」[166]；其間存有 萬物～$πάντα$、其形質殊異不同、在時間流淌中生死、消息、存亡瞬息萬變。外太空浩渺無涯，「其大無外」、難以想像其大，其間滿佈群星無以計數，科學家以「星系」～或稱宇宙島為概算單位、據估其數約為 1000 億座（銀河系 [167] 即為星系之一），星系由諸多恆星系所形成（地球所屬的太陽系即為其一），恆星系則由許多行星和其衛星所形成。浩瀚無垠的太空，其距離雖以「光速」來測度，然其計數是所謂的「天文數字」、亦只是難於想像的、抽象的概念而已，對宇宙的實體的認知仍舊是貧乏空洞的。此外，在「一段距離」中移動所需的時間，取決於「移動的速度」：地球到火星：以光速～30萬公里 / 秒前往僅需時 3 秒餘；乘坐火箭～目前人類搭乘極速的飛航

---

166 或謂：古往今來謂之「自」，上下四周謂之「然」，自然即是時間與空間，包含全部質能。
167 據天文學家的推測銀河系（galaxias）共有大約 1000 億顆星；其分佈之界域直徑蓋為：光年距離 x100,000；光年距離為 60,000 億哩，推算之、則銀河系跨距則為 60,000 億 x100,000=6x1017 哩。

^器卻需時 18 個月。光速環繞地球「1 日」，地球自轉速度旋轉需要 1776 年；宇宙浩淼、人類極其有限渺小。

「一尺之捶，日取其半，萬世不竭」[168]，物質細微可以切分之、有極至「其小無內」之境者，如分子、電子、質子、中子、質點、正子、介子、光子、微中子、正電子、反微中子、反質子等等。造物主「行大事不可測度，行奇事不可勝數」[169]，宇宙萬物受造奧妙、令人凜然生畏。按著神的形像受造的人，其「心念」竟可以在浩瀚無垠的空間，極速的時間中自在「遨遊」，世人對「時空」存有這樣的感知，理當也能夠感應那位創造時空宇宙、在時空之外的實體存有的上帝。

引用這些藉科學認知的物理現象，和數據的原因，是要說明宇宙的浩淼和人類的有限；從而要申述的是，世人要認識超越時空而又無所不在^{～即日往赴卻已然回復}的上帝，若非祂向世人啟示祂自己，(特別是「道成肉身」的顯現)，渺小的人怎能認識祂？上帝的兒子耶穌是那看不見神的「像」[170], 是「上帝榮耀本體所顯現的光輝」[171]。超越時空，無限永存的上帝，與有限渺小，短暫存在的世人際遇，的確需要一個合適的介面，「道成肉身」就是充滿恩典的上帝，彰顯祂自己的奇妙作為。

四．第四十二章 與「三位一體」的連綴

「道生一、一生二、二生三^{～三者為一之道}　生萬物」^{～《老子》．四十二章}；

「既已謂之一矣、且得無言乎？一與言為二、二與一為三」^{～《莊子》．〈齊物〉}。

---

168 《莊子》、〈天下〉；參【清】郭慶藩集釋：《莊子集釋》(【晉】郭象 注、【唐】陸德明 釋文、【唐】成玄英 疏)；台北：世界書局，1955 年，頁 479。

169 《聖經》、〈約伯記〉5:9。

170 《聖經》、〈歌羅西書〉1:15)「愛子是那看不見之神的『像』」「像」在希臘文是 (Ικον ～ Icon) 電子時代的人，比較容易懂這個字的意義。用電腦時，一個人和電腦的聯結點就在 Icon，中文翻譯成「光標」，在屏幕上一定要找到它，才能使人和電腦連通，得以運用並取用電腦中涵蘊的一切資訊。也許可以用「變電器」(adaptor) 來說明 Icon，有了它，調整了電流，適切的電力使電器品運轉順當。道成肉身的耶穌，就是人與神之間的聯結點，祂將神一切的豐盛具體向世人表明 (彰顯了上帝的公義屬性，完成了慈愛的救贖)，透過愛子 (上帝的光標)，使有限的人得以和無限的上帝聯結對遇。

171 《聖經》、〈希伯來書〉1：2「他 (耶穌) 是　神榮耀所發的光輝、是　神本體的真像」。

「太初有道、道與神同在、道就是神。這道太初與神同在。萬物是藉著他造的」～〈約〉1:1-3。

「既已謂之一矣、且得無言乎」，莊子蓋意謂有「一」、就有「言」，「一」與「言」為二；「二與一為三」、「一」與「言」之「二」、與另個「一」是為「三」。秉此、試析論「一」、「言」、另個「一」。

論其「一」

許慎《說文解字》對簡單的「一」、作了湛深的定義：「惟初太極、道立於一、造分天地、化成萬物」[172]。許慎對「一」的意會、赫然吻合於《聖經》的啟示「太初有道、道與上帝同在，道就是上帝，這道太初與上帝同在、萬物是藉著祂造的」～〈約翰福音〉1:1-2。「道」與自本自根、自有永有、先存於六合之外存有的上帝同在，祂是「萬物之始」、祂造化生成宇宙萬物。法家的韓非亦有雷同知見「道者、萬物之始」[173]。清、王先慎注曰：「物從道生、故曰始」[174]，其意為，萬物由道造生，故謂道為萬物之始，道是萬物的原始。「道立於一」、祂是「一」、祂是「本體」、祂就是「上帝」、祂是萬有之源、祂創造萬有。

論其「二」～「言」

「已謂之一（道生一、道本為一）、豈得無言乎？有言有一、非二如何？」[175]。王弼引用《莊子、齊物》以注解《老子》第四十二章，可謂是「天光」昭見，渾然不覺間、表述了「三位一體」[176] 的奧窔之「一」與「二」。

王弼對本體為「一」的上帝認知清晰明確～「已謂之一」，接著就說「豈得無言乎？有言有一、非二如何」。「言」是「常道」～本體上帝 之「表述」。《聖經》確切啟示了「言」的內容：

172【漢】許慎：《說文解字》；【清】段玉裁：《說文解字注》；台北：頂淵文化事業，2003，頁 1；亦參 成世光：《太初有道》之見，頁 12。

173 韓非：《韓非子》、〈主道〉；參 賴炎元、傅武光：《新譯韓非子》；台北、三民，2006，頁 34。

174【清】王先慎：《韓非子集解》；北京：中華書局，1998 年，頁 28。

175 樓宇烈《周易、老子王弼注校釋》，頁 117。

176《聖經》經文中沒有「三位一體」之稱述；它是神學名詞、是對「聖父上帝、聖子耶穌、聖靈」三位格、一本體的上帝之「強為之名」。

　　(1)「神既在古時藉著眾先知、多次多方的曉諭列祖、就在這末世、藉著他兒子曉諭我們」^{〈希伯來書〉1:1-2}。上帝透過以色列人的先知多次、多方的表述了上帝對以色列百姓^{～意指世人}的懿旨～天道，此即指為「二」的「言」^{～言說記載的道（the written words）}。

　　(2)及至時候滿足，上帝透過祂的兒子向世人說話「藉著他兒子曉諭我們」^{～「道成了肉身」(the incarnated Word)}、為的是讓世人得以看見那看不見的本體上帝～「從來沒有人看見　上帝。只有在父懷裡的獨生子將他表明^{～declare, 表述、陳明}出來」^{～〈約翰福音〉1:18}。此即為「二」之「言」、意即是聖子^{～天子}耶穌、祂是「上帝本體的真像^{～ exact expression}」^{～〈希伯來書〉1:3}，祂把上帝本本真真的、精準的表明出來；同時、也在十字架上成就了上帝的救贖恩典，正如同二千年看見耶穌的那位以色列末了的先知「施洗約翰」所宣告的「看哪、神的羔羊、除去〔或作背負〕世人罪孽的」^{～〈約翰福音〉1:29}。

論其「三」～另個「一」

　　如前所提及王弼引述《莊子》、〈齊物〉「既已謂之一矣、且得無言乎？一與言為二、二與一為三」注解老子第四十二章「已謂之一（道生一）、豈得無言乎？有言有一、非二如何？有一有二、遂生乎三」。為「一」之道～上帝本體；其「二」為「言」、「道成肉身」、「天人合一」的耶穌、不但表述本體上帝，也成就了救贖恩典。「一」與「言」二者與共、生發其「三」（有一有二、遂生乎三）；王弼接著注曰「從無之有、數盡乎斯（三）、過此以往、非道之流」[177]。顯然王弼對此「三」知之確鑿（數盡乎斯（三）、過此以往、非道之流），卻也難以盡述其詳、遂輕騎飛越，無以詮釋。試以《聖經》啟示綴補之：

　　「有一有二、遂生乎三」。此「三」乃為另個「一」，祂即是與「一」和「言」同存在、同永恆、同榮耀的「聖靈」，祂涵蘊生命、氣息、能力、不具象，《聖經》只以鴿子的馴良、火苗的光能、如風似氣來去無蹤等等[178]勾勒祂實際的存有。

177《老子》王弼注；參 樓宇烈《老子、王弼注校釋》，頁 117。
178關於「聖靈的素描、參見《聖經》、〈約翰福音〉3:5-8；1:32、〈使徒行傳〉2:1-4 等。

　　歸言之、上帝本體（聖父、一）、耶穌基督（聖子、二、言）和聖靈（三），「三位一體」[179] 的上帝，造化了天地萬物，蓋為《老子》之所謂「道生一、一生二、二生三」。「三生萬物」、「三位一體」的上帝創造了宇宙萬有～「萬有都是本於祂、倚靠祂、歸於祂」[180]。

《莊子》

　　本段論述並不質疑於郭象對《莊子》的詮釋，及其妙用「不求甚解」、「玄解」[181]《莊子》之路數以敷衍周全其玄學體系。但就《莊子》原典中關乎「天」、「帝」等的表述，掘發《莊子》中的「本體天觀」，特就「帝，帝鄉，天子，天父，道，造物者，物物者」等段落，並列《莊子》和《莊子～郭象注》以資對觀析述：

一．「養生主」論「帝」

　　「安時而處順，哀樂不能入也，古者謂是帝之縣解」[182]。

　　【注】「以有係～繫者為縣～懸掛，則無係者縣解也，縣解而性命之情得矣。此養生之要也」。

　　郭象僅重養生，其對「解懸」之所從自者～「帝」，了無注解、隻字不提。

---

179 在《聖經》經文記載中、是沒有神學稱謂「三位一體」這四個字，但從經文內容查考，「三位一體」的「上帝」之表述卻清晰明確：「神對摩西說、我是自有永有的」～上帝自己斐然宣告祂的本體「我是」，祂自本自根、自有永有〈出埃及記〉3:14；聖子耶穌的救贖、在創世以先即已備就～「基督在創世以前、是預先被　神知道的、卻在這末世、纔為你們顯現」〈彼得前書〉1:20；人子回到父家、聖靈降臨，祂訓喻、安慰、成全一切服膺於上帝者～「我若去、就差保惠師～真理的聖靈來、他要引導你們明白、進入一切的真理，真理必使你們得自由」。（約翰福音 16:7、16:13、8:32）。主的門徒肩負三位一體的上帝之使命～「所以 你們要去、奉父、子、聖靈的名、給他們施洗」〈馬太福音〉28:19。門徒也宣告來自三一上帝的祝福～「願主耶穌基督的恩惠、　神的慈愛、聖靈的感動、常與你們眾人同在」〈哥林多後書〉13:14。
180《聖經》、〈羅馬書〉11:36。
181 江建俊：《魏晉「神超形越」的文化底蘊》；台北新文本出版股份有限公司，2013 年，頁 55。
182【清】郭慶藩：《莊子集釋》，頁 60；水渭松：《莊子本義》，頁 47。

二.「天地」論「帝鄉」

「千歲厭世，去而上僊~ㄒㄧㄢˊ、長生僊（仙）去；乘彼白雲，至於帝鄉」[183]。

【注】「夫至人極壽，命之長任窮理之變，其生也天行，其死也物化，故云厭世而上僊也。氣之散，無不之」。

　　莊子對人的逝去、抱持著確切的目的地～帝鄉；郭象卻釋、人之逝去如氣之散於淼茫窅冥間、無不之。

三.「大宗師」論「天父」

「死生，命也，其有夜旦之常、天也」。「人之有所不得與，皆物之情也」。「彼特以天為父，而身猶愛之，而況其卓乎」[184]。

【注】「其有晝夜之常，天之道也，故知死生者命之極，非妄然也，若夜旦耳，奚所係哉」。「夫真人在晝得晝、在夜得夜，以死生為晝夜，豈有有所不得。人之有所不得而優娛在懷皆物情耳，非理也」。「卓者，獨化之謂也。夫相因之功，莫若獨化之至也。故人之所因者，天也；天之所生者，獨化也。人皆以天為父，故晝夜之變，寒暑之節，猶不敢惡，隨天安之。況乎卓爾獨化，至於玄冥之境，又安得而不任之哉！既任之，則死生變化，惟命之從也」。

　　其實，從郭象這段注解：「人之所因者，天也」，「人皆以天為父，故晝夜之變，寒暑之節，猶不敢惡，隨天安之」，可見「天父對郭象的光照」（天啟）昭然若揭。然而、郭象卻全然輕忽了祂。於是又於其後注曰：「天之所生者，獨化也」又將「卓」詮釋為「獨化」，敷衍其「獨化玄冥」的哲思。

四.「大宗師」論「造物者」

「俄而子輿有病，子祀往問之。曰：「偉哉夫造物者，將以予為此拘拘也」[185]。

【注】「闕」

【疏】偉，大也。造物，猶造化也！

　　於此，郭象全然無所注解；唐、成玄英 疏曰：「造物為自然」，顯然無所

183【清】郭慶藩：《莊子集釋》，頁188；水渭松：《莊子本義》，頁180。
184【清】郭慶藩：《莊子集釋》，頁108-109；水渭松：《莊子本義》，頁95。
185【清】郭慶藩：《莊子集釋》，頁117；水渭松：《莊子本義》，頁101。

見於莊子對「造物者」、生命的主宰者之體悟。

> 「曲僂發背，上有五管，頤~下巴隱於齊=臍~肚臍，肩高於頂，句贅指天。陰陽之氣有沴~
> カーˋ、水不利也、戾、不協和」「其心閒而無事跰𨇤而鑑於井，曰：『嗟乎，夫造物者又將以
> 予為此拘拘也』」[186]。

【注】「沴、陵亂也」；「夫任自然之變者，無嗟也，與物嗟耳」。

　　郭象僅注解「沴」字、其為陵亂也」。強調「任自然之變」不認為造物者是主宰者。莊子對「造物主」體認深切。「造物者又將以予為此拘拘也」透過泰然自處以面對生來之殘缺不全之困限不便，表述對造物主得絕然順服。

五．「知北遊」論「物物者」

> 「物物者與物無際」[187]

【注】「明物物者，無物而物自物耳。物自物耳，故冥也」。

　　《莊子》記述諸多蒙受天啓的知見：主宰萬物的「物物者」與所生成之「物」的絕然分野；也覺知「物物者」與物息息相關無隔閡，因「物物者與物無際」。然而郭象卻注之於渺茫而曰：「物自物耳，故冥也」。

> 「而物有際者，所謂物際者也」[188]。

【注】「物有際，故每相與不能冥然，真所謂際者也」。

　　「物」有所分界，即所謂「物界」，郭象這句注解中肯。

> 「不際之際，際之不際者也」[189]。

【注】「不際者，雖有物物之名，直明物之自物耳。物物者，竟無物也，際其安在乎」。

　　如前所述，物物者與物息息相關，可謂其間無所分界、「物物者與物無際」。亦即此所謂之「不際之際」的「無所分界之分界」，此分界同於無所分界、「際之不際者也」。郭象注解為「不際者，雖有物物之名，直明物之自物耳」「物物者，竟無物也，際其安在乎！」顯然是受其『獨化』思想驅策，更繼

186【清】郭慶藩：《莊子集釋》，頁117；水渭松：《莊子本義》，頁101。
187【清】郭慶藩：《莊子集釋》，頁328；水渭松：《莊子本義》，頁340。
188【清】郭慶藩：《莊子集釋》，頁328；水渭松：《莊子本義》，頁340。
189【清】郭慶藩：《莊子集釋》，頁328；水渭松：《莊子本義》，頁340。

而排斥物物者。

> 「有先天地生者邪？物物者非物。物出不得先物 ~物已然先存於己 也，猶其 ~像是其先前已然 有
> 物也。猶其有物也，無已。聖人之愛人也終無已者，亦乃取於是者也」[190]。

【注】「誰得先物者乎哉，吾以陰陽為先物，而陰陽者即所謂物耳。誰又先陰陽者乎？
吾以自然為先知，而自然即物之自耳爾！吾以至道為先之矣；而至道者，乃至無也，
既以無矣，又奚為先？然則先物者誰乎哉？而有物無已，明物之自然，非有使然也」。

莊子體認「物物者」 ~先物者、先天地生者、使之然者 ；然、郭象於之全然否定、忽略。

六.「知北遊」論天光、天民、天子

> 「宇泰定者，發乎天光」；「發乎天光者，人見其人」[191]。

【注】「夫德宇泰然而定，則其所發者天光耳，非人耀」；「天光自發，則人見其人、物
見其物，各自見而不見彼，所以泰然而定也」。

莊子蒙受天光而體悟寰宇井然有序、恆常安定，其必有「超越者」以大能
主宰鑒察、光照掌控。郭象對「天」之展現、「天光、天顯」有所覺知，然卻以
為「天光自發」、「人各自立」、「物各自物」無所相屬。若然、則寰宇存有俱在
渙散的情狀中，焉能泰定。

> 「人有脩者，乃今有恆」；有恆者，人舍 ~居處 之，天助之」；「人之所舍，謂之天民；
> 天之所助，謂之天子」[192]。

【注】「人而脩人、則自得矣，所以常泰」；「出則天子，處則天民，此二者俱以泰然而
自得之，非為而得之也」。

《莊子》表述「有知、有情、有意」的「天」；天與人親切契合、其間關係
形同父子，天為父、世人為「天民、天子」。郭象注天子，天民，則謂其「泰
然而自得之，非為而得之」，未解釋何為「自得之」似乎是一切來自空冥、
「人、天」各是、互不相干。

就以上引文，茲列表如次以便於全面整體比較：

190【清】郭慶藩：《莊子集釋》，頁332；水渭松：《莊子本義》，頁346。
191【清】郭慶藩：《莊子集釋》，頁344；水渭松：《莊子本義》，頁361。
192【清】郭慶藩：《莊子集釋》，頁344；水渭松：《莊子本義》，頁361。

篇名	《莊子》	《莊子注》	天，帝相關名稱
天地	千歲厭世，去而上僊；乘彼白雲，至於帝鄉	氣之散，無不之	帝鄉
大宗師	「死生，命也，其有夜旦之常，天也。人之有所不得與，皆物之情也。彼特以天為父，而身猶愛之，而況其卓乎！人特以有君為愈乎己，而身猶死之，而況其真乎！」	卓者，獨化之謂也。夫相因之功，莫若獨化之至也。故人之所因者，天也；天之所生者，獨化也。人皆以天為父，故晝夜之變，寒暑之節，猶不敢惡，隨天安之。況乎卓爾獨化，至於玄冥之境，又安得而不任之哉！既任之，則死生變化，惟命之從也。	天父
大宗師	俄而子輿有病，子祀往問之。曰：「偉哉夫造物者，將以予為此拘拘也」	注：闕如 疏：偉，大也。造物，猶造化也！	造物主
大宗師	曲僂發背，上有五管，頤隱於齊，肩高於頂，句贅指天。」陰陽之氣有沴，其心閒而無事，跰（足鮮）而鑑於井，曰：「嗟乎！夫造物者又將以予為此拘拘也！」	注：夫任自然之變者，無嗟也，與物嗟耳。 （造物主：未解之迷）	造物主
知北遊	物物者與物無際	明物物者，無物而物自物耳．物自物耳，故冥也	物物者
	而物有際者，所謂物際者也 不際之際，際之不際者也	物有際，故每相與不能冥然，真所謂際者也 不際者，雖有物物之名，直明物之自物耳。物物者，竟無物也，際其安在乎！	物物者
	「有先天地生者邪？物物者非物。物出不得先物也，猶其有物也。猶其有物也，無已。聖人之愛人也終無已者，亦乃取於是者也。	注：闕如	物物者
	宇泰定者，發乎天光，發乎天光者，人見其人	夫德宇泰然而定，則其所發者天光耳，非人耀。	天光
	人有脩者，乃今有恆；有恆者，人舍之，天助之。人之所舍，謂之天民；天之所助，謂之天子	出則天子，處則天民，此二者俱以泰然而自得之，非為而得之也	天子 天民 天助

就以上表列，關於「天，帝，造物主」等，郭象注莊或可簡單歸納以下幾個無感於「天」的特點：

1. 無解，全然未予注解。

2. 強解，按其「獨化」思想，詮釋《莊子》。

3. 曲解，將《莊子》本義導入「玄冥」。

4. 全然疏漏《莊子》清晰理會的「帝」、「天」、「造物主」。

　　實則在《莊子》「內篇」中諸多關乎「天」的論述，其為主宰者、命定者、造物者、育養者，存乎「六極」之外，茲引述如次：

> 「公文軒見右師而驚曰：『是何人也？惡乎介~殘缺、畢獨一腳~也？天與，其人與？』
>
> 曰：『天也，非人也。天之生是使獨也，人之貌有與也。以是知其天也，非人也』」~〈養生主〉~；
>
> 「受命於天，唯堯舜獨也正，在萬物之首」；
>
> 「天鬻（育）」、「天食」；「天與之形」、「天選子之形」~〈德充符〉~；
>
> 「死生，命也，其有夜旦之常，天也」；
>
> 「夫造物者，將以予為拘拘…物（人）不勝天久矣」~〈大宗師〉~；
>
> 「予方將與造物者為人~偶（相伴）~，厭則又乘夫莽眇之鳥，以出六極之外」~〈應帝王〉~。

　　歸言之、在《莊子》於「天」論述可謂斑斑可考、據實可見，其為造物者、主宰者、命定者、物物者、護守者；天其為終極本體，其天光、天顯、天啓昭見；天其為天父，世人為天民、天子，帝鄉為其終極歸宿。

《墨子》

　　「尚同」是墨子十大核心思想[193]之一，人事盡「同」於天子之極，是所謂「上同」，然於其上之終極者則為「天」也[194]。墨翟蒙受天啓，在《墨子》中記述許多對「本體天」的體悟，《春秋繁露》相屬映照，就如學者黃樸民所以為「董仲舒吸收了墨家學說的部分要義」[195]。茲就〈法儀〉、〈天志〉等篇，執其奧突簡述於次：

---

[193]《墨子》思想核心、其概為十者：兼愛、非攻、尚賢、尚同、節用、節葬、非樂、非命、天志、明鬼。

[194]《墨子》、〈尚同〉、上曰：「天子唯能壹同天下之義，是以天下治也。天下之百姓皆上同於天子，而不上同於天，則菑猶未去也。今若天飄風苦雨，溱溱而至者，此天之所以罰百姓之不上同於天者也」。
　　參【清】孫詒讓：《定本墨子閒詁》；台北市：世界書局，2018 年，頁 46。

[195]黃樸民：《天人合一～董仲舒與兩漢儒學思潮研究》；長沙：岳麓書社，2013 年，頁 79。

一．「本體天」、「位格天」其有知、有意、有情

墨子以為「天」知善惡、有意志、施賞罰，天子、聖王治法、行政當以「天」為法式、法儀的「本體」對象：

> 「然則奚以為治法而可？故曰莫若法天。天之行廣而無私，其施厚而不德，其明久而不衰，故聖王法之。既以天為法，動作有為，必度於天，天之所欲則為之，天所不欲則止」[196]。

（一）其知

> 「且語言有之曰：『焉而晏日焉而得罪，將惡避逃之？』曰無所避逃之。夫天不可為林谷幽門無人，明必見之」[197]。

墨子對天其有知剔透至極，應和契合於《聖經》的啟示：

> 「我往那裡去躲避你的靈、我往那裡逃躲避你的面。我若升到天上、你在那裡。我若在陰間下榻、你也在那裡。　黑暗也不能遮蔽我使你不見、黑夜卻如白晝發亮。黑暗和光明、在你看都是一樣」[~詩篇 139:7,8,12]。

> 「耶和華的眼目、無處不在‧惡人善人、他都鑒察」[~箴言書 15:3]。

> 「因他鑒察直到地極、遍觀普天之下」[~約伯記 28:24]。

（二）其情

> 「天之行廣而無私，其施厚而不德」[198]。

> 「天兼天下而愛之，撽遂萬物以利之，若豪之末，非天之所為也，而民得而利之，則可謂否矣」[199]。

「天」對于天下都兼而愛之，育成了萬物而使天下百姓得利，即使如毫末之微，也莫非天之所為，而人民得而利之，是可謂上天的慈愛無與倫比。

（三）其意

> 「天欲義而惡其不義者也」[200]。

196《墨子》、〈法儀〉；參【清】孫詒讓：《定本墨子閒詁》，頁 12。
197《墨子》、〈天志上〉；參【清】孫詒讓：《定本墨子閒詁》，頁 118。
198《墨子》、〈法儀〉；參【清】孫詒讓：《定本墨子閒詁》，頁 12。
199《墨子》、〈天志〉、中；參【清】孫詒讓：《定本墨子閒詁》，頁 125。
200《墨子》、〈天志〉、上；參【清】孫詒讓：《定本墨子閒詁》，頁 119。

「本察仁義之本，天意不可不慎也」[201]。

「天子有善，天能賞之；天子有過，天能罰之」[202]。

　　天對世人的具體心意：「仁、義」；其亦如董仲舒之深切體悟、「《春秋》之所治，人與我也。所以治人與我者，仁與義也。以仁安人，以義正我，故仁之為言人也，義之為言我也，言名以別矣」[203]。人生在世於仁義之訴求均扣合於《聖經》的訓喻：

　　「世人哪、耶和華已指示你何為善。他向你所要的是甚麼呢。只要你行公義、好憐憫、存謙卑的心、與你的　神同行」[~彌迦書 6:8]。

二 救贖者

「天欲義而惡其不義者也」[204]

「天為貴、天為知而已矣，義果自天出也」[205]

「義者、正也」[206]。

「天之志者、義之經也」[207].

「人無幼長貴賤，皆天之臣也。此以莫不犓羊牛、豢犬豬，絜為酒醴粢盛，以敬事天」[208]

　　墨翟蒙受天啓、體悟「義果自天出」。當施洗約翰目睹眼見耶穌時慨然歡呼道：看哪、神的羔羊、除去〔或作背負〕世人罪孽的[~約翰福音 1：29]。上帝的救贖因著道成肉身的耶穌釘死十字架上而成就。「義果自天出」，這是「福音」的真諦。

201《墨子》、〈天志〉、中；參【清】孫詒讓：《定本墨子閒詁》，頁 125。
202《墨子》、〈天志〉、下；參【清】孫詒讓：《定本墨子閒詁》，頁 130。
203《春秋繁露》、〈仁義法〉；參【清】蘇輿：《春秋繁露義證》，頁 243。
204《墨子》、〈天志〉、上；參【清】孫詒讓：《定本墨子閒詁》，頁 119。
205《墨子》、〈天志〉、中；參【清】孫詒讓：《定本墨子閒詁》，頁 123。
206《墨子》、〈天志〉、下；參【清】孫詒讓：《定本墨子閒詁》，頁 130。
207《墨子》、〈天志〉、下；參【清】孫詒讓：《定本墨子閒詁》，頁 137。
208《墨子》、〈法儀〉；參【清】孫詒讓：《定本墨子閒詁》，頁 12。

三 明鬼～祖靈、山川神祇

「昔者，武王之攻殷誅紂也，使諸侯分其祭曰：『使親者受內祀，疏者受外祀』」[209]。

周武王伐紂之際，諸侯祭祀祖靈因親疏而別內、外。

「文王陟降，在帝左右。穆穆文王，令問 ~問通聞、令問~美好名聲不已」。若鬼神無有，則文王既死，彼豈能在帝之左右哉？此吾所以知「周書」之鬼也」[210]。

墨子引述《詩經》、〈大雅、文王之什〉等篇（概稱其為「周書」所言）稱美周文王的詩句。此處所述及的「鬼神」、「鬼」者、蓋為祖靈也，即如周文王雖死而其「鬼神」~死後依然存有的魂靈 陟降在「帝」左右。墨子認人死非如燈滅，人逝去而成為「另類的存有」~鬼神，能與「帝」同在～陟降於帝週遭。

「子墨子曰：『古之今之為鬼，非他也，有天鬼，亦有山水鬼神者，亦有人死而為鬼者』」[211]。

「人死而為鬼」者即如上述如文王既死後的祖靈，而「天鬼、山水鬼神」（魑魅魍魎）者即為被神化了的天界日月星宿、山岳、河川，是為「天神山川神祇」。

約言之，人縱然會對祖靈、山川神祇祭祀，然其迥異於對本體、上帝之祭祀。

209《墨子》、〈明鬼〉、下；參【清】孫詒讓：《定本墨子閒詁》，頁145-146。
210《墨子》、〈明鬼〉、下；參【清】孫詒讓：《定本墨子閒詁》，頁148。
211《墨子》、〈明鬼〉、下；參【清】孫詒讓：《定本墨子閒詁》，頁153。

Ⅰ.3西漢融舊開新～
「淮南子、春秋繁露」於「天觀、祭義」之融匯

秦代、呂不韋門下撰著《呂氏春秋》，試圖彙整先秦諸子哲學思想。

「五德更始」，秦滅、漢興，劉邦建立統一帝國。有識之士對先秦思想也試圖彙整梳理，以觀其全貌，遂有淮南王劉安門下撰著了《淮南子》，匯集了先秦諸子思想。此外、更有董仲舒以儒家思想為主軸，著作了《春秋繁露》，一則是融匯了經典古籍及先秦諸子思想，一則亦為統一的帝國提供治道，並展現了諸多新的洞察與一家之見。

西漢年間有關「天」、「祭」意義的論述，特依託於《淮南子》和《春秋繁露》擷取撰述。

《淮南子》

壹、《淮南子》之成書、及其概要

《淮南子》為西漢淮南王劉安[212]集門客所共同撰著者。雜取先秦各家群論，全書並無一貫之主題中心思想。其中對「宇宙生成」著墨甚深；對「存有~存在」和「有、無~有未始有其始」之探討深邃、論述透徹。

一.追本溯源～「有、無」、「有始、無始」之探究

「存有」~或曰「存在」奧窔難測、耐人尋味，是值得深入探討的命題。〈俶真訓〉從善求實、歸根究底、追本溯源，探究「有、無」並論「存有」之有無其「始」：

---

212 劉安（前179年～前122年），西漢沛郡、豐（今江蘇省、徐州市、豐縣）人、劉邦之孫、劉長之子，淮南王，都壽春。《淮南子》，彙集先秦思想、或定稱其為雜家著作。劉安召聚門客，一同撰寫《鴻烈》～即後世所稱《淮南子》。也因為劉安雅好辭賦的關係，門客們善於辭賦，其所用的筆名有「淮南小山」、「淮南大山」等之類。《漢書》記載，漢武帝時劉安因被告謀反而畏罪自殺。但是人民相信，劉安是煉丹「得道成仙」，而且他沒服完的仙丹被家裏的雞跟狗喫了，造成「一人得道，雞犬升天」，受到民間信仰，至今道教人士還奉祀劉安。相傳劉安發明豆腐，故業者奉之為行業神。

「有始者，有未始有有始者，有未始有 夫 未始有有始者」；

「有有者，有無者， 有未始有有無者，有未始有 夫 未始有有無者」[213]。

約言之、蓋可謂：

「有『有』者」～即如 「有」始 者；「有」未始有有始 者，

「有『無』者」～即如 「未始有」有始 者 ；「未始有」未始有有始 者，

「有『未始有有無』者」～有「有」者，

「有『未始有未始有有無』者」～未始有「有」者、亦即 有「無」者。

「有始者」、「有未始有有始者」；〈俶真訓〉探究「存有源起」之「有始、未始有有始~無始」，〈原道訓〉論「道」；本文試圖聯結其論述於《聖經》啟示，概論「太上」~太初之「無始」之「道」和對「太昭」~起初之「有始」並萬物生成如次：

(1)「道」～「未始有有始」、其先存於宇宙萬物生成存在之先；

〈俶真訓〉論「始」曰：「有「未始有有始」者」。

〈原道訓〉論「道」曰：「夫太上之道、生萬物而不有」[214]。

「未始有有始」、〈原道訓〉稱其時為「太上」。意即「道」自在、自有、自存於「太上」~未始有有始；「道」～「太上」之道、「生萬物而不有」之道 先存於萬物生成存有之先；道涵蘊萬有、其乃「生命」~一切現象界的存有之源。

《淮南子》對「道」的論述：「太上」之「道」之「存有」以及「道」生成萬物、為萬有的起源，正嵌合於《聖經》的啟示：

「太初~太上有道、道與神同在，道就是神…萬物是藉著他造的…生命在祂裏頭」[215]。

(2)「宇宙萬物生成存在」有起始~「有始」，即萬物存在的「初始」。

有「始」者，「始」~「起初」，或可理解其為：「萬物存有的起頭」；若此，則

213《淮南子》、〈俶真訓〉；參 王繼如：《淮南子譯注》；頁35。
214《淮南子》、〈原道訓〉；頁3。
215《聖經》、〈約翰福音〉1:1～4。

可對觀於《聖經》啟示：「起初、上帝創造天與地」～《聖經》、〈創世記〉1:1，〈創世記〉開宗明義定稱了萬物存有的「初始」。

　　《淮南子》、〈天文訓〉描述天地生成存有之際曰：「天墜~地未形，{馮馮翼翼~充盛貌，洞洞灟灟~ㄓㄨˊ}~馮翼，洞灟，無形之貌、渾淪狀，故曰太昭~始」[216]。大意是天地未成形，萬有存在之先，其狀充盈飽滿，渾沌迷濛，其為「太昭~太始」。

　　「太上之道」在某一個「節點」～「太昭」~始、即「起初」生萬物。意即「太上~太初、未始有始之道」在「太昭~始、起初」天地未形、萬有尚於無形渾淪情狀中「生成」了宇宙萬有。《淮南子》對「天地之初」與「萬物生成」如此這般的闡述，正契合於《聖經》關乎「天地之初」和「萬物受造」的啟示：

　　「起初~太昭，神創造天地。地是空虛混沌，淵面黑暗，神的靈運行在水面上」。

　　神說：「要有光」、就有了光」、

　　神說：「諸水之間要有空氣，將水分為上下」、

　　神說：「天下的水要聚在一處，使旱地露出來」、

　　神說：「天上要有光體，可以分晝夜，做記號，定節令、日子、年歲，　並要發光在天空，普照在地上」、

　　神說：「水要多多滋生有生命的物，要有雀鳥飛在地面以上、天空之中」、

　　神說：「地要生出活物來，各從其類；牲畜、昆蟲、野獸，各從其類」、

　　神說：「我們要照著我們的形象，按著我們的樣式造人，使他們管理海裡的魚、空中的鳥、地上的牲畜和全地，並地上所爬的一切昆蟲」　神就照著自己的形象造人，乃是照著他的形象，造男造女」[217]。

216《淮南子》、〈天文訓〉；「天墜～地未形，馮馮翼翼，洞洞灟灟，故曰太昭～始」；又據王引之校改「昭」為「始」；頁 65 ～ 66。

217《聖經》、〈創世記〉1:1 ～ 27、節錄。

二．《淮南子》全書摘要

《淮南子》卷二十一〈要略〉乃全書「序言」，概述《淮南子》全書內容，其要點有四：

1. 陳明著述目的：「夫作為書論者，所以紀綱道德，經緯人事，上考之天，下揆之地，中通諸理；雖未能抽引玄妙之中才，繁然足以觀終始矣」。

2. 此外、並挑明全書撰著準則規範～其「本、末」鋪陳、言辭繁簡得當；敘寫「道、事」拿捏均衡：「總要舉凡，而語不剖判純樸，靡散大宗，懼為人之惛惛然弗能知也；故多為之辭，博為之說，又恐人之 離本就末也。故言道而不言事，則無以與世浮沉；言事而不言道，則無以與化遊息」。

3. 各卷（凡二十）稱名：

有〈原道〉、有〈俶真〉、有〈天文〉、有〈地形〉、有〈時則〉、

有〈覽冥〉、有〈精神〉、有〈本經〉、有〈主術〉、有〈繆稱〉、

有〈齊俗〉、有〈道應〉、有〈氾論〉、有〈詮言〉、有〈兵略〉、

有〈說山〉、有〈說林〉、有〈人間〉、有〈修務〉、有〈泰族〉。

4. 勾勒各卷要義~詳如下段。

貳、各卷要義

〈原道〉者，盧牟~籠蓋六合，混沌~彙總萬物，象~揣摩描摹太一之容，測窈冥之深，以翔虛無之軫~畛、界域，托小以苞大，守約以治廣，使人知先後之禍福，動靜之利害。誠通其志，浩然可以大觀矣。欲一言而寤~徹悟，則尊天~本體~道而保真~本原；欲再言而通，則賤物而貴身~本；欲參言而究，則外物而反情~實。執其大指~剛本，以內治五藏~臟，瀸漬~浸漬肌膚，被服法則，而與之終身，所以應待萬方，覽耦百變也；若轉丸掌中，足以自樂也。

《淮南子》、〈原道〉開宗明義，具體闡述著書立說的樞機剛本～「原道」。其要旨明晰，首要乃尊天~本體~道而保真~本原，象~揣摩描摹太一之容、執其大指~剛本。

〈俶真〉者、窮逐終始之化，贏^{匀盈、一ㄥ丿～充盈}坪^{～平}有無之精，離別萬物之變，合同死生之形。使人遺物反己，審仁義之間，通同異之理，觀至德之統，知變化之紀，說符玄妙之中，通回造化之母也。

「俶」、音「處」、意：「善、厚、始^{～begin、start}、作、動^{～arrange}」，「俶真」或可謂「從善求實、歸根究底」。概言之乃傾心冀求於：窮究終始、涵容有無、透視變異、齊同生死、返璞歸真、鑒察仁義、會通異同、俯察至德、瞭然變化、洞徹符玄、聯通於「造化本體」。

〈天文訓〉指陳：當藉觀察自然界、現象界（陰陽之氣、日月之光、開塞之時、星辰之行）而「知逆順之變，避忌諱之殃、法五神之常」，目的是「使人有以仰天承順，而不亂其常者也」。

〈地形訓〉、所以「窮南北之修，極東西之廣，經山陵之形，區川谷之居」，最重要的目的乃在於形上的體悟～「明萬物之主」，也對有形存有萬象能「知生類之眾，列山淵之數，規遠近之路」。若然則能「使人通回周備，不可動以物，不可驚以怪者也」。

〈時則訓〉，在闡述生活應當因應於節氣「時令」、瞭然東南中西北五「方位」、確立準繩規矩權衡「六度」，並以其為「名堂」之制。〈要略〉勾勒〈時則訓〉曰：「所以上因天時，下盡地力，據度行當，合諸人則，形十二節，以為法式，終而複始，轉於無極，因循仿依，以知禍福，操舍開塞，各有龍^{匀寵、榮寵}忌^{～忌恨}，發號施令，以時教期」。一言以蔽之，〈時則訓〉基本上是要「使君人者知所以從事」。

〈覽冥〉者，所以言「至精之通九天」也，至微之淪無形也，純粹之入至清也，昭昭之通冥冥也。乃始攬物引類，覽取撟掇^{～jiǎo duó、矯正、擷取}，浸想宵類，物之可以喻意象形者，乃以穿通窘滯，決瀆壅塞，引人之意，系^{～聯接}之無極，乃以明物類之感，同氣之應、陰陽之合，形埒^{～音勒、意狀}之朕^{～兆朕}，所以令人遠觀博見者也。

〈覽冥訓〉的大意概可謂：傾心精誠可以相應與九天…昭昭相於於冥冥，聯通幻化、萬化冥合，引人之意，聯通到無極…「物類之感，同氣之應、陰陽

之合，形狀之徵兆」，從而臻至「得以遠觀博見」之至境。

〈精神〉者，所以原本人之所由生，而曉寤其形骸九竅，取象於天，合同其血氣、與雷霆風雨；比類其喜怒、與晝宵寒暑並明；審死生之分、別同異之跡，節動靜之機，以反~返其性命之宗。所以使人愛養其精神，撫靜其魂魄，不以物易己，緊守虛無之宅者也。

〈精神訓〉在探討「人之所由生」，其所體認的是：「人之形骸九竅、取象於天；其血氣、如同雷霆風雨；其喜怒如同晝夜寒暑」；「明白死生之別」；「區別同異的跡痕」；「調節動靜的樞機」。這樣的體認，可以說是對「性命」有相當程度的本原追溯。

總體而言、〈精神訓〉所訴求的是：「使人愛養其精神，撫靜其魂魄，不以物易己，緊守『虛無之宅』~精神者也」。

〈本經〉者，所以明大聖之德，通維初之道，埒略~羅列衰世古今之變，以褒先世之隆盛，而貶末世之曲政也。所以使人黜耳目之聰明，精神之感動，樽~抑制流遁~渙散之觀，節養性之和，分帝王之操，列小大之差者也。

〈主術〉者，君人之事也。所以因作任督責，使群臣各盡其能也。明攝權操柄，以制群下，提名責實，考之參伍~三皇五帝之治道，所以使人主秉數、持要，不妄喜怒也。其數直施而正邪，外私而立公，使百官條通而輻輳，各務其業，人致其功。此主術之明也。

〈主術訓〉在論述君人之事、主君之高明治術乃在於：「秉持道術、持其大要，不妄喜怒也。具體作為是「糾枉正邪，自外於一己之私而樹立公正治道，使百官條通而輻輳，各務其業，人致其功」。

〈繆稱〉者，破碎~分散道德之論，差次~排列仁義之分，略雜~閒雜人間之事，總同乎神明之德。假像取耦~借物取合，以相譬喻，斷短為節，以應小具。所以曲說攻論，應感而不匱者也。

〈繆稱訓〉在剖析「化整為零」以竟其功的妙用～總同乎神明之德。

〈齊俗〉者，所以一群生之短修，同九夷之風氣，通古今之論，貫萬物之理，財制禮義之宜，擘畫人事之終始者也。

世事多有其一體的兩面，故在〈齊俗訓〉中有其寬闊的洞察：「愚者有所

脩、智者有所不足」、「天下是非無所定」[218]。執此、〈齊俗訓〉在論述統合～一合、通、貫、財（裁）、擘畫方方面面的對立：一群生之短修，同九夷之風氣，通古今之論，貫萬物之理，財～《爾雅·釋言疏》財、裁音義同制禮義之宜，擘畫人事之終始者也。

〈道應〉者，攬掇～拾取、採擷、遂事之蹤，追觀往古之跡，察禍福利害之反～返、轉圜，考驗乎老莊之術，而以合得失之勢者也。

〈道應訓〉、簡約而言在於「以史為鑑」：收攬掇取既遂往事之蹤，追觀往古之跡，察禍福利害之轉還，再衡諸老莊之道術，從而得以符合得失之形勢。

> 〈氾論〉者，所以箴～針縷～絲縷綜～ㄅㄞ 緓～ㄕㄞˇ 之間～缺口、離間，攦～ㄌㄧㄢ、巧手揳～ㄒㄧㄝ、撏也呪～ㄦˊ 做作、不自然的笑齛ㄐㄩˊ 不平整之處之郤～ㄒㄧˋ、隙縫也。接徑直施，以推本樸，而兆見得失之變，利病之反～返，所以使人不妄沒於勢利，不誘惑於事態，有符曠～ㄧˇㄢ ˇ、日昇、日行晚～ㄌㄧㄢˋ、日映、日落，兼稽時勢之變，而與化推移者也。

〈氾論訓〉意旨在強調，當以危機意識、以應對各種可能會使事態發生凶險的暗樁、地雷，及早堵住破口免致危殆發生而得免於事倍功半地亡羊補牢。因此當洞察先機，儘早連綴裂縫，揳塞孔隙，直行糾枉，以推本樸，而得以預見得失之變，利害之轉化，所以使人不妄自沈浸於勢利，不誘惑於事態，符合日出日落天道行健，兼稽時勢之變，而與造化共相推移。

> 〈詮言〉者，所以譬類人事之指，解喻治亂之體也。差～分別擇微言之眇～ㄇㄠˇ、微細，詮以至理之文，而補縫過失之關者也。

〈詮言訓〉用以譬喻人事之宗旨，解喻治亂之本體。辨析微言之奧窔，詮釋至理之文辭，而補縫過失之關者。

> 〈兵略〉者，所以明戰勝攻取之數，形機之勢，詐諼之變，體因循之道，操持後之論也。所以知戰陣分爭之非道不行也，知攻取堅守非德不強也。誠明其意，進退左右無所失擊～逆擊危～進陣，乘勢以為資，清靜以為常，避實就虛，若驅群羊，此所以言兵者也。

〈兵略訓〉乃「兵家」之言。論述攻防戰術、佈陣計謀之大要：明戰勝攻取之數，形機之勢，詐諼之變，體「因循之道」，操「持後之論」；誠明其意，進退左右無所失擊危，乘勢以為資，清靜以為常，避實就虛，若驅群羊，此所以

218《淮南子》～王繼如 譯注；頁334、355。

言兵者也。

歸本溯源，作者特意挑明、兵法韜略樞機機乃是「道、德」，其曰：

「戰陣分爭非『道』不行、攻取堅守非『德』不強」。

於此、作者再作引申、其謂：「故廟戰者帝，神化者王。所謂廟戰者，法天道也；神化者，法四時也。修政于境內，而遠方慕其德；制勝于未戰，而諸侯服其威。內政治也」。

又曰：「運籌於廟堂之上，而決勝乎千里之外矣」。

綜言之、〈兵略訓〉對國之大事～「兵戎」的總結乃是：爭戰的終極倚恃在於「天道」的依歸；「廟堂之上」的運籌～倚天恃命、祭祀而已（祭、際也、與天對遇）已然決定戰場上的勝負；治政清明、近悅遠來。

〈說山〉、〈說林〉者，所以竅窕～ㄊ一ㄠˇ、深化 穿鑿百事之壅遏，而通行貫扃～閉關翩填 萬物之窒塞者也。假譬取象，異類殊形，以領理人之意，解除～壅 結細～細 說～脫、渙化 捍～捽＝釋解 搏困～疑團 而以明事埒～萬事徵兆 者也。

〈說山訓〉、〈說林訓〉兩篇，其大意是「竅窕穿鑿百事之壅遏～穿透巨細壅塞、通行貫扃萬物之窒塞～貫通大小障蔽」。取山林萬象譬喻，異類殊形分辨其異同，引發理性思維，釋解紐結，渙化疑團，從而得以闡明萬端世事徵兆。

「秋豪之末，淪於不測。是故小不可以為內者，大不可以為外矣」、饒富哲理。

「蘭生幽谷，不為莫服而不芳。舟在江海，不為莫乘而不浮。君子行義，不為莫知而止休」[219]。假譬取象、以領理人之意，具象寫實、言簡意賅、惕勵君子。

〈人間〉者，所以觀禍福之變，察利害之反～返，鑽脈～深入脈理探究 得失之跡，標舉終始之壇～＝嬗、變 也。分別百事之微，敷陳存亡之機，使人知禍之為福，亡之為得，成之為敗，利之為害也。誠喻至意，則有以傾側偃仰世俗之間，而無傷乎讒賊螫毒者也。

219《淮南子》～王繼如 譯注；頁 558、559。

〈人間訓〉在敘述人間世態、千奇百怪、無奇不有，當留意觀禍福之變，明察利害之逆反，深入探究得失之跡，標舉終始之嬗變。分別百事之機微，敷陳存亡之樞機，使人知禍之為福，亡之為得，成之為敗，利之為害也。如若能理解此深邃道理，那就能傾側偃仰世俗之間，而不會被讒賊螫毒所傷害。

〈人間訓〉闡述「人間」與「天道」的絕妙會通：「知天而不知人、無以與俗交；知人而不知天、無以與道遊」[220]。領悟洞徹天心者當深入人群發光發熱、見證體現真道，對人間事體會細緻，卻無以聯結於天，那即是與天道隔絕者。當知天而與俗為友，又當知人而相與於道，如此匯通「天理人心」，乃是「天人合一」的極至表徵。

> 〈修務〉者，所以為人之於道未淹，味論未深，見其文辭，反~返之以清靜為常，恬淡為本，則懈墮分學，縱欲適情，欲以偷自佚，而塞于大道也。今夫狂者無憂，聖人亦無憂。聖人無憂，和以德也；狂者無憂，不知禍福也。故通而無為也，與塞而無為也同；其無為則同，其所以無為則異。故為之浮稱流說其所以能聽，所以使學者孳孳以自幾也。

〈修務訓〉是對一些偏頗的見解所提出的針砭、對治。具體來說是有些人對「大道」未及淵博、對「至論」尚未深解。他們對「大道」相關文辭只有粗淺見識，就自以為當有所逆反～以清靜為常則，以恬淡為根本，從而懈墮、放棄學習，縱欲適情，苟且放縱，而塞于「大道」。

關於「無為」、作者以狂夫與聖人的「無憂」為例來解說：「今夫狂者無憂，聖人亦無憂。聖人無憂，和以德也；狂者無憂，不知禍福也。故通而無為也，與塞而無為也同；其無為則同，其所以無為則異」。〈修務訓〉就是針對見識偏頗者，以「浮稱流說」~其所以能聽深入淺出的解析讓彼等能聽得明白，使修習者孳孳不倦、努力不懈、精進不已。

> 〈泰族〉者，橫八極，致高乘，上明三光，下和水土，經古今之道，治倫理之序，總萬方之指，而歸之一本，以經緯治道，紀綱王事。
>
> 乃原心術，理性情，以館清平之靈，澄澈神明之精，以與天和相嬰薄，所以覽五帝三王，懷天氣，抱天心，執中含和。

220《淮南子》～王繼如 譯注；頁707。

德形於內，以著~ㄐㄩㄢ、咸、毀~凝天地，發起陰陽，序四時，正流方，綏~安~之斯寧，推之斯行。乃以陶冶萬物，遊化群生，唱而和，動而隨，四海之內，一心同歸。故景星見，祥風至，黃龍下，鳳巢列樹，麟止郊野。

德不內形，而行其法藉，專用制度，神祇弗應，福祥不歸，四海不賓，兆民弗化。

故德形於內，治之大本，此《鴻烈》之〈泰族〉也。

卷二十～〈泰族〉是《淮南子》的末了篇章。在序言~〈要略〉~中，為〈泰族〉篇所作的摘要之結尾、其曰：「此《鴻烈》之〈泰族〉也」意即以上就是《淮南子》~《鴻烈》、〈泰族〉篇的大要。

然、末了三句若讀如「故德形於內，治之大本，此《鴻烈》之〈泰族〉也」。則或有解讀其為：「所以大德在內心形成，是治國的根本，這就是大功業中的大樞紐」。似乎是挑明「德形於內，治之大本」是《淮南子》全書的核心樞機。其目的乃在於為大一統的漢帝國、奠定治國基本方針。

〈泰族〉篇論述內容可謂「上窮碧落下黃泉」，概論古今之道以求治國之本。故其謂「橫貫八極，致其高乘，上明三光，下和水土，經古今之道，治倫理之序，總萬方之要指，而歸於一本，以經緯治道、紀綱王事」。

從精神層面而言、乃在於探就心術，琢磨性情，以安定清平之心靈，澄澈神明之精氣，以與天和相契合，所以觀覽五帝三王之治道，並臻至「懷天氣，抱天心，執中含和」的意境。

德形於內，以威儀凝結天地，發起陰陽，序列四時，規正流方，綏之斯寧，推之斯行，乃以陶冶萬物，遊化群生，唱而和，動而隨，四海之內，一心同歸。故天上顯現徵瑞：「景星現，祥風至，黃龍下」；地上看見吉祥徵兆～「鳳巢列樹，麟止郊野」。

德不內形，而只是倚恃行其法律典藉，專用制度，則天上「神祇弗應，福祥不歸」；天下「四海不賓，兆民弗化」。

歸言之、「德形於內，治之大本」；《淮南子》作者語重心長，對統一的大漢帝國表述了最深刻的期盼與冀望。「此乃《鴻烈》～《淮南子》這本著作立

意之樞機」。（或注曰：「此乃偉大功業的關鍵樞紐」）

參、論「本體～天」

〈道應訓〉「形『形』之『不形者』」[221]，對「本體」作了最深刻剴透的表述。「無形者」[~本體]，形塑、造作了「有形者」。

〈詮言〉「為論者莫然不見所觀焉，此所謂藏無形者。非藏無形，孰能形形」[222]，「藏無形」方克造作「有形」。

〈原道訓〉論「道」曰：「夫太上之道，生萬物而不有」。意即「道」自在、自有、自存於「未始有有始[~太上]」；「道」先存於萬物生化存有之先；道涵蘊萬有、其乃生命之源。

〈天文訓〉指陳：當藉觀察自然界、現象界（陰陽之氣、日月之光、開塞之時、星辰之行）而「知逆順之變，避忌諱之殊、法五神之常」，目的是「使人有以仰天承順，而不亂其常者也」。

〈地形訓〉、所以「窮南北之修，極東西之廣，經山陵之形，區川谷之居」，最重要的目的乃在於形上的體悟～「明萬物之主」。

〈覽冥訓〉對為君上者是否能持守國家，挑明了一個基本分判：「故以智為治者，難以持國，唯通於太和，而持自然之應者，為能有之」。能持守國家的明君，除了要瞭然於自然界的規律，更重要的乃是能「通於太和」～聯結於有形之外的形上存有、「太和」～那和合萬有的「使之然者」。

〈道應〉者，攬掇遂事之蹤，追觀往古之跡，察禍福利害之返，考驗乎老莊之術，而以合得失之勢者也。

肆、論「創生」

〈道應訓〉「形『形』之『不形者』」[223]，對「本體」其為「不形者」，作了

221《淮南子》～王繼如 譯注；頁371。
222《淮南子》～王繼如 譯注；頁371。
223《淮南子》～王繼如 譯注；頁371。

最深刻剔透的表述。是「無形者」～本體、元「一」，形塑、造作了「有形者」。

〈原道〉「夫無形者，物之太祖也」、「所謂無形者、一之謂也」[224]。

〈俶真〉「無形而生有形」[225]。

〈俶真〉「夫授者、無受也、而無不授也」[226]。

〈俶真〉「夫人之所受於天者」[227]。

〈俶真〉「夫生生者不死」。[228]「生生者」 ～「生命之源」、生命之「道」，即如《聖經》所啟示
者「太初有道、道就是神，萬物都是藉著祂造得⋯生命在祂裏頭」～〈約翰福音〉1:1～3。

　　在《淮南子》的序篇～〈要略〉綜述〈精神訓〉大要乃是要「原本人之所由
生，而曉寤其形骸九竅，取象於天」。其大意是說〈精神訓〉這篇是在於追本溯
源探究人之所由生，並發現人的軀體～「形骸九竅」，其乃為「取象於天」者。
這樣的體悟正契合於《聖經》的啟示：神說：「我們要照著我們的形象，按著我
們的樣式造人，使他們管理海裡的魚、空中的鳥、地上的牲畜和全地，並地上
所爬的一切昆蟲」。神就照著自己的形象造人，乃是照著他的形象，造男造女～
〈創世記〉1:26～27。

伍、論「祭祀」

　　〈覽冥訓〉記述一段「之所以為『聖人』」～「夫聖人者，不能生時，時
至而弗失也 ⋯ 修太常，墮肢體，絀聰明，大通混冥，解意釋神，漠然若無魂
魄，使萬物各復歸其根，則是所以修伏犧氏之跡，而反~[埏]五帝之道也」。質言
之「伏犧氏之跡」乃「獻上犧牲、俯伏敬拜」。「五帝之道」其為「尊天為大、
敬受天命」。

　　〈氾論〉「赤地三年而不絕流，澤及百里而潤草木者，唯江、河也。是以天
子秩而祭之」[229]。「天子秩而祭之」～天子首要之務：「祭祀」，敬謝浩瀚天恩。

224《淮南子》～王繼如 譯注；頁 19、20。
225《淮南子》～王繼如 譯注；頁 48。
226《淮南子》～王繼如 譯注；頁 46。
227《淮南子》～王繼如 譯注；頁 56。
228《淮南子》～王繼如 譯注；頁 56。
229《淮南子》～王繼如 譯注；頁 465～466。

〈詮言〉「故祭祀思親不求福」[230]。標立了祭祀祖靈的基本居心與態度：祭祀當以所祭祀的對象為中心～思親，而非以獻祭者一己之私利為導向～求福。

陸、論「際天」

「循天者、與道遊者」[231]。

《淮南子》、〈原道〉開宗明義，具體闡述著書立說的樞機剛本～「原道」。其要旨明晰，首要乃尊天～本體、道而保真～本原，象～揣摩描摹太一之容、執其大指～剛本。若能因於「尊天、保真」並體會「太一之容」者、其乃「聖人」～與造化者相伴的人，其具體行止乃：「不以人滑～亂天，不以欲亂情，不謀而當，不言而信，不慮而得，不為而成，精通於靈府～聖靈的殿，與造化者為人～偶、相伴」。

「是故達於道者，反于清靜；究于物者，終於無為。以恬養性，以漠處神，則入於天門。所謂天者，純粹樸素，質直皓白，未始有與雜糅者也」～〈原道〉；[232]。

「俶真訓」冀求於「善始真實、歸根究底」。概言之乃傾心冀求於：窮究終始、涵容有無、透視變異、齊同生死、返璞歸真、鑒察仁義、會通異同、俯察至德、瞭然變化、洞徹符玄」終其極乃殷望得以聯通於「造化本體」、成就「天人合一」之境遇。

「時則訓」有兩次稱呼「上帝」也題及「天、神」，並以「準、繩」之度，表述其規範之用大矣哉：

「繩之為度也，直而不爭，修而不窮，久而不弊，遠而不忘，與天合德，與神合明，所欲則得，所惡則亡，自古及今，不可移匡，厥德孔密，廣大以容，是故上帝以為物宗」。

「准之以為度也，平而不險，均而不阿，廣大以容，寬裕以和，柔而不剛，銳而不挫，流而不滯，易而不穢，發通而有紀，周密而不泄，准平而不失，萬物皆平，民無險謀，怨惡不生，是故上帝以為物平」[233]。

透過「準繩」之度的啟發，表明世人當受「準繩」的制約與規範，以合於

230《淮南子》～王繼如 譯注；頁490。
231《淮南子》～王繼如 譯注；頁12。
232《淮南子》～王繼如 譯注；頁11。
233《淮南子》～王繼如 譯注；頁168～169。

「天心」，安享「直而不爭、平而不險，與天合德，與神合明」的生活。

〈覽冥訓〉論述「九天鑒察窈冥」；世間人事聯通，若出於至誠則有所成，即如常言所謂「精誠所至、金石為開」。「至精之通九天」意謂「天人感應」，傾心精誠倚恃，上天必垂憐應和蒼生祈求。〈覽冥〉以師曠樂師和輕賤庶女為例，具體闡述：

> 「昔者，師曠奏白雪之音，而神物為之下降，風雨暴至。平公癃~病也、亦作癱~病，晉國赤地。庶女叫天，雷電下擊，景公台隕，支體傷折，海水大出。夫瞽師、庶女，位賤尚嚨~嚨囃、喻發聲~，權輕飛羽，然而專精厲意，委務積神，上通九天，激厲至精。由此觀之，上天之誅也，雖在壙虛幽間，遼遠隱匿，重襲石室，界障險阻，其無所逃之，亦明矣」[234]。

「知天而不知人、無以與俗交；知人而不知天、無以與道遊」[235]。領悟洞徹天心者當深入人群發光發熱、見證體現真道，對人間事體會細緻，卻無以聯結於天，那即是與天道隔絕者。當知天而與俗為友，又當知人而相與於道，如此匯通「天理人心」，乃是「天人合一」的極至表徵。

〈兵略訓〉歸本溯源，作者特意挑明、兵法韜略樞機機乃是「道、德」，其曰：「戰陣分爭非『道』不行、攻取堅守非『德』不強」。

於此、作者再作引申、其謂：「故廟戰者帝，神化者王。所謂廟戰者，法天道也；神化者，法四時也。修政于境內，而遠方慕其德；制勝于未戰，而諸侯服其威。內政治也」。

又曰：「運籌於廟堂之上，而決勝乎千里之外矣」。

綜言之、〈兵略訓〉對國之大事～「兵戎」的總結乃是：爭戰的終極倚恃在於「天道」的依歸；「廟堂之上」的運籌~倚天恃命、祭祀而已～與天對遇~已然決定戰場上的勝負。

234《淮南子》～王繼如 譯注；頁 172。
235《淮南子》～王繼如 譯注；頁 707。

柒、其他「雋永箴言」集錦

　　以上諸段落論述側重於《淮南子》中「天、祭」要義。本段落則在擷取《淮南子》中其他「精粹箴言」，或有助於更寬廣角度展讀《淮南子》這部巨作。各段引文後所附頁次源自「王繼如：《淮南子譯注》」，僅供參考，便利使用。

〈原道〉

「夫井魚不可與語大，拘於隘也；夏蟲不可與語寒，篤于時也；

曲士不可與語至道，拘於俗、束於教也」^{～頁12；亦參《莊子》、〈秋水〉}

「無所好憎、平之至也」^{～頁22}。

「連巒列埒：綿延屈曲」^{～頁33}。

〈俶真〉

「諭於一曲而不通於萬方之際」^{～頁46}。所見偏狹、以偏概全、凝固而不知變通。

〈地形〉

「寒氣多壽」^{～頁118}。

〈時則〉

「威厲而不懾」^{～頁170}。

〈覽冥〉

「師曠、素女「際天」無礙、天啓昭彰」^{～頁172}。

「感應～物類之相應、玄妙深微、知不能論、辯不能解」^{～頁174}。

「假弗用而能以成其用」^{～頁181}。

「乞火不若取燧、寄汲不若鑿井」^{～頁189}。

〈天文〉

「屬」 ～音主、意相屬圍繞～頁 68 。

「閏月的計算方法」 ～頁 81 。

「五星～木、火、土、金、水列表如次、簡要表述「天象」與「方位、四季，日子、五行、五帝、五佐、五獸、五音」等等的相屬關係，體現了宇宙、社會等等的全面關係」 ～頁 69 ~ 72 。

方位	東	南	中	西	北
五行	木	火	土	金	水
帝	太皞	炎	黃帝	少昊	顓頊
佐	勾芒	朱明	后土	蓐收	玄冥
四季	春	夏	四方	秋	冬
神	歲星～木星	熒惑～火星	鎮星～土星	太白～金星	辰星～水星
獸	蒼龍	朱雀	黃龍	白虎	玄武
五音	角	徵	宮	商	羽
旦	甲乙	丙丁	戊己	庚辛	壬癸

〈本經〉

「合愚、容不肖」 ～頁 227 。

「閉關『眼、耳、口、心』其為真人」 ～頁 228 。

〈主術〉

「抱薪以救火、揚埲～ㄅㄛˋ、、灰土而彌～底定塵～塵埃」～頁 239 。

「人主之修持：『非… 無以』：

非淡泊無以明德、

非寧靜無以致遠、

非寬大無以兼覆、

非慈厚無以懷眾、

非平正無以判斷」~頁262 。

「以斧 劚~音쑤、意砍伐毛、以刃伐木」~頁264 。

〈繆稱〉

「被褐懷玉」~頁306 。

「忽乎！日滔滔以自新、忘老之及己也」~頁308 。

「忣~音急、不爽於不己知者、不自知也」~頁310 。

「凡萬物有所施之、無小不可為；（懂得再多）無所用之、碧瑜糞土也」~頁317 。

「原心返性則貴、適情知足則富、明死生之分則壽」~頁329 。

〈齊俗〉

「愚者有所脩~修、擅長、智者有所不足」~頁334 。

「天下是非無所定」~頁355 。

〈道應〉

「『形』~現象界存有萬物形之『不形者』~無形的形形者～衪是」~頁371 。

如此陳述、乃是對「本體」~不形者、無形者之表述切要剔透。

「知言之謂~已瞭然於言之旨趣、則「不以言言」~得意忘言、頁371 。無言勝千言萬語。

「知 而 不知~若王慧真、梁建國者；難得糊塗、尚矣」頁409 。

「[壤蟲] 終日行不離咫尺而自以為遠」~天上翱翔的鴻鵠的視野 vs. 地上爬行的壤蟲之所見，故莊子曰：『小年不及大年，小知不及大知，朝菌不知晦朔，蟪蛄不知春秋』，此言明之有所不見也」頁410～412 。

「明之有所不見」^{～即或是分明的知見、也有其限度；故切忌自是自大}。

「得以『無有』、 其得 『無無』乎？」^{～頁410}。

〈氾論〉

「趨捨人異、各有曉心」^{～頁438}。

「為政四巧：古之善賞者，費少而勸眾；善罰者，刑省而奸禁；善予者，用約而為德；善取者，入多而無怨」^{～頁456～458}。

「達道者常滿而無溢、恆虛而易足」^{～頁410}。

〈詮言〉

「非藏無形、孰能形形」^{～頁490、對本體（藏無形者）與客體（受形塑、造作者）言簡意賅的表述}。

「合而和之者、君也」^{～頁495}。

「滌杯而食，洗爵而飲，浣^{～音緩、聯想：《浣紗記》}而後饋，可以養家老，而不可以饗三軍」^{～頁500}。

「憂天下之亂者」之囧如若：憂河水之少、泣而溢之；以浮游而為龜憂養生之具」^{～頁506}。

「太沖」 ^{～ grand harmony、全然相抵消、零合、頁507} 。

〈兵略〉

「制形而無形、故功可成」^{～頁514}。

兩個讀音特別的字：「杓」^{＝標、射擊目標、頁526}、「親 刃」^{～通韌、音膩，意親暱、頁527}。

〈說山〉

「秋豪之末，淪於不測。是故小不可以為內者，大不可以為外矣」。

「蘭生幽谷，不為莫服而不芳、

舟在江海，不為莫乘而不浮、

君子行義，不為莫知而止休」~頁 558。

〈人間〉

「清靜恬愉、人之性也」~頁 659。

「從事於無形之外、不留思盡慮於成事之內」~頁 698。

「無哲不愚」~頁 700。

「鵲先識歲之多風也，去高木而巢扶枝，大人過之則控鷇~音寇、雛鳥，嬰兒過之則挑其卵；知備遠難而忘近患。故秦之設備也，鳥鵲之智也」~頁 702、段 45 類同段 25。

「明禮義推道理而不行、或解搆妄言而反~返當」~頁 703。

「夫兒說~人名、讀如倪悅之巧，於閉結無不解。非能閉結而盡解之也，不解不可解也。至乎以弗解解之者，可與及言論矣」~頁 703。

「交畫不暢、連環不解，物之不通者、聖人不 解~或曰「爭」：頁 704。

「知天而不知人、無以與俗交；知人而不知天、無以與道遊」~頁 707。

《春秋繁露》

「天有十端，十端而止已。天為一端，地為一端，陰為一端，陽為一端，火為一端，金為一端，木為一端，水為一端，土為一端，人為一端，凡十端而畢，天之數也」[236]。

「天有十端」，董仲舒從其對天地萬象的觀察中體悟到：「天」蘊涵著十個可資探究之「端緒」～「天地、陰陽、木、火、土、金、水、人」。是則其所探就之「天」，蓋可稱其為「十端之天」；而十個端緒中於自然界（現象界）有關的九個～「天、地、陰、陽、木、火、土、金、水」本文概稱其為「自然天」。學者劉國民亦有所謂「董仲舒建構了天的哲學」；「董仲舒之天是人格神之天、

236《春秋繁露》、〈官制象天〉；參【清】蘇輿：《春秋繁露義證》，頁 212。

自然之天的統一」[237]。劉氏所稱說的「神格之天」本位則定稱其為有位格的「本體天」。

> 「謂一元者，大始也。大人之所重，小人之所輕」[238]。

> 「惟聖人能屬萬物於一而繫之元也，終不及本所從來而承之，不能遂其功」[239]。

「一、元者，大始也」；「本、所從而來」。董仲舒重「一、元」貴「本、始」，探究本體、追本溯源，以「一、元」論宇宙萬物和人之「本、始」。宇宙萬物存有之井然次序，以及「人～天之副」的奧妙受造，故聖人能「屬萬物於『一』而繫之『元』」，聖人體悟一切存有必具其原發性的「起初、源由」和其統一性的「協和、整全」於「一」～「天」[^本體]。

「天執其道為萬物主」[240]。董仲舒以為「天」是主宰者～「天執其道」、「為萬物主」。「天、地、陰、陽、木、火、土、金、水，九，與人而十者，天之數畢也」，蘇輿注曰：「凡物必有大本、非天不生」[241]。蘇氏之見亦契合於「天心」，「天」為萬物之「大本」，「天」生成造作一切存有，涵蓋有形的自然「天和地、陰陽、五行」。

> 「天地之行美也。是以天高其位而下其施…天執其道為萬物主」[242]。

董仲舒篤信天、尊崇天，以天為人所當依歸的本體，「天執其道為萬物主」。「就董仲舒而言，天是至上神；不僅為百神之大君，更是人類及萬物之根源」[243]。天既為萬物主，世間的一切理當都歸順於祂，世人亦當以祂為中心，方克確立安身立命的絕然憑依理據。

> 「無天而生，未之有也。 天者萬物之祖，萬物非天不生」[244]；「（物）相

237劉國民：《董仲舒的經學詮釋及天的哲學》；北京：中國社會科學出版社，2007年，頁9。
238《春秋繁露》、〈玉英〉；參【清】蘇輿：《春秋繁露義證》，頁65-66。
239《春秋繁露》、〈玉英〉；參【清】蘇輿：《春秋繁露義證》，頁66。
240《春秋繁露》、〈天地之行〉；參【清】蘇輿：《春秋繁露義證》，頁453。
241《春秋繁露》、〈天地陰陽〉；參【清】蘇輿：《春秋繁露義證》，頁459。
242《春秋繁露》、〈天地之行〉；參【清】蘇輿：《春秋繁露義證》，頁452-453。
243陳明恩：《詮釋與建構董仲舒春秋學的形成與開展》，頁59。
244《春秋繁露》、〈順命〉；參【清】蘇輿：《春秋繁露義證》，頁404。

動無形…有使之然者，物固有實使之，其使之無形」[245]，「天」其「有實而無形」其存有於萬物之外，祂是萬物和人之「存有」的本源；祂是使物「感應、流動」，是具有本體~具實的「使然者」。約言之，「天」或可謂其為「創生者、超越者、主宰者」。董仲舒的「天學」所關涉之「人格神」[246]，本文定稱其為有「位格」[247] 的「本體天」。

董仲舒依據「孔子作《春秋》上揆天道」之進路，上援天端，正王公之位，以天為中心，執掌「奉天法古」突義，正如《春秋繁露》開篇〈楚莊王〉、言簡意賅題述「春秋之道，奉天而法古」[248]；亦如〈精華〉篇所言「春秋無達辭，從變從義，而一以奉天」[249]。具體表明了董仲舒著述《春秋繁露》所要揭櫫的重中之重要義～「奉天法古」。董仲舒傳注《春秋》苦心孤詣撰著《春秋繁露》，冀望大漢天子，能成為一個「奉天法古」的領導人，顧念天下蒼生，摯誠保抱百姓成為仁君明主。

> 「臣聞天者群物之祖也，故遍覆包函而無所殊，建日月風雨以和之，經陰陽寒暑以成之。故聖人法天而立道，亦溥愛而亡私，布德施仁以厚之，設誼立禮以導之」[250]。

董仲舒獻策於漢武帝，亦具體陳明「天者群物之祖也」，故為政聖君當「法天而立道」。如上段所述及，顯然董仲舒所指涉的「天」蓋謂存有於群物之外的生命之源的超越之「實存本體」，其以大能創生萬有，以大愛遍覆包函「群

245《春秋繁露》、〈同類相動〉；參【清】蘇輿：《春秋繁露義證》，頁 354。
246「人格神」一辭用以指稱六合之外存有的「天、上帝」，應當避免陷入「迷思」～「人本位的思想所構建的神觀」。就如董仲舒的認知：「人、天之副」的邏輯來看，當以「天」為「本位、主體」來定稱其「位格」。執此，為免於反客為主，與其用「人格神」毋寧使用「位格天」、「本體天」以「定位」神的「實」存，及其本質屬性～永恆、自在、自存。人稱「天」為「人格神」只是基於從「人格」具「知、情、意」的特性，而相信「天」亦為「一位」人可以相與、對遇的「實在」存有，本本真真能被辨識的那一位；祂能與有「知、情、意」的人感應、交流、相通。
247「位格」者、就人而言，就是此人之所以是此人而非彼者之立基，每個人有其一己的位格（可具體辨別的主體）、「我非你，你非他、他非我」仁人仁位格，各不相同，各不相屬，但彼此能沟通、交流、分享、互動。參 亨利提森 著、廖加恩 譯：《系統神學四十七講》，頁 86。
248《春秋繁露》、〈楚莊王〉；參【清】蘇輿：《春秋繁露義證》，頁 13。
249《春秋繁露》、〈精華〉；參【清】蘇輿：《春秋繁露義證》，頁 92。
250【漢】班固：《漢書》、【唐】顏師古 注、楊家駱：《新校本漢書》，頁 2515。

物」[251] 而無所分殊，建日月風雨以和之，經陰陽寒暑以成之。君上天子當識天體道，勤政愛民，「溥愛而亡私，布德施仁以厚之，設誼立禮以導之」。董仲舒屢屢言及於「天」，其終極目的總在期許為政者「法天而立道」。

> 「仁之美者在於天；天、仁也。天覆育萬物，既化而生之，有養而成之，事功無已，終而複始，凡舉歸之以奉人 [252]。察於天之意，無窮極之仁也。人之受命於天也，取仁於天而仁也」[253]。

「天、仁也；天之意，無窮極之仁」，董仲舒徹悟天心、天意，也領會天恩昭彰之美～「天覆育萬物，既化而生之，有養而成之，事功無已，終而複始」。天既以恩慈奉人，人自當回應以奉天：一本於仁，以天心為心，成全美事。在治國理政上，董仲舒對其當代君上寄望深厚：既受命於天～「取仁於天而仁」即當悉心以仁德治政。

「天端之十」者～「人」。董仲舒體會天意，其有謂「為生不能為人…天之副在乎人」[254]；「人、天之副」，萬物之靈的人，亦如聖經啟示：人是「按照上帝的形象和樣式受造的」[255]。人的生命源出於「天」～其為創生天、造物主。

「天之為人性命，使行仁義而羞可恥」[256]，董仲舒體會世人受造的基本意義與目的，正相應於《聖經》、〈彌迦書〉所指陳：「世人哪、耶和華已指示你何為善。他向你所要的是甚麼呢。只要你行公義、好憐憫、存謙卑的心、與你的神同行」[257]。人生在世更具足其存有意義與目的，「人惟有終始也而生」[258] 是所謂也。

251群物、萬物、一切「由天而生者」，所有的受造萬物，若用數學、「集合」概念，則其表述或當為：{一切生命的「此在」並其存留的「空間」}；而「生命」的意涵則當為：{一切有氣息的（有形體或無形體；屬物質的、屬靈的）生存物（人、靈、動物、植物、礦物）；質；能}。

252「奉人」有注其當為「奉天」，於此、蘇輿注曰：聖人奉天，天奉人，相參相互，以成事功，凡一本於仁而已（蘇輿：《春秋繁露義證》，頁321）。

253《春秋繁露》、〈王道通三〉；參【清】蘇輿：《春秋繁露義證》，頁321。

254《春秋繁露》、〈為人者天〉；參【清】蘇輿：《春秋繁露義證》，頁310、311。

255《聖經》、〈創世記〉1:26。

256《春秋繁露》、〈竹林〉；參【清】蘇輿：《春秋繁露義證》，頁59。

257《聖經》、〈彌迦書〉6:8。

258《春秋繁露》、〈重政〉；參【清】蘇輿：《春秋繁露義證》，頁144。

壹、「本體天」的顯現～天啟昭彰

《春秋繁露》中所表述的「本體天」，謹援引幾處表述以概覽董仲舒對「本體天」的理解意會：

> 「《春秋》之序辭也，置王於春正之間，非曰上奉天施而下正人，然後可以為王也云爾」[259]。

董仲舒就《春秋》序辭「春王正月」之排列次序闡述「尊天」之意，把「王」放置「春」字之後、正月之前，其引申的意義在於：對上能奉行上天的施予，對下能教化人民。顯然可以看見其「上下的相對關係」、「主客權屬的關係」、「高低位分的關係」、「賦、予與稟、受的供取關係」。

> 「今善善惡惡，好榮憎辱，非人能自生，此天施之在人者也」[260]。

讚許美善、厭惡邪惡；珍寶榮耀、憎惡羞辱，這種屬性、品格不是人類自己所生成的，而是上天賦予人類的。顯然人類的美善源出於更高尚、更有智慧的那位具足自是、自在的先存者、滿有權能的施予者、供應者。

> 「君子以天施之在人者 聽~治理對應、[261] 之，則丑父弗忠也」[262]。

君子因由於「天施」～「上天所賦予者」，而有智慧能判別、有能力以作為，從而得以對治處置所面臨的可能困境。逢仇父身為臣下，在平時輔弼朝政時沒有負起進諫君上以敬謹省察於「天意」的責任，春秋大義責其為「弗忠」，並認為是逢仇父間接致使齊頃公在作戰時被擄蒙羞，失去了天命王位。

> 「天施之在人者，使人有廉恥」[263]。

上天賦予人類的特性、特質之一，是世人有廉恥之心。「天施」意即「天賦予人」。天是給予者，人是收受者；有知、有意的「天」主動賦與，世人被動

259《春秋繁露》、〈竹林〉；蘇輿注、引董仲舒「對策」云：臣謹按《春秋》之文，求王道之端，得之於正。正次王、王次春。春者、天之所為也。其意曰：「上承天之所為，而下謹其始也。於此可清晰看見，董仲舒雖言及春、天象之自然天，實則意指所為者、使之然者的「本體天」。參【清】蘇輿：《春秋繁露義證》，頁60。
260《春秋繁露》、〈竹林〉；參 蘇輿：《春秋繁露義證》，頁60。
261蘇輿注曰：聽、猶治也、平治之謂也。參【清】《春秋繁露義證》，頁60。
262《春秋繁露》、〈竹林〉；參【清】蘇輿：《春秋繁露義證》，頁60。
263《春秋繁露》、〈竹林〉；參【清】蘇輿：《春秋繁露義證》，頁60。

稟受享有。

　　董仲舒在此所挑明「天、人」「授、受」，「天施人受」，主、客的相應關係，而其具體內容則在指涉一個人對於「忠」和「廉恥」品性執守和其應對施展。

　　「人之情性有由天者矣。故曰受，由天之號~猶謂也」[264]。人的情性有稟承天而來的，所以稱為「受」～即以稟承而來者。

　　「天施」表述了「天」與「人」相對的「上下、主客、高低、稟賦」等對立關係；董仲舒深切體悟「本體天」夐然自立，也澄明洞徹<u>天本於仁而樂於向世人顯明自己</u>~天啓、彰顯自己的心意：

> 「天雖不言，其欲贍足之意可見也」[265]。
> 「天無所言而意以物…君子察物之異，以求天意，大可見矣」[266]。

　　董仲舒於生活中目睹農作物按節氣輪替生長，體察入微，闡述「天、造物主」不言之教：「物不與群物同時而生死者，必深察之，是天之所以告人也」[267]。董仲舒舉例具體說明其所體悟之天意：

> 「薺~味甘成、告之甘；茶~味苦成、告之苦也。君子察物成而告謹，是以至 [薺菜] 不可食之時，而盡遠甘物；至茶成就~成熟也，[就該吃苦的東西]。天所獨代之~交送替代成者，君子獨代之，是冬夏之所宜也。春秋雜~在不同季節互參物~不同季節的農作物其和，而冬夏代服其宜，則當~常、恰如其時得天地之美，四時和矣」[268]。

　　「仁、天心」[269]。仁慈是「天」的根～本質屬性，恰如《聖經》所啟示「上帝就是愛」~約翰壹書4:16。

> 「受命之君，天之所大顯也。事父者承意，事君者儀誌。事天亦然。今天大顯己，物襲~因循於所代~取代的前朝而率~全部與 [前朝] 同~指體制、朝服、色系等無所變革，則不顯不

264《春秋繁露》、〈為人者天〉；參【清】蘇輿：《春秋繁露義證》，頁311；蘇輿注：號猶謂也。
265《春秋繁露》、〈諸侯〉；參【清】蘇輿：《春秋繁露義證》，頁305。
266《春秋繁露》、〈循天之道〉；參【清】蘇輿：《春秋繁露義證》，頁449、450。
267《春秋繁露》、〈循天之道〉；參【清】蘇輿：《春秋繁露義證》，頁449。
268《春秋繁露》、〈循天之道〉；參【清】蘇輿：《春秋繁露義證》，頁449；括號內之正、補、注解，概據蘇輿《春秋繁露義證》。
269《春秋繁露》、〈俞序〉；參【清】蘇輿：《春秋繁露義證》，頁158。

明，非天志^{～天心鵠旨}」²⁷⁰。

天意臨在命定改朝換代，天子已然領受「天命」即當改制，不再相襲前朝，「物改而天授顯」，受命天子當改制易服，標記變易，顯揚天志。

> 「正也者，正於天之為人性命也。天之為人性命，使行仁義而羞可恥，非若鳥獸然，苟為生，苟為利而已。是故《春秋》推天施而順人理」²⁷¹。

「天」賦予人以「正命」～「行仁義而羞可恥」。仁以愛人，義以正己，天理昭彰，此乃《春秋》窔義～「推天施而順人理」。

> 「《春秋》舉之以為一端者，亦欲其省天譴而畏天威，內動於心誌，外見於事情，修身審己，明善心以反～返道者也，豈非貴微重始、慎終推效者哉」²⁷²。

「仁、天心」、旻天以彰「天譴」，現「天威」，以表述「天心、天意」，冀望逆天背道者「外見於事情、內動於心誌，修身審己、明善心以返道」。

如上所述，「天施」表述了「天」與「人」相對的「上下、主客、高低、稟賦」等對立關係，董仲舒深切體悟「本體天」本於仁而樂於向世人顯明自己～天啓彰顯自己的心意。此外「本體天」，是創生天，是主宰者，是「有知、有情、有意」的位格天；是救贖者，茲掘發《春秋繁露》相關窔意，條列分述於以下段落。

貳、「天」其為「創造者」

> 「無天而生，未之有也。 天者萬物之祖，萬物非天不生」²⁷³。

董仲舒澄明洞徹，了悟「天者萬物之祖」，萬物源生於「天」、祂是生命之所從出者^{～祖～生命在祂裏頭}；²⁷⁴；「萬物非天不生」祂是創生天、造物主^{～凡被造的，沒有一}^{樣不是藉著他造的}；²⁷⁵，一切存有一概源生於天～「無天而生、未之有也」。

270《春秋繁露》、〈楚莊王〉；參【清】蘇輿：《春秋繁露義證》，頁 17。
271《春秋繁露》、〈竹林〉；參【清】蘇輿：《春秋繁露義證》，頁 58-59。
272《春秋繁露》、〈二端〉；參【清】蘇輿：《春秋繁露義證》，頁 153。
273《春秋繁露》、〈順命〉；參【清】蘇輿：《春秋繁露義證》，頁 404。
274《聖經》、〈約翰福音〉1:4。
275《聖經》、〈約翰福音〉1:3。

「《春秋》變一謂之元，元猶原也…元者為萬物之本，而人之元在焉」[276]。

對「元者為萬物之本」、蘇輿注解稱曰：「案」曰：「元、猶莊子之所謂『氣母』；《乾鑿度》之所謂『氣始』」[277]。綜上、於董仲舒之洞察綰合以蘇輿之注解，蓋可謂：「天」是創生的「本體天」～先存於受造萬物之外，故謂「萬物非天不生」；而、

「元」即「氣母、氣始」，其為「具象形體」之始，「萬物之本」也。

關於創生萬物的「天」～本體天，《聖經》稱其為 涵蘊生命的「道」，也就是先存於萬有受造之前的「神」，即如〈約翰福音〉所啟示：「太初有道，道與神同在，道就是神。這道太初與神同在。萬物是藉著他造的；凡被造的，沒有一樣不是藉著他造的。生命在他裡頭」（1:1～4）。

至於萬物存焉、創造造伊始之「元」～「氣母、氣始」，《聖經》蓋稱其為「靈」；在〈創世記〉開篇記載創造起始之情狀～神的「靈」縈迴水面生成萬物、其曰：「起初，神創造天地。地是空虛混沌，淵面黑暗，神的「靈」～希伯來文「רֽוּחַ」(讀如 roo'-akh、意為：氣息 breath, 風 wind, 靈 spirit) 運行～希伯來文「רחף」(讀音～raw-khaf；字義為：縈迴水面～hovering over face of waters,；引申參酌於敘利亞字根、則其有「保抱孵育～brooding之意。 在水面上」。～創1:1～2。其後、神說：「要有…就有…」、說有就有，命立就立的上帝，在六日間造齊了萬物，「神看著一切所造的都甚好」～詳見〈創世記〉1:3～31。

《春秋繁露》、〈觀德〉亦謂「天地者，萬物之本，先祖之所出也…天出至明，眾知類也，星日為明，不敢暗」[278]。

董仲舒《春秋繁露》、〈觀德〉對天地來歷的洞察，可以《聖經》、〈創世記〉開宗明義第一章所敘述「天地之初」對觀、比對、綴聯，就萬物之受造與人類

---

[276]《春秋繁露》、〈玉英〉；參【清】蘇輿：《春秋繁露義證》，頁 66-68。

[277]此外，蘇輿另注曰：「元者，人與 天（指自然天地與與萬物）所同本也」。何休《春秋公羊經解詁》有曰「變一為元，元者氣也。無形以起，有形以分，造起天地，天地之始也」。蓋謂：萬物「無形以起」於「一、天」；「有形以分」於「元、氣」以起造天地。《淮南子、繆稱訓》：「道至高無上，至深無下…包裹宇宙而無表裏 ... 黃帝曰：『芒芒昧昧，從天之道，與元同氣』」。「道」從「天」～本體天出，「道」與「元」同氣，意即「道」與「元」俱為本原於天之「氣」者。

[278]《春秋繁露》、〈觀德〉；參【清】蘇輿：《春秋繁露義證》，頁 263-264；中國古典經籍屢屢天地並稱，乃行文之便，其意實指天，所謂天地實即指「天」、或可謂其為萬物所由之「造物主、物物者」。

的受造分述如次：

一.「天地者，萬物之本」

對《春秋繁露》、〈觀德〉所謂「『天地』者，萬物之本」，蘇輿援引《荀子》、〈禮論〉「『天地』者，生之本也」以表述二者所見略同：萬物、有存～生本於「天地」。此外、蘇輿並引董仲舒〈對策〉：「『天』者群物之祖也，故遍覆包函而無所殊」注釋「『天地』者、萬物之本」。並列之引文其意涵蓋可謂是：雖曰「天地」實則指「天」；「天」為生之本，群物之所源也。中國古典經書屢屢天地並稱，乃行文之便，文曰「天地」、意實為「天」，其為萬物所由生之「造物者」；即如《聖經》、〈創世記〉開宗明義所謂「起初　上帝創造天地」～1:1；「上帝說有就有,命立就立；諸天藉耶和華的命而造,萬象藉他口中的氣而成」～詩篇 33:6、9。「萬物之本」其為「上帝」而不會是受造之物「天地」，董仲舒所謂為萬物之本的「天地」蓋為六合之外的「本體天」、造物主，其意甚明。

董仲舒對於受造萬物的理會澄明深邃，他覺知「光」並「萬物眾類」，正如《創世記》第一章所記述：

「天出至明…星日為明、不敢暗」。

「天出至明」、董仲舒了悟「天」是光源之所自，一如《聖經》所啟示「神說：『要有光』就有了光」～1:3。「光」受造於天地萬物一切存有之先。

董仲舒理會得「光、源於天」，也確切覺知承載光源的光體～「星日為明」、「至明、不敢暗」，彰顯一切存有～「其伏無不炤～照也」。董子之見亦彌合於《聖經》啟示：「神說、天上要有光體、發光在天空、普照在地上，事就這樣成了。又造眾星。就把這些光擺列在天空、普照在地上」～1:14-17。

眾知類也

固然受造萬物在光照下顯明，「光焰至明、眾知類也」，但實因受造之物乃出自上帝「各從其類」井然有序的精心創造：「神說、地要發生青草、和結種子的菜蔬、並結果子的樹木，各從其類…神說、水要多多滋生有生命的物‧要有

雀鳥飛在地面以上、天空之中。神就造出大魚、和水中所滋生各樣有生命的動物、各從其類。又造出各樣飛鳥、各從其類…神說、地要生出活物來、各從其類・牲畜、昆蟲、野獸、各從其類」～1:11、20、24。

二．「天地者、先祖之所出也」

據蘇輿援引《荀子》、〈禮論〉「先祖者，類之本也」，併引《禮記》、〈大傳〉「王者禘~祀其祖之所自出」，以及鄭注、云「大祭其先祖所由生謂郊祀天也」。祭祀先祖、慎終追遠，透過祭祀追思先祖、正本溯源，尋根究底，必赫然覺知「先祖所由者、天也」。正如董仲舒所絕然體認：「天之生民」[279]。「為生不能為人，為人者天也。人之為人本於天，天亦人之曾祖父也，此人之所以乃上類天也…天之副在乎人。人之情性有由天者矣。故曰受，由天之號~謂也」[280]。人能生育人而不能造成人，人是天所造作的；人之所以為人、是稟受於天。天是人的先祖，所以人可以與「天」~神、上帝有類同的之處。《聖經》、〈創世記〉啟示十分明確：「神說、我們要照著我們的形像、按著我們的樣式造人…神就照著自己的形像造人、乃是照著他的形像造男造」~1:26 27。

參、「天」其為「主宰者」

> 「顏淵死、子曰：『天喪予』。子路死子曰：『天 祝~斷絕予』。西狩獲麟，曰：『吾道窮、吾道窮』。三年，身隨而卒。天命成敗，聖人知之，有所不能救，命矣夫」[281]。

董仲舒引《公羊傳》、〈哀公十四年〉肯認孔子所體悟的「主宰天」。「天」生顏淵、子路為夫子輔佐，兩人相繼亡故，孔子覺知其為源於上天之徵。蘇輿注曰「麟者，太平之符，聖人之類，時得麟而死，此亦天告夫子將沒之徵，故云爾」[282]。三年，孔子身隨而卒。董仲舒服膺於那位「主宰者」，慨然曰：「天命成敗，聖人知之，有所不能救，命矣夫」。

279《春秋繁露》、〈堯舜不擅移、湯武不專殺〉；參【清】蘇輿：《春秋繁露義證》，頁216。
280《春秋繁露》、〈為人者天〉；參【清】蘇輿：《春秋繁露義證》，頁310-311。
281《春秋繁露》、〈隨本消息〉；參【清】蘇輿：《春秋繁露義證》，頁133。
282【清】蘇輿：《春秋繁露義證》，頁133。

「臣聞天之所大奉使之王者，必有非人力所能致而自至者，此受命之符也」[283]。

「且天之生民，非為王也，而天立王以為民也。故其德足以安樂民者、天予之；其惡足以賊害民者、天奪之」[284]。

　　董仲舒以為，王者人君得享其位分，蓋天予、天授，天之所大奉使之、非人力所能致至者。

「百禮之貴，皆編於月，月編於時，時編於君，君編於天。天之所棄，天下弗祐、桀紂是也。故受命而海內順之，猶眾星之共北辰，流水之宗滄海也…泰伯至德之侔天地也，上帝為之廢適~嫡、易姓而子~予、[285] 之讓。其至德，海內懷歸之」[286]。

　　身為人王君上者，一則、當以悖逆天理而為天所棄的桀、紂為鑒戒；既已「受命」即當崇禮尊天，期其「海內順之，猶眾星之共北辰，流水之宗滄海」。另則、又當以周大王的長子（吳）泰伯「侔天地之至德、海內懷歸之」為範式，審時度勢，盡其在我隨順於天，聽命於上帝主權的作為。

　　學者任蜜林以為「在董仲舒思想中、『天』的含義雖然很多，但神靈主宰之天是最主要的，祂是宇宙萬物的根本」[287]，誠哉其見地。

肆、「天」其為「位格天」

　　所謂的「位格」是「獨立的個體性」存有之表徵。以人來說，從其「知、情、意」三方面體現人存有的共通性，在這樣的基礎上人際間可以彼此溝通、互相理解。「啟示是位格間的交通」[288]，是則、由天而自的「天啟」意指有位

283【漢】班固：《漢書》、【唐】顏師古 注、楊家駱：《新校本漢書》，頁 2500。

284《春秋繁露》、〈堯舜不擅移、湯武不專殺〉；參【清】蘇輿：《春秋繁露義證》，頁 216。

285「適」與「嫡」同字；又「子」疑當從劉師培校本作「予」，意謂泰伯所受讓德乃「天（上帝）所賦予也。
　　參 賴炎元：《春秋繁露今註今譯》，頁 284。

蘇輿注異於賴說，其謂曰「俞云讓字衍文『上帝為之廢適，易姓而子之』、謂天與之也。『其至德海內懷歸之』、謂人歸之也，中間不得有讓字。參【清】蘇輿：《春秋繁露義證》；頁 265。本文據賴說立論。然在蘇注俞說亦見窔意，即「天」與「上帝」的並用相稱。

286《春秋繁露》、〈觀德〉；參【清】蘇輿：《春秋繁露義證》，頁 264-265。

287任蜜林：「董仲舒思想的「天」、「元」關係」；魏彥紅 主編：《董仲舒與儒學研究》、第五輯；（成都、巴蜀書社，2018 年）。

288 Henry Carl Ferdinand Howard：《God、Revelation and Authority》，康來昌 譯：《神、啟示、權威》；台北：中華福音神學院出版社，1980 年，頁 149。

格的「天」向有位格的「人」主動將自己顯明。「唯人道為可以參天」[289]，人可以和天通，體悟天心。董仲舒在《春秋繁露》具體地表述了「有情、有意、有知」的位格「天」。

　　蘇輿注「十指」篇有謂、「〈閔二年〉何休注曰：「《春秋》謹於別尊卑、理嫌疑、異同類，蓋謂嚴夷夏之防，自天視之，則人族皆同類也。《春秋》以禮野之故，別而異之，如吳魯同姓，而鍾離殊會以外之，是其例也」[290]。人心狹隘、人我分殊，隔閡疏離，遂衍生「非我族類」的敵對。然而「自天視之，則人族皆同類也」。從相對的面向來看（即自人視天），人類的主觀宗教意識定位其各以為是的「天」，於焉，存有於六合之外的「天」也被扭曲，甚或切割而被各自「偶像化於有形、哲學化於無形」。

一. 其知～明辨

上天明鑑，報答信守執禮者。

> 「《春秋》曰禮而信。禮無不答，施無不報，天之數也」[291]。

　　上天對「天子」寄予厚望，期其竭力盡忠，依循五帝、三王之「倚天治道」，為民興利除弊。果若其然，體察天心「則天容遂矣」，上天明鑑，顏容舒展：

> 「天子務除天下所患、而欲以上通五帝、下極三王，以通百王之道，而隨天之始終，博得失之效，而命象之為，極理以盡情之宜，則天容遂矣」[292]。

二. 其情～護守

> 「仁、天心」[293]。

> 「天之意常在於利人」[294]。

289《春秋繁露》、〈王道通三〉；參【清】蘇輿：《春秋繁露義證》，頁322。
290《春秋繁露》、〈十指〉；參【清】蘇輿：《春秋繁露義證》，頁141。
291《春秋繁露》、〈楚莊王〉；參【清】蘇輿：《春秋繁露義證》，頁6。
292《春秋繁露》、〈符瑞〉；參【清】蘇輿：《春秋繁露義證》，頁155。
293《春秋繁露》、〈俞序〉；參【清】蘇輿：《春秋繁露義證》，頁158。
294《春秋繁露》、〈止雨〉；參【清】蘇輿：《春秋繁露義證》，頁432。

> 「仁之美者在於天；天、仁也。天覆育萬物，既化而生之，有養而成之，事功無已，終而複始，凡舉歸之以奉人[295]。察於天之意，無窮極之仁也。人之受命於天也，取仁於天而仁也」[296]。

「天、仁也；天之意，無窮極之仁」董仲舒徹悟天心、天意；也領會天恩昭彰之美，「天覆育萬物，既化而生之，有養而成之，事功無已，終而複始」，天既以恩慈奉人，人自當回應以奉天：一本於仁，以天心為心，成全美事。《春秋繁露、俞序》具體陳明，仁為天心，正扣合於《聖經》所啟示的上帝屬性「神就是愛」[297]。

> 「天常以愛利為意，以養長為事…」[298]。「昊天生五穀以養人」[299]、「五穀、食物之生也，天之所以賜人也」[300]。「天雖不言，其欲贍足之意可見也」[301]。

天是有情的護守天，天生五穀以養人，祂是供應所需的有情天～「然而為神自己未嘗不顯出證據來、就如常施恩惠、從天降雨、賞賜豐年、叫你們飲食飽足、滿心喜樂」。聖經指陳上帝的恩典，以愛利作為向世人顯明祂自己；天恩浩蕩、天啟昭彰具足明確。

一般對「天譴」的認知泰半是以為一個大逆不道者、惡貫滿盈，而受到上天報應、刑罰。董仲舒具體闡述「天譴」窔意，其以為「天譴」是上天彰顯天意之仁～「天意之仁而不欲陷人也，災異以見天意」：

> 「天地之物有不常之變者，謂之異，小者謂之災。災常先至而異乃隨之。災者，天之譴也；異者，天之威也。譴之而不知、乃畏之以威。以此見天意之仁而不欲陷人也。謹案災異以見天意。天意有欲也，有不欲也。所欲所不欲者，人內以自省，宜有懲於心；外以觀其事，宜有驗於國。故見天意者之於災異也，畏之而不惡也，以為天欲振吾過，救吾失，故以此報我也」[302]。

295「奉人」，蘇輿注曰：聖人奉天，天奉人，相參相互，以成事功，凡一本於仁而已。參【清】蘇輿：《春秋繁露義證》，頁 321。

296《春秋繁露》、〈王道通三〉；參【清】蘇輿：《春秋繁露義證》，頁 321。

297《聖經》、〈約翰一書〉4:8。

298《春秋繁露》、〈王道通三〉；【清】蘇輿：《春秋繁露義證》，頁 322。

299《春秋繁露》、〈求雨〉；參【清】蘇輿：《春秋繁露義證》，頁 422。

300《春秋繁露》、〈祭義〉；參【清】蘇輿：《春秋繁露義證》，頁 434。

301《春秋繁露》、〈諸侯〉；參【清】蘇輿：《春秋繁露義證》，頁 305。

302《春秋繁露》、〈必仁且智〉；參【清】蘇輿《春秋繁露義證》，頁 253-254。

先知耶利米~公元前 7 世紀末～6 世紀初、面向行將滅亡的猶大王國表述上帝心意的先知具體地陳述宣告上帝的心意：「耶和華說、我知道我向你們所懷的意念、是賜平安的意念、不是降災禍的意念、要叫你們末後有指望。你們要呼求我、禱告我、我就應允你們。你們尋求我、若專心尋求我、就必尋見」[303]。

三．其意～命定

《聖經》、〈箴言〉言簡意賅勾勒「天意」：「籤放在懷裡、定事由耶和華」~[16:33]。《春秋繁露》最具體的天意表述就是「命立天子」。天命（奉天、應天、受命），天統（天理），王權天命：「人之得天得眾者，莫如受命之天子」[304]。「唯天子受命於天」[305]。「有道伐無道，此天理也，所從來久矣」[306]。天子既受命於天，則其理當「察於天之意，無窮極之仁也。人之受命於天也，取仁於天而仁也」[307]。內化天心、天志，施仁政以澤民。

> 「曷為先言王而後言正月？王正月也。何以謂之王正月？曰：王者必受命而後王。王者必改正朔，易服色，制禮樂，一統於天下，所以明易姓，非繼人，通以已受之於天也。王者受命而王，制此月以應變，故作科以奉天地，故謂之王正月也」…「成文武之制，作泮樂以奉天。殷湯之後稱邑，示天之變反命。故天子命無常。唯命是德慶。故《春秋》應天作新王之事」[308]。「今所謂新王必改制者，非改其道，非變其理，受命於天，易姓更王，非繼前王而王也」[309]。

王者既受命而王，必改正朔，易服色，制禮樂，一統於天下，制正月以應變，作科以奉天地，據天道、依天理以牧民。

> 「天之常意在於利人」[310]、「天之生人也，使人生義與利。利以養其體，義以養其心。心不得義不能樂，體不得利不能安。義者心之養也，利者體之養也。體莫貴於心，故養莫重於義，義之養生人大於利」[311]。

303《聖經》、〈耶利米書〉29:11-13。
304《春秋繁露》、〈奉本〉；參【清】蘇輿：《春秋繁露義證》，頁 271。
305《春秋繁露》、〈為人者天〉；參【清】蘇輿：《春秋繁露義證》，頁 311。
306《春秋繁露》、〈堯舜不擅移、湯武不專殺〉；參【清】蘇輿：《春秋繁露義證》，頁 216。
307《春秋繁露》、〈王道通三〉；參【清】蘇輿：《春秋繁露義證》，頁 321。
308《春秋繁露》、〈三代改制質文〉；參【清】蘇輿：《春秋繁露義證》，頁 182、184。
309《春秋繁露》、〈楚莊王〉；參【清】蘇輿：《春秋繁露義證》，頁 16。
310《春秋繁露》、〈止雨〉；參【清】蘇輿：《春秋繁露義證》，頁 432。
311《春秋繁露》、〈身之養重於義〉；參【清】蘇輿：《春秋繁露義證》，頁 257。

一如聖經所言：「然而為神自己未嘗不顯出證據來、就如常施恩惠、從天降雨、賞賜豐年、叫你們飲食飽足、滿心喜樂」[312]。「世人哪！耶和華已指示你何為善。他向你所要的是什麼呢？只要你行公義，好憐憫，存謙卑的心，與你的神同行」[313]。

伍、「天」其為救贖者～祭、際也 ~見不見者

從主、客相對關係而言，「祭祀」必然是一個亟待紓困、企求恩澤的「獻祭者」，懷著敬虔的心，供奉犧牲、祭品於「受祭祀者」~一個「超越者」；祂是祭祀者所亟望就近的一個主體~「本體天」。「祭、際也」，董仲舒在《春秋繁露》中表述，受造的人與「天」對遇、見「不見者」~天、帝的路徑即是「祭祀」。透過「祭祀」可以依歸於祂，「天、帝」是讓世人擺脫生活泥淖、生命困限的救贖者。

在《春秋繁露》中，論述「祭祀」相關篇章計有：

1. 帶「郊」字為篇名者：「郊語、第65」、「郊義、第66」、「四祭、第68」、「郊祀、第69」、「郊事、第71」、「祭義、第76」等六篇；

2. 此外、與「祭祀」有所指涉關聯者、計有：「順命、第70」、「執贄、第72」、「求雨、第74」、「止雨、第75」等篇；

董仲舒對「祭祀」的要義作了多面向的闡述，一再挑明透過「祭祀」世人得以與天際遇。關於「祭義」詳述於第三部、Ⅲ.2 段「古籍經典～金甲古文、三禮、墨子、董子論祭祀」。

312《聖經》、〈使徒行者〉14:17。
313《聖經》、〈彌迦書〉6:8。

第二部（II）轉折

　　本書以華夏民族於「天」為論述主軸，故所謂的「斷裂」意指在某一段中國歷史進程中（約略的以一個朝代為整體看待，文中特指魏晉南北朝和隋唐時代），「天觀」思想和以「祭祀」為「際天路逕」的信仰在那段時期的主流思想（玄學與佛學）籠罩下所受之遮蔽、阻絕。相對而言，所謂的「溯原」～「逆溯於原初」，「原初」意指三代華夏初民固存的「天觀」洞見。在此段落則特指在宋明時代「尋天理、覓天良」的思潮。

「斷裂」

　　三代初民以「天」為中心的信仰在春秋戰國時代雖已然受到衝擊，但在先秦諸子論述中，總見其溯源於天的思想；在經學為重的漢代，其哲學思想脈絡相屬連綴於原初的「天觀」。東漢末年、曹魏時代，禮教崩塌，戰亂頻仍，西晉統一後，旋即進入了南北朝時代，哲學發展以玄學為主流，其後隋唐時代，佛學思想興盛，華夏民族「原初的天觀」受到了重大的影響。

魏晉南北朝、玄學

　　漢末董卓之亂，洛陽、長安變成一片廢墟，兩漢四百年賴辛勤積累的文化財富毀滅殆盡。由於時代的苦難，政治環境的惡劣，名法之治的流弊長期不能剷除，知識分子痛切地感受到理想與現實的激烈衝突、人格和心理狀態的分裂，思想的重點已逐漸從對現實問題的關注移到玄遠之學之上，「玄學」遂即成為漢末魏晉的各種思想的全面總結。魏晉玄學是中國人本哲學的發端，郭象為標竿人物之一，構建「獨化性分」玄學理論，離天人本。

隋唐佛學

　　佛教於漢代[1]傳入中國、盛傳於隋唐，其與原始佛學有所變異，佛陀所證得之無上正等正覺～「四諦、八正道」，已然敷衍為哲理化的基要佛學～「空、假、中」，意即「入空出假維中」的佛學核心義理，並形成具象膜拜的佛教。

「溯原[2]」

　　唐朝，韓愈意欲對治長此以往歷代諸朝思潮文風沉溺於虛玄而無所倚勢之弊，力主「文以載道」，遂成「文起八代之衰、道濟天下之溺」之功。此外，晚唐幾個皇帝篤信佛教，佛教於焉盛極於世。當時有識之士為了國家和人民的福祉，依據儒學思想，提出反佛的意見。在唐憲宗元和十四年～[後819年]，在開塔

1　可靠的正史記載始於大月支的使臣伊存在西漢哀帝元壽元年（前2年）口述浮屠經與中國博士弟子秦景憲（或作景盧），和東漢楚王英於明帝永平八年（後65年）有祭祀佛屠一事。參：鎌田茂雄：《中國佛教通史》、第一、B；關世謙 譯，高雄：佛光出版社，1985，頁83-116

2　原～三代原初、本具的「天觀」；在此段落「原」有別於「存有源出於天」之「源」。

的時期，唐憲宗要迎佛骨入宮內供養三日。韓愈冒著生命危險上奏諫〈論佛骨表〉[3]，極論不應信仰佛教，列舉歷朝佞佛的皇帝「運祚不長」、「事佛求福，乃更得禍」。但韓愈仍無以阻擋唐憲宗迎佛骨。

北宋年間，周敦頤、邵雍、張載、程顥、程頤等世稱「北宋五子」者，對北宋哲學思想的發展起了重要作用；「理學」肇始於周敦頤，其後程顥、程頤兄弟建構以「理」為核心的學說體系。

周敦頤《太極圖說》曰「無極而太極。太極動而生陽，動極而靜；靜而生陰，靜極複動。一動一靜，互為其根；分陰分陽，兩儀立焉。陽變陰合，而生水、火、木、金、土。五氣順布，四時行焉」，周子建構宇宙存有之原起、週轉律動；萬物之本質、生化、消息。

「無極而太極」，有人以為周子原書其初有「自」，亦即周敦頤開宗明義之本意當為「自無極而太極」；伸言之，濂溪先生體悟一切存有原初為有形「太極」，而太極源出於無形本體～「無極」 ^終極實在 。

南宋朱熹把周子「自無極而太極」刪定為「無極而太極」。筆者以為朱子的詮釋或有悖於周子的本意。

循天理

程朱「理學」依託於《禮記》、〈大學〉「格物、致知、誠、正、修、平」的知本、修身之道，強調「天理仁心」、克己復禮，致至社會次序井然諧和；治事窮理知本、主張「理、氣」二元的宇宙論。

致良知

陸王「心學」同源於「誠正修平格物致知」儒學至道。認為「心外無物」、「即心即理」，持主觀唯心主義觀，主張通過內心的自修、自持，行事本於天理良知。

---

3 【唐】韓愈：《韓昌黎全集》第 39 卷；參 信文豐出版公司發行 版 下冊、卷 39、頁 32。

II.1 「斷裂」～
「玄學、佛學、易學」

前言

　　本段論述並非在否定「玄學、佛學、易學」的哲學發展進境與其恢宏貢獻，所謂的「斷裂」，本文著重在於其人本思想致至天人睽違的困限光景。

　　「自天視之、則人族皆同類」，相對而言則應是「自人視天、則『天』亦當為『一』」；意思是說人既受造於天，從人的角度看生命之源、萬物所由的創生天，其當為一而無二、其乃無所分殊。然、衡諸世情，受造的人各據其所認知而界定其所以為是的「天」；於焉，「祂」被切割、被異化，猶如「瞎子摸象」個人對於象之所是各有其定「見」。夐然自是、自在的「天、上帝」[4]，被世人物化、偶像化；虛化、哲學化。本節試圖以「天」為軸心的視閾，表述天道式微，人本哲學炙熱，人本思想對經書詮釋的歧異演變，中國哲學思想在歷史進程中「天觀」的轉折之一己之見，絕然無意於負面訾議中國哲學發展成就。

　　《春秋繁露》、〈王道〉指陳、「周衰，天子微弱，諸侯力政，大夫專國，士專邑，不能行度制法文之禮。諸侯背叛，莫修貢聘，奉獻天子。臣弒其君，子弒其父，孽殺其宗，不能統理，更相伐銼以廣地」[5]。

　　春秋之際，諸侯自立為人君，臣不臣、子不子，法度廢弛，各據山頭，爭相意欲王天下。「臣子強，到弒其君父。法度廢而不複用，威武絕而不複行。故鄭魯易地，晉文再致天子。齊桓會王世子，擅封邢、衛、杞，橫行中國，意欲王天下」[6]。魯君自恃為周公之胤、僭越而為，迳代天子，郊天祀地，「魯舞八俏，北祭泰山，郊天祀地，如天子之為」[7]，以此之故，弒君三十二，細惡不絕之所致也。

4　或有概稱為「終極實在」者，參 凱倫、阿姆斯壯：《為神而辯》，頁 30。
5　《春秋繁露》、〈王道〉；參【清】蘇輿：《春秋繁露義證》，頁 103。
6　《春秋繁露》、〈王道〉；參【清】蘇輿：《春秋繁露義證》，頁 107。
7　《春秋繁露》、〈王道〉；參【清】蘇輿：《春秋繁露義證》，頁 107-108。

春秋後期，人們對天和對天的敬祭之信仰已經式微，「有識之士」對祭祀不再從宗教信仰來肯定其必要性，而是從祭祀禮儀的社會功能來予以肯認。「地官意識對天官思維的抗衡成為當時的突出現象。禮樂文化中的人文主義氣息在春秋時代發展越益」[8]。一種現實性質的政治倫理的產生傾向於以人的方式而非神的方式來看待人類的社會秩序。在「去神化」而「以人為中心」的思想發展，有識之士不信占卜、不重祭祀、崇德貴民。注重自己的行為和德性，人的眼光更多轉向人本身。然而當代哲人的睿智思想對社會的安定發展，似乎並未起到應有的正向作用。原來具有的「祥」[9]德～透過羔羊的祭祀，與天和好、與人和睦、內心平靜安穩的祥瑞福澤不再，概源於周人離天人本故也。

漢末董卓之亂，洛陽、長安變成一片廢墟，兩漢四百年賴辛勤積累的文化財富毀滅殆盡。由於時代的苦難，政治環境的惡劣，名法之治的流弊長期不能剷除，知識分子痛切地感受到理想與現實的激烈衝突、人格和心理狀態的分裂、思想的重點已逐漸從對現實問題的關注移到玄遠之學之上，玄學遂即成為漢末魏晉的各種思想的全面總結。

為了建立一個更高的哲學體系，漢魏之際的思想家們進行了各種各樣的探索。何晏以為，只有更高層次的哲學才是人們值得去著意追求的。「有之為有，恃無以生」[10]，「以『無』作為『道之全』即是玄學獨創性的命題」[11]，一個否定性的『無』作為這個世界觀的理論基石。

曹魏正始之後阮籍、嵇康力圖排斥名教、談自然；西晉裴頠則排斥自然而談名教；永嘉年間的郭象力求在超越與現實之間保持一種動態平衡。郭象必然

8　陳來：《古代思想文化的世界～春秋時代的宗教、倫理與社會思想》；（台北：允晨文化事業股份有限公司，2006 年），頁 19。「地官意識」是指世俗的政治理性和道德理性，「天官思維」即指神秘的神話思維，其中心是以神靈祭祀為核心的宗教意識。（同書 頁 21）。

9　「天道曰祥…知祥則壽、知義則立、知禮則行」，《逸周書》、〈武順解〉言及的「祥、義、禮」和《國語》、〈卷三、周語〉、下、所述及的「祥、義、仁、順、正」、《國語》、〈卷二、周語〉、中述及的三德「祥、義、仁」極相近似：均講「祥、義」之德、確實是周人的特點。更將「祥」作為一主德，與祭祀有關。總言之，祥在西周和春秋早期頗為重要，然而隨著人心離棄天、帝，祥德也就從德目消失了。參 陳來《古代思想文化的世界～春秋時代的宗教、倫理與社會思想》，頁 313-330。

10　余敦康：《魏晉玄學史》，頁 56；（張湛 引何晏《道論》注《列子》、〈天瑞〉）。

11　余敦康：《魏晉玄學史》，頁 56。

意識到「以天人感應的神學目的論為特徵的經學思潮，聲名狼藉」[12]。於是在注解《莊子》時極力規避「天、帝」以建構其「獨化」、「性分」離天人本的玄學體系。

「清談名士接受般若思想是在西晉中葉以後，到了東晉初年，形成了一股佛玄合流的般若學思潮」。「玄學理論得到佛教般若學的支援、不啻得到一支生力軍。…他們把般若思想引為同調，般若學者亦主動地依附於玄學。雙方的共同努力，中國的玄學在外來的般若思想中找到了一個新天地，而外來（西來）的般若思想亦得以躋身於中國的上層統治階級之間，找到了一個立足之處」[13]。玄學、般若學著重於義理之融會，形成了具有中國特色的般若學思潮。般若學內部學派分化，依「僧肇的《不真空論》概括為心無、即色、本無三家」[14]。

概言之，魏晉玄學是中國人本哲學的發端，郭象為標竿人物之一，他構建「獨化性分」玄學理論，離天人本。佛教於漢代[15]傳入中國、盛傳於隋唐，其與原始佛學有所變異，佛陀所證得之「四諦、八正道」，已然成哲理化的佛學、並形成具象膜拜的佛教。自漢以降《易經》、《易傳》，逐漸被哲學化詮釋，「《易》為『天道』，乃五常之原」[16]漸次演繹成「虛化」、「氣化」的易學。

壹、魏晉玄學時代

郭象抱持「萬物獨化于玄冥之境」，故極端漠視《莊子》中清晰可見的「造物主」；他以為「世或謂罔兩待景，景待形，形待造物者。請問夫造物者有耶？無耶？無也，則胡能造物？有也，則不足以物眾形。故明眾形之自物，而後始可與言造物耳。是以涉有物之域，雖復罔兩，未有不獨化于玄冥者也。故造

12　余敦康：《魏晉玄學史》，頁28。

13　余敦康：《魏晉玄學史》，頁449-450。

14　余敦康：《魏晉玄學史》，頁453。

15　可靠的正史記載始於大月支的使臣伊存在西漢哀帝元壽元年（前2年）口述浮屠經與中國博士弟子秦景憲（或作景盧），和東漢楚王英於明帝永平八年（後65年）有祭祀佛屠一事。參：鐮田茂雄：《中國佛教通史》、第一B；關世謙譯；高雄：佛光出版社，1985，頁83-116

16　金春峰：「董仲舒思想研究的幾個問題」；《董仲舒與儒學研究》、第四輯，頁5。

物者無主而物各自造，物各自造而無所待焉，此天地之正也」[17]。其所謂「獨化」，是指事物都是「獨生而無所資借」的[18]；「玄冥之境」則是指事物玄妙幽冥，渾然至極的存在狀態。在他看來，根本不存在所謂造物主，萬物都是自己創造自己。萬物自生自化而不依賴他物來創造，這就是天地的本來面目。揭示「萬物獨化于玄冥之境」，標誌其玄學哲學「本體論」發展具足。

　　郭象以「獨化性分」玄學角度注解《莊子》、致有罔顧《莊子》原有物物者、造物主存有之見，緣此偏失，本書立論希冀尋覓找回為其所遮蔽的主體「天、帝」；相關論述，詳如本書 I.2「先秦古籍～論、孟、荀、老、莊、墨體天悟道」、《莊子》段。

貳、隋唐佛學發展

　　佛陀所悟「四諦、八正道」被敷衍成形上哲學；瞿曇悉達多被尊為佛祖、處處廟宇中都被具像膜拜，這樣的發展，是有違於佛陀於其圓寂時所殷殷囑咐：「當以自為洲，以自為依處…以法為洲、以法為依處，則於勤學者中，是我最上之比庫[19]」。又、爾時，阿難問曰「云何名為供養如來」，世尊語阿難曰「人能受法、能行法者、斯乃名曰供養如來」[20]。佛學在中國魏晉、隋唐、五代的遞延發展若此，當是佛陀始料未及的。佛陀原始悟道的知見，和後世佛學和佛教有相當殊異之處。

　　「涅槃」就是熄滅煩惱的火焰的狀態。到達涅槃的境界後，人的感動和感情並沒有消失。儘管仍有感動和感情，但因為善於控制和調整，所以不會在它的困限中無以自處。因此達到「彼岸」～並非指死後的世界，而是一種沒有束縛、超越一切存在的解脫境界、至高無上的境界。釋迦牟尼在三十五歲時證得涅槃，數以千計的佛弟子亦於世尊住世時證得阿羅漢果～在當生今世證得涅槃。

---

17 【清】郭慶藩：《莊子集釋》，頁 53 。
18 余敦康：《魏晉玄學史》，頁 376-377。
19 比庫者「於世尊正法、律中出家並達上的男子，南傳上座部的佛教僧人」。
20 《長阿含》、〈遊行經〉；參 于凌波：《釋迦牟尼與原始佛教》；台北：東大圖書，2015 年，頁 243。

　　瞿曇悉達多是本本真真的人[21]，他曾認真的尋覓人生的意義，終於開悟，以四諦解脫人生困限痛苦。在婆羅門教的境遇中，釋氏與梵天有其感應，悟道後依循梵天召喚，在人世間分享所體悟的真道，讓世人在短暫的有生之年，從痛苦的泥淖中得釋解，並在今生現世進入涅槃至境。「原始佛教對生命中之有苦，而求有道以使苦空」，其乃「教人由世間至出世間，即教人由俗有至真空。簡言之，教人由有至空」[22] 從苦的桎梏中掙脫出來。若此、則可見所謂得以脫離「三世六道的輪迴」[23] 當非瞿曇得道之初參悟的真知見。

　　又、從後來「佛教」的發展，處處寺廟具見佛像來看，其「切莫以我為師、當以法為師、以戒為師」在圓寂前的叮嚀，顯然是湮沒無聞了。從論「十四無記」[24] 和《佛說箭喻經》[25] 來看、佛陀拒斥形上學的探討。然而、其後佛學在哲理上「有」[26]、「空」[27] 之爭論；小乘（說一切有部）、大乘（空宗～中觀派，唯識宗～瑜珈行派）等等流派哲理思辨[28]，在形上學的遞延展現，亦可謂是「百花齊放、萬壑爭流」，其對佛陀原本悟道的真諦蓋亦有所遮蔽矣。

　　有謂「所有佛經、除了四《阿含經》是佛陀住世所說，佛入滅後、第一次集結時合念過外，其他的佛經都是後出的，原始的佛傳資料也是在佛滅後數百年才出世的」[29]。將佛法（Buddha dharma）哲學化為形上之「空性」，蓋為對佛陀所悟之道理～四諦、八正道的遮蔽。

　　「經過數百年『聖化』後的釋尊、已不是當初成佛的釋尊而是萬能的、超

---

21 「從佛陀悟出的所有道理中，他從未宣稱一甚至明確的否認一自己是神」；Thomas Bien：《The Buddha's way of Happiness》、（盧郁心：《佛陀的幸福課》；台北：臉譜出版，2011 年，頁 12。

22 唐君毅：《中國哲學原論》、〈原道篇〉、弍；台北：臺灣學生書局，1986，頁 159。

23 小乘佛教時期、以三世因果關係擴大解說十二因緣。參日、白取春彥、林煌洲 譯：《佛陀入門》；台北：牛頓出版社，1993 年，頁 286。

24 《雜阿含》、〈408 經〉；參 于凌波：《釋迦牟尼與原始佛教》；台北：東大圖書，2015 年，頁 194。

25 于凌波：《釋迦牟尼與原始佛教》；台北：東大圖書，2015 年，頁 197。

26 學者多認為說「一切有部」的教義、是小乘佛教的代表；參 于凌波：《釋迦牟尼與原始佛教》，頁 262。

27 「最早出現的大乘經典是《大般若經》一系的空宗經典」，揭示空義、對抗小乘「法體恆有」、主張萬法皆空；參 于凌波：《釋迦牟尼與原始佛教》，頁 264。

28 大乘佛教時、將「無我」解釋成「空」、（「無自性」）並進一步以十二緣起擴大解釋宇宙人生一切相互依存的關係。參日、白取春彥、林煌洲 譯《佛陀入門》；台北：牛頓出版社，1993 年，頁 286。

29 于凌波：《釋迦牟尼與原始佛教》，頁 71。

出人界的神」[30]。許多信徒將佛陀神化，宗教化的具象膜拜，堪稱是悖逆了佛陀圓寂前之教導～以法為師、以戒為師、切勿以我為師。

「三王之祭川也，皆先河而後海；或源也，或委也。此之謂務本」[31]，誠哉，河川為源頭，洋海為眾水匯集之處，先源後委，方謂務本。物有本末、事有始終，知所先後，方近道矣。要言之，原初佛陀根本的體悟被擴大詮釋，佛陀思想被敷衍成形上哲學，佛陀其人被具象膜拜，其發展若是，則似其有所閉塞、源委混淆，本末錯亂、始終失據。

參、人本哲學導向之「易學」

「天」為「本體」，在《周易》的表述明晰確切。

〈繫辭傳〉、上：「易之興也，其於中古乎，作易者，其有憂患乎」。

〈繫辭傳〉、上：「易之興也，其當殷之末世、周之盛德，當文王與紂之事」。

易《經》成書於殷商時代。《詩經》和《尚書》記述「天」或「上帝」的作為和其屬性，因此「詩、書」提供了《易經》成書的時代背景，也具體陳明《易經》著述本源於「天、帝」，概如朱伯崑有言「有神論是《周易》這部典籍的主導思想」[32]。《易》其有本於「天、帝」昭然若揭、無庸置疑；〈繫辭〉所謂「自天祐之，吉无不利」良有以也。

周予同的《經學史》有謂「五經的序列，古文經學派以歷史時序為主導，《易》出現早，故排列在先」；「實際上劉向、劉歆以《易》為首，是因為今文經學以《易》為『天道』，乃五常之原」[33]。《易傳》中，依恃「天道」詮釋《易經》，仍屢見不鮮。「《易》經不是占卜術與普通哲學而是『天道』，是天人之道的根本指針」[34]。

30　于凌波：《釋迦牟尼與原始佛教》，頁71。
31　《禮記》、〈學記〉；參 姜義華：《禮記讀本》，頁527。
32　朱伯崑：《易學哲學史》；頁19。
33　金春峰：「董仲舒思想研究的幾個問題」；《董仲舒與儒學研究》、第四輯，頁5。
34　金春峰：「董仲舒與漢代經學哲學」；魏彥紅 主編：《董仲舒與儒學研究》；成都：巴蜀書社，2015年，頁92。

　　「天」本之「易」在其研究發展中卻見其異化。即如朱伯崑所謂:「易學是《周易》包括《經》、《傳》所作的種種解釋。其對《周易》占筮體例、卦爻象的變化、卦爻辭,以及《易傳》所提出各種觀點所作的種種解說,並通過其解說形成了一套自己特有的概念,範疇和命題,從而構成了一套理論體系」[35],《周易》於焉被解讀為人本的、形上的、哲學化的「易學」。「易學」哲理,大體上是以人的形上思維,建構其本體論;以人為本,「絕地天通」而與天絕緣,或以「無極」或以「太易」,或以「太虛」為其「終極」[36]。

　　宋明先哲意圖「格物、致知」,尋天理、覓天良,冀求安身立命、倚恃於天。固然此即其修身、治學的鴻鵠之志,然於修學中亦或有所困限,意即陷入以「理、氣、心」,「虛」化或「氣」化了「實體」的存在,以求「形而上」和「形而下」一體渾淪,相通融合。「氣的觀念,特別是陰陽二氣的觀念成了中國思想說明宇宙萬物構成和變化的基本元素,而陰陽則成為中國思想解釋萬物構成變化的二元原理。在魏晉以後的長期歷史中,氣與陰陽作為宇宙論的範疇和學說,成為中國人的思維特性的基本表達」[37]。

---

35 朱伯崑:《易學漫步》;台北:臺灣學生書局,1996 年,頁 77。

36 「無極」、「太易」、「太虛」為「形而上」和「形而下」一體渾淪、相通融合的大化流行,蓋異於「終極實在」的「本體」所是。

37 陳來:《古代思想文化的世界～春秋時代的宗教、倫理與社會思想》,頁 95。

II .2 溯原～
「循天理、致良知」

前言

從三代以迄春秋戰國，華夏民族對「天」的體悟深邃確切；雖歷經秦火，到西漢「今文經學以《易》為『天道』，乃五常之原」[38]，易理詮釋及其應用仍依託倚恃於「天道」。自東漢明帝年代，佛學入傳中國，其後其「空、假、中」~從空、出假、維中~的哲學思想即乘趁魏晉主流思潮之「玄、虛」而益盛於隋唐，商周初民、先秦諸子「倚天恃命」、「尊天為大」的虔敬信仰可謂於焉式微淡化。

玄學之「玄冥之境」乃指事物玄妙幽冥、渾然至極的存在狀態；故此，根本不存在所謂「造物主」，萬物都是自己創造自己。萬物自生自化而不依賴他物來創造，這就是天地的本來面目。而以「因緣說」、「三世六道輪迴」和以「無自性空為法體」等為核心教義的佛學 / 佛教，對宇宙萬物的源起，自然就不相與於華夏民族原初本然具足體認的「天」。

即或中國哲學發展曾歷經「玄、空」人本思想流淌漫遊，「天理」、「天良」仍然是人心深處評鑑世事「虛實、善惡」的一把尺。當看到好人卻遭遇不幸時，常人都會質疑蒼天而呼喚「天理何在！」；作惡多端的人會受到社會公評並譴責其乃「天良泯滅」。顯然人心深處對「天」仍有其本然的恃賴依靠，希冀其心明鑑「天意」，並自許以「天心」安身立命。

在學術思想發展上，歷經魏晉玄學、隋唐佛學之後，「理學」與「心學」乃力圖逆轉「玄、空」思潮，回溯於「天意、天心」，以客觀的「天理」應和主觀的「良知」成為崇高的價值判斷的依歸，「理學、心學」儼然成為「宋、明」學術主流思想。到了明末清初，王夫之~1619－1692 體悟「天無可狃」~天乃蘊涵絕然主權的本體天，倚恃「天理」力陳佛學「空無、因緣」教義於「天」之遮蔽、阻絕。

---

38 金春峰：「董仲舒思想研究的幾個問題」；《董仲舒與儒學研究》、第四輯，頁5。

　　此外、在治國理政上，明永樂年間～[1403—1420年]，朝廷建造「天壇」，是按照中國傳統禮儀制度建立的國家祭壇。自明永樂十九年～[1421年]起始，共有22位皇帝親御天壇，向「皇天上帝」頂禮膜拜，虔誠祭祀。天子因於「祭祀」意圖聯結於「天」以治國理政。

　　本段要旨乃在於陳述宋明「心學、理學」，並論唐代韓愈盡心竭力「原道」，明末清初王夫之，清末民初熊十力等，在「搜求晚周墜緒、存其種子」[39]，在溯原於「本然道體」苦心孤詣的用心。

壹、循天理

　　道德之「理」（或稱太極天理）～應然的、客觀的道德之「理」本於「天意、天心」。「天理」昭顯，照映於人心，其雖為世人所主觀秉持，同時也是放諸四海而皆準、人所同然的此「心」。

　　「心、理」為二，「在理」或「於心」在學術思想上有不同的側重；概言之遂有專注「理」之探究者，亦有「即心即理」的堅持。專注「理」之探究者，以格物窮理工夫，以對性理充分明白，為能成就真正的道德行為的關鍵，所謂「知至方克意誠，真知才能力行」。理性思維窮理致知的工夫，有助於道德實踐。程朱以為「工夫」屬第二義的型態之作用：「吾人不能相應道德本性而為道德實踐…如是，吾人不得不落於第二義上而從事於磨練、勉強、薰習、夾持、擇善固執之工夫、以及種種後天之積習工夫，以求吾人生命（心）之漸漸順勢而如「理」[40]。

　　二程[41]主張「性即理」，強調「天理」與「人欲」的對立，並通過內心的修

39　景海峰：《熊十力》，頁314。另、參 賴炎元《春秋繁露今註今釋》；頁四十：「董仲舒《春秋繁露》是以西周以來的「天道」為基礎。熊氏所謂晚周墜緒、其所指者當即是西周以來式微的「天道」。

40　牟宗三《從陸象山到劉蕺山》、第二章，頁91-92；台灣學生書局、1979。

41　二程，即程顥和程頤，儒客大家，河南洛陽人（祖籍徽州篁墩），他們的學說也被稱為「洛學」，與同世代的張載所創的「關學」頗有淵源，二者理學思想對後世有較大影響，南宋朱熹正是繼承和發展了他們的學說。二程的理學思想主要見於《遺書》、《文集》和《經說》等，均收入《二程集》。程顥字伯淳，又稱明道先生。程頤字正叔，又稱伊川先生，曾任國子監教授和崇政殿說書等職。二人都曾就學於周敦頤，並同為宋明理學的奠基者，世稱「二程」。死後葬於洛陽伊川二程墓。

養功夫來「窒欲」，以恢復「天理」。

　　朱熹 [42] 是理學集大成者，嘗竭力排斥佛教。宋明理學是「性理之學」，以「成德」為訴求終極目標。這種「性理之學」即為程伊川、朱熹所倡議的「性即理」。

　　就學問層面而言，「成德」亦可稱之為「道德哲學」，其所面向者二：一則討論道德實踐之所以可能的超越根據，此即「心性」問題；二則道德如何切入、此即踐履「工夫」。程朱把「理」視為對象而窮格，乃源於人雖然對理都有所知，但知理不一定能貫徹而為道德行動，必須「知至」而後「意誠」，即是說要達到對於理的真知，才能使我們的意志真實的按理而行。伊川以「虎色變」的農夫的切身體驗～「從常知到真知」來說明「真知」～「心即理」的「本心」應力守「清澄」；本具之理抽出來進一步理解，以求「心全合理」。

貳、致良知

　　專注「理」之探究者，另有進路則有所謂「本心即性」的「性理」之義，此乃陸象山 [43]、陳献章、湛若水、王陽明 [44] 等所開出的「心即理」；故亦可稱其

42 朱熹（1130～1200），字元晦，又字仲晦，號晦庵，晚稱晦翁。祖籍徽州府婺源縣（今江西省婺源），生於南劍州尤溪（今屬福建省、龍溪縣）。中國南宋時期理學家、思想家、哲學家、教育家、詩人。朱熹十九歲考中進士，曾任江西南康、福建漳州知府、浙東巡撫等職，作官清正有為，振句書院建設。官拜煥章閣侍制兼侍講，為宋寧宗講學。晚年遭遇慶元黨禁，被列為「偽學魁首」，削官奉祠。慶元六年（1200年）逝世，享年七十一歲。後被追贈為太師、徽國公，賜諡號「文」，故世稱朱文公。朱熹是「二程」（程顥、程頤）的三傳弟子李侗的學生，與二程合稱「程朱學派」。他是唯一非孔子親傳弟子而享祀孔廟，位列大成殿十二哲者。朱熹是理學集大成者，閩學代表人物，被後世尊為朱子。他的理學思想影響很大，成為元、明、清三朝的官方哲學。
朱熹著述甚多，有《四書章句集注》、《太極圖說解》、《通書解說》、《周易讀本》、《楚辭集注》，後人輯有《朱子大全》、《朱子集語象》等。其中《四書章句集注》成為欽定的教科書和科舉考試的科範。
43 陸九淵（1139～1193），字子靜，號存齋，撫州金溪（今江西省金溪縣）人，漢族江右民系。南宋大臣、哲學家，「陸王心學」的代表人物。講學於象山書院，人稱「象山先生」、「陸象山」。
陸九淵為宋明兩代「心學」的開山之祖，與朱熹齊名。陸九淵主張「心即理」說、「發明本心」、「尊德性」、「大作一個人」、「踐履工夫」等。其以為「宇宙便是吾心，吾心即是宇宙」、「學苟知本，六經皆我註腳」。上承孔孟，下啟王守仁，形成「陸王學派」，不僅對中國，也對日本、韓國、新加坡等國的思想和社會變革產生過重大影響。著有《象山先生全集》。
44 王守仁（1472－1529），本名王雲，字伯安，號陽明，浙江餘姚人，漢族。明朝傑出的思想家、文學家、軍事家、教育家，南京吏部尚書王華的兒子。嘉靖七年（1529），逝世，時年五十七。明穆宗繼

為「心性之學」，其乃「內聖之學」。內在於個人自己、自覺地作聖賢工夫，作道德的實踐以完善自身之德行，期其圓滿人格之學問。內聖之學亦前所述及的「成德」～成聖、成仁、成大人。

「心即理」乃以「本心良知」的開顯，當下立其大本，或發明本心為本質工夫，洞開道德行動、實踐之源；是所謂直貫創生：「顯本心、致良知」，行動所以之法即為本心良知自己提供，心之活動即是理，而理即存有，即活動；是儒學之正宗義（第一義）：「符合道德之本性而作實踐」。

良知是心性覺知，功夫乃具實展現；有學者譬喻「良知」就像是有了一份「意圖到達目的地的地圖」，知道怎樣去到某一處所，但並不能說你已然到達了目的地，還需依循路線圖前行才能真正到達目的地。「知行合一」，就是要將知識與實踐、功夫與本體融為一體。良知前冠一「致」字，恰如其分、恰到好處地挑明要點。這個「一了百了」的功夫必須「日將月就」～每一天都有新課題，因此需要有日日新的功夫。

把握住良知這個根本，然後堅毅不拔地推導，乃為王陽明教誨學子的簡易直接的方法。如有人用「知之匪艱、行之惟艱」這句聖訓來懷疑「知行合一」的命題，陽明則謂「良知自知，原是容易的。然而不能致彼良知，方為『知之匪艱，行之惟艱』」。執此之故，心誠志堅乃樞機所在～成聖是能達成致至的，但看其決心毅力。

良知既已照顯，即當時刻念茲在茲專心致志、竭盡所能成就落實於生活中；陽明稱其為「隨物而格」，生命在每天的生活中不斷淬煉精進提升。陸王之說「心即理」，發明本心，致良知，所謂的逆覺體證工夫，就是要把本心良知所涵的道德法則的意義在生命、生活中作充分的展示。

明代心學發展的基本歷程，可以歸結為：陳獻章開啟，湛若水完善，王守仁集大成、有《王文成公全書》傳世。王守仁的陽明心學後傳入了日本、朝鮮等國。其弟子極眾，世稱「姚江學派」。文章博大昌達，行墨間有俊爽之氣。

位，追贈新建侯，諡號「文成」。萬曆十二年（1584年），從祀於孔廟。

參 「理學、心學」之辨～「程朱、陸王」之別

一．從鵝湖之會說起

　　朱子與陸象山第一次在生時的主要辯論，是著名的「鵝湖之會」。鵝湖之會的緣起，是朱子的好友呂東萊（祖謙）欲會通當時儒家的兩大顯學：朱子之學與象山之學，因此，他在 1175 年邀請了象山及其兄復齋（九齡）到江西鉛山的鵝湖寺與朱子一起作學術的討論，是為「鵝湖之會」。在會議之前，二陸先作出辯論，以求先會通，然後才與朱子作會通。結果，他們有了大致相近的觀點，並由復齋賦詩以作為二陸與朱子論學的思想綱領。其詩云：

「孩提知愛長知欽，古聖相傳只此心。大抵有基方築室，未聞無址忽成岑~山巔。

留情傳注翻蓁塞~啥殼雜蔽塞，著意精微轉陸沈。珍重友朋相切琢，須知至樂在於今」。

　　1-4 句強調孟子之學，指出一切儒家的學問以人的「四端之心」或即善性為基礎，欠缺了此基礎則不能建立起真正的學問。

　　5-6 句則暗指朱子的學問工夫放在註釋經典，只追求當中的表面文字意義，並不是真正的工夫。

　　象山對於其兄的詩裏所表達的意思，基本上同意，只認為當中第二句「微有未安」，因為象山以為，道德本心不須聖人相傳，而是人所共有，故其兄之詩會令人有所誤解。所以，自己亦作一詩和應：

「墟墓興哀宗廟欽，斯人千古不磨心。涓流滴到滄溟水，拳石崇成泰華岑。

易簡工夫終久大，支離事業竟浮沈。欲知自下升高處，真偽先須辨只今」。

　　此詩意思與復齋的詩並無太大的分別，只是更能貫徹其孟子學的思路。

　　1-2 句：說人見墟墓而有哀思，見宗廟而有欽敬之情，從中可見出道德本心是人所共有的。

　　5-6 句明顯諷刺朱子的為學工夫是支離，不及自己的為學工夫的易簡。

　　朱子對於二陸，特別是象山的譏諷感到不快，但當時沒有和詩加以回應，

後來，在會議結束三年之後，與復齋再會面時，才和詩以回應，此詩其實亦足視為鵝湖之會時朱子與象山辯論的思想綱領，此詩云：

「德義風流夙所欽，別離三載更關心。偶扶藜杖出寒穀，又枉藍輿度遠岑。

舊學商量加<u>邃密</u>~深厚，新知培養轉深沈。只愁說到無言處，不信人間有古今」。

1-2 句表達出其對復齋關懷之情，

7-8 句則回應二陸在鵝湖之會對他的批評，一方面他堅持自己的格物致知的工夫是正確的，另一方面，又含蓄地表示出象山的為學工夫最後流於禪宗那套「脫略文字」、空疏的工夫。

綜言之，從朱、陸的詩對中得見彼等意圖匯通「心、理」與一之努力與用心，雖然在相待以禮的君子之交過程中，在學術上仍存其各自表述、未曾相讓的堅持。

二．牟宗三之見解：

1. 於「陸王」：

心即理；以本心良知的開顯，當下立其大本，或發明本心為本質工夫，洞開道德行動、實踐之源；是所謂直貫創生：顯本心，致良知，行動所以之法即為本心良知自己提供，心之活動即是理，而理即存有，即活動；是儒學之正宗義（第一義）：「符合道德之本性而作實踐」。

2. 於「程朱」：

心理為二；以格物窮理工夫，以對性理充分明白，為能給出真正的道德行為的關鍵，所謂知至才能意誠。橫攝之非本質的重要輔助工夫，有助於道德實踐，但不能自足。屬第二義的型態之作用：「吾人不能相應道德本性而為道德實踐…如是，吾人不得不落於第二義上而從事於磨練、勉強、薰習、夾持、擇善固執之之工夫、以及種種後天之積習工夫，以求吾人生命（心）之漸漸順勢而如理。

三. 唐君毅的見解：

　　朱陸的異同不能從尊德性與道問學的不同來理解，在尊德性這一層面，朱陸是相同的，故朱陸不同的「第一義」須從工夫論上來說。唐先生以為朱陸對於儒學所說之「本體」的理解沒有不同，他們的不同只是工夫論上的不同：

　　唐先生以為，朱、陸在儒門的第一義（儒學的本質、義理）上理解沒有不同，只是在第二義的「成德工夫」上有不同。[45]

　　歸言之，象山是從人力求從事道德實踐，體會到心之自發、自作主宰，此即是心與理一，而以顯發此心之自作主宰為工夫，此工夫使人從現實的感性欲望的限制中，當下振作挺拔而出。朱子則以為自覺到現實的心靈與德性所要求的理想有距離，故言心理不一，而希望通過對治「感性欲望」，去除私慾的限制，而使心能合理。從現實的心理不一而要成為一。

肆、對佛學義理之辯駁

　　如前述及，在哲學思想發展的進程中，東漸之佛學日益興盛；華夏民族「原初」於「天本體」之體悟和以「祭祀」為「際天路逕」的信仰於焉蒙遮蔽受衝擊；時至宋明之際則有致力於「理學、心學」諸子戮力同心「依循天理、究竟天良」，彰顯華夏民族原初其倚天恃命之醒覺。

　　從唐代到明清，則不乏對於佛學義理有所訾議者，茲簡述韓愈殷切執守「原道」；王夫之屹立於天、辯駁佛學「空性、緣起、心識」；參透佛學心識義理的熊十力回歸於「健動之天」，以略窺彼等戮力護持「天道」的用心如次：

一. 韓昌黎

　　韓愈[(768～824)]字退之，唐代文學家、哲學家、思想家，河陽~今河南省焦作孟州市人，漢族。祖籍河北昌黎，世稱韓昌黎。晚年任吏部侍郎，又稱韓吏部。諡號「文」，又稱韓文公。他與柳宗元同為唐代古文運動的倡導者，主張學習先秦兩

45　唐君毅：《原性篇》、附錄：「朱陸異同探源」。

漢的散文語言，破駢爲散，擴大文言文的表達功能。宋代蘇軾稱其「文起八代之衰」，明人推他爲唐宋八大家之首，與柳宗元並稱「韓柳」，有「文章鉅公」和「百代文宗」之名，作品都收在《昌黎先生集》裏。韓愈在思想上是中國「道統」觀念的確立者，是尊儒反佛的里程碑式人物。

韓愈〈原道〉揭櫫」仁義道德」謂曰：「博愛之謂仁，行而宜之之謂義，由是而之焉之謂道，足乎己而無待於外之謂德。仁與義爲定名，道與德爲虛位。故道有君子小人，而德有兇有吉」。

憑藉《禮記》、〈大學〉：「古之欲明明德於天下者，先治其國；欲治其國者，先齊其家；欲齊其家者，先修其身；欲修其身者，先正其心；欲正其心者，先誠其意」昌黎先生顯揚君子立身處世正道～「誠意、正心、修身、齊家、治國、平天下」。衡諸過往歷朝，他不禁慨然曰：「然則古之所謂正心而誠意者，將以有爲也。今也欲治其心而外天下國家，滅其『天常』。子焉而不父其父，臣焉而不君其君，民焉而不事其事。今也舉夷狄之法，而加之先王之教之上，幾何其不胥而爲夷也」。

韓文公具體指陳所謂「先王之教」者：

其文：《詩》、《書》、《易》、《春秋》；

其法：禮、樂、刑、政；

其民：士、農、工、賈；

其位：君臣、父子、師友、賓主、昆弟、夫婦；

其服：麻、絲；

其居：宮、室；

其食：粟米、果蔬、魚肉。

並曰：「其爲道易明，而其爲教易行也。

是故　　　以之爲己，則順而祥；

　　　　　以之爲人，則愛而公；

　　　　　以之爲心，則和而平；

　　　　　以之爲天下國家，無所處而不當。

是故　　生則得其情，死則盡其常。

　　　　效焉而天神假，廟焉而人鬼饗」。

韓愈〈原道〉篇意欲傳承「先王之教」，愷切闡述「循天道以致祥」，並鏗鏘有力對「道」作了絕然宣告，其問曰：「斯道也、何道也？」，

應答謂：「斯吾所謂道也，非向所謂老與佛之道也」。

二．王夫之

王夫之 ~1619－1692，字而農，號姜齋，人稱「船山先生」，湖廣衡陽縣（今湖南省衡陽市）人。明遺民，明末清初思想家，與顧炎武、黃宗羲、唐甄並稱「明末清初四大啟蒙思想家」。順治初年，投靠永曆帝朱由榔，參加反清鬥爭。著有《周易外傳》、《黃書》、《尚書引義》、《永曆實錄》、《春秋世論》、《噩夢》、《讀通鑑論》、《宋論》等書。

（一）於「天」~本體的洞察

船山先生深切體悟「天」和其絕然主權～天曲成制命，也洞察有限渺小的人應有的位分~天相佑者、特勤於天命：

「宋興，統一天下，民用寧，政用 乂~治理，文教用興，蓋於是而益以知天命矣。天 曰~可以說是{難 諶 ~言‧陳‧悳‧誠‧信}~難於讓人勘破而置信，匪徒~不僅僅是因為 人之{不可 狃~音紐、意習也、就也；引伸其意為匪限、拘泥}~不能以一己有限知見來匡限天之所是所為 也，[更因為] 天 無{可狃之故常}~可以拘泥不變的常態 也；命曰不易，匪徒~不僅僅是因為 人之不易 承~承擔 也，[更因為] 天之因化推移，斟酌而曲成以制命，人 無可代 其~天工，而相佑者特勤也」[46]。

引文所述，概言之，王船山從宋朝興起、統一天下的史實而洞察「天命」，體悟有限的人無以參透「天工」，故當順命、勉力而為相佐成全天所命定。

王夫之回顧前朝歷史，肯定王權「天命」乃植基於先王之「德、功」，其曰：「商、周之德，漢、唐之功，宜為天下君者，皆在未有天下之前，因而授之，而天之佑之也逸」。相對於此，宋朝之所肇基者卻有所不同：「宋無積累之

---

46 王夫之：《宋論》；中華書局。

仁，無撥亂之績，乃載考其臨御之方，則固宜為天下君矣；而凡所降德於民以靖禍亂，一在既有天下之後」。雖然宋太祖趙匡胤，因緣際會，黃袍加身，杯酒釋兵權，從戰亂中一統天下，王夫之仍肯定其「為天所命」。於此、其稱：「宋之君天下也，皆天所旦夕陟降於宋祖之心而啟迪之者也。故曰：命不易~^{天意已定不改易}也」。

（二）於「佛學」的疑義

本段依傍董群「論王夫之對佛教的批判」一文，引述其大要，以概覽佛學「空性、緣起、心識、能所」等義理。王夫之生平未嘗侫佛，在《相宗絡索》[47] 中通過分析唯識宗的二十八個概念，全面分析了唯識宗的「唯識論」和「認識過程論」；顯見船山先生「入佛又闢佛、能入能出、出入自如」，其對佛學的批判自必客觀、精闢。本文擷取其要、以瞻其本據於「天理、道心」的洞徹與依恃。

董君稱其論述乃關乎王夫之對「佛教」的批判，本文的論點則不在宗教範疇的分判，亦非對「佛教」的批判，僅止於「佛學」思想面向的探究。

1. 佛學的「空」論~^{「我空、法空」}

佛學立基於「空」觀。所謂「諸行無常、諸法無我」，針對「法空、我空」，船山先生則以為：

(1) 世界是「有」~^{世界客觀真誠}。

(2) 物質不滅~^{以燃薪為喻}：王夫之以燃薪之喻來說明物質不滅論，一車之薪經過燃燒，並不說明薪就沒有了，變成空了，而是變成了熱炎、煙霧和灰燼。

(3) 虛空即氣~^{界定「虛、實」：「虛者，太虛之量；實者，氣之充周也」；「虛、實」俱存}；氣在太虛中聚散，聚則有形而成物質，散則無形而歸太虛。無形之虛也是有，散於虛空中的氣，因其精微，感官難以感知，才稱為無，其實並不是真的有什麼「空無」。

(4) 禮教實有~^{天禮通於天理、雖眼不能見，卻具實存有}；禮是至高無上的社會準則，是天禮，

---

47 《相宗絡索》成書於清康熙二十年（1681），共二十九節；收入《船山遺書》和《船山全書》。該書依《成唯識論》、《解深密經》等經典，對法相宗的主要概念、範疇，如八識、九緣、十二支、五位唯識、八識轉成四智等進行簡要的闡釋。

「尊尊、賢賢」之教，皆天理自然，達之而禮無不中矣」。在這一點上，王夫之和朱熹一樣，都把禮歸結為天的權威。天禮為實，而佛學卻要空掉這禮，「浮屠發，安忍無親」、「裂天彝而毀人倫」，這種理論給人們提供的是虛幻消極的人生觀，對社會現狀毫不關心，既無父又無君，「以人生為夢幻，則富有日新之理，皆可置之不思不議矣。君可非吾君矣，父可非吾父矣」。這種理論於社會國家有何益處？

2. 佛學的「緣起論」

王夫之認為，事物不是空，但也不是緣起而成的，而是本來就客觀存在著的。

(1) 否定「緣起性空」論

「陰陽無始，言其固有，而非待緣以起也」。事物的產生不需要任何條件。不僅如此，事物的不同特性也是與始俱有的，不需要任何條件。自然事物不需待緣，社會事物也是如此；他通過物質存在的無條件性、絕對性來說明事物的實有性。

(2) 否定「真如緣起」論

「真如緣起」論是《大乘起信論》所提出的觀點，也叫「如來藏緣起」，強調心是世界的本原，心生種種法生，心滅種種法滅。

一心分為心真如門和心生滅門兩種：

心真如門表示心的體的方面，非生非滅，非染非淨，真實如常，為宇宙的本體。

心生滅門表示心的用的方面，是本體之心的外在體現和功能，是心緣起萬法的方面。

這種思想對中國佛學影響很大，禪宗就對此非常推崇，禪宗將心理解為主觀精神，主張萬法歸於一心，一心起滅萬法，心和萬法的關係比喻為一與多的關係，一生萬法，萬法歸一。

王夫之首先批判了佛學的「心真如之體」和「心生滅之用」兩種心的危害。

這種危害表現在，就「心之體」的角度看，這種本體之心實際上是一種空無之心。王夫之以其實體論批判佛學的空體論，揭示了佛學空體論的錯誤本質。

從「心的用」來看，這種心的危害在於缺乏主體精神。「心之用」在王夫之看來，分為兩個部分，一是智，二是識。

「識」的功能是「了知」作用，「以了以知、以作以用」，是具體的認識行為。

「智」是認識的能力、「了無不覺、知無不能」。

然、佛學認定「智與識」由於都是本體之空虛心的作用、自己沒有自性，不能決定、主宰自身的行為，所以，一旦發動，而不可收拾，「瞥然一興而不可止」。「智」從本質上講可以決定「識」，「智」是般若智慧，是方法論，而「識」是在這種方法論指導下的「認識行為」，但是，由於「智本身就缺乏主體」，因而只能任憑識的自發認識，「任了任知，任作任用」，雖為總持而不能持。

佛學「立一無位之心以治心，誠屬虛妄；船山以為此心乃緣起天地^{～具實本體}，船山是從否定心的虛妄性入手，推倒了真心緣起論的理論基礎。

(3) 難「六相緣起」論

「六相」、指事物的「總別、同異、成壞」六種相狀，分別表示事物的「整體、部分」、「同一、差異」、「生成、壞滅」。「華嚴宗」以六相來說明事物的各種相狀之間，可以互相融攝，毫無差別。「華嚴宗」講理事本末，理事圓融，本末和諧，以致於事事無礙，都是因為「一心」的作用，整個世界都是「一念心」所產生，萬法融合，實際上是在一念心中的融合。

王夫之指出，六相圓融的實質是通過六相的相參相入而論證一念緣起無生，最終證明其空。王夫之強調事物的成與得是「天理」的功效；而敗與失則是「人情的弱失」，不是必然。成功是必然的，不可泯滅的；而失敗是偶然的，可以避免的，而「華嚴宗」要雙泯成敗，這樣「捐棄倫物之邪說不足以立」，王夫之認為一種哲學必須促事物必然之成，避免事物之敗，如果成敗都可以泯

滅，這種哲學就沒必要存在。

3. 佛學的「心性論」

王夫之反對佛學的「性善論」～佛學的心性論主張一切眾生都具有「佛性」，本來成佛，只是由於眾生心中長期以來的煩惱和慾望，污染了自心，掩蓋了自心本有佛性，因而流浪生死。但眾生一發明本心，體悟自性，就與佛無異。

王夫之首先明確了「自己心性」概念與「佛學心性」概念的區別。

他認為，佛學所講的心，只是「人心」[48]，而不是「道心」。「人心」的作用，只是覺了能知，只有一般的認識功能。佛學的性，也只是一般的作用之性，而不是體現天命的天理之性。

王夫之所講的「心」，特指「道心」；所講的「性」，特指「體現天命之理」的天理之性。根據宋儒傳統的人心、道心和天命之性、氣質之性的理論。宋明理學家將「心」分為「人心」和「道心」，這出於《尚書》。理學又以人心為用道心為體，抬高道心的地位。出乎人欲的是人心，出乎天理的是道心。王夫之也堅持這一點，他以喜怒哀樂為人心，惻隱羞惡、恭敬是非為道心，以此作為理論依據，批評佛學的心性論「不知道心，而以惟危之人心為性」。

此外，佛學認為，佛性是普遍存在的，不但一切眾生皆有佛性，草木瓦石也有佛性。就有情眾生而言，不但一般人有佛性，而且一闡提人，即斷絕一切善根的人也有佛性，甚至生物也有佛性，禪宗有所謂「向異類中行」的觀點。

王夫之認為，既然佛性平等，物我如一，那麼上天又為何要區分草木、禽獸和人類？這實際上抹殺了人在社會生活中的核心地位。王夫之從儒學傳統的人是萬物之靈的觀念出發，指出了佛學佛性論的嚴重缺陷，強調了人的決定性

---

48 宗密在分析佛學的心時，把心分為四種～

1. 肉團心，即生理意義上的心臟；

2. 緣慮心，指眼耳鼻舌身意及末那、阿賴耶八種心識；

3. 集起心，指阿賴耶識；

4. 堅實心，即本覺道心～法體、無自性。

作用。

4. 佛學的「認識理論」

著重批判佛學的「頓悟論」和「能所論」。

佛學否認「感性的作用」，否認認識是由內~^{主體}外~^{客體}之合而產生的，閉其內而滅其外～以「心識」起滅天地。王夫之提出兩點批判：

第一、客觀外界的真實性是無法否認的，不是因為宣佈為無就失去其客觀存在，「目所不見，非無色也，耳所不聞，非無聲也」。

第二、否認感性，有違人的天性。佛學認為，外界對象會污染人心，因而排斥感性，這種作法是愚蠢的，「釋氏欲卻感以護其蕞~^{眇小}然之靈，違天害性矣」。王夫之堅持了認識的客觀基礎，堅持感性認識在認識中的基礎作用。

佛學同樣否定理性，而主張「無念」，強調「言語道斷」[49]，心行處滅，否認任何理性活動。「無念論」主要由慧能、神會師徒所大力提倡，強調消除一切有意識的思維活動，保持不動心，在心的不動狀態下體會自己的真性。王夫之指出，這種無念論就是「不可知論」的另一種表述，否認世界的可知性。王夫之批判了佛學認識論中的不可知論傾向和否認客觀真理的傾向；船山強調感性認識和理性認識的作用。

「能所論」是佛學認識論的另一重要內容；王夫之的能所關係論是在改造佛學能所論的基礎上形成的，這說明王夫之對佛學不是簡單的否定，而是有破有立、有捨有取。

能、指行為的主體、

所、指主體行為所指向的客體；

　　　在認識論上，認識的主體稱「能緣」~^{見分、眼}，

　　　認識的客體是「所緣」~^{相分、物}。

49　佛學真理是無法用理性的語言來表述的，任何語言都是一種限制，只能表達事物的有限的規定性，如果要用語言來描述真理，實際上是斷滅真理，真理只能靠悟。禪宗因此多用遮詮即否定性描述來表達思想，表示描述對像不是什麼，而很少用表詮即正面的肯定性描述來表達。心行處滅表示思維活動對真理的危害性，心一旦有所活動，即難以體悟真性，真理即隨之滅絕。

「能所關係」又作為一般的方法論原則在佛學中普遍應用，能見者是眼，所見者是物；能行者是修行的人、所行者是修行的內容；能化者是教化他人，所化者是被教化，等等。王夫之首先肯定了佛學區分「能所關係」的意義，立能所之名稱並不錯，錯誤之處在於佛學顛倒了能所關係。

王夫之也提出了自己的能所概念：

以「境之俟用」為「所」，即有待於認識主體加以作用的認識的客體是「所」。

以「用之加乎境而有功」為「能」，即具有有效地認識客異之能力的認識主體是「能」。

這一概念界定同佛學並無本質差別，差別之處在於「能所關係論」^{～即主、客之分}。佛學的能所論主張，「惟能見，方有所見，所見者，非真實相，因我能見，認為實相，見異則相亦異。佛學之能緣、見分在主客關係中占主導地位，由於其主體是指心識，客體是萬法，這實際上是與本體論上的「萬法唯心」，三界惟識相一致。

王夫之將此批評為「消所以人能」，而謂「能」為「所」，把「所」融化在能之中，而以能代替所，實際上取消了所的客觀性。

王夫之認為，認識的首要原則是認識對象的客觀性，認識必須以客觀對象為基礎，認識的結果也必須符合客觀對象的實質^{～它、所，非因能而存在}，即「因所以發能」，「能必副其所」。以此為基礎，王夫之揭示了佛學「能、所關係論」的三部曲：

(1) 第一部、空能所。佛學以世界為空幻，「以有為幻，以無為實」，但又要承認心識的存在，以心為能，以萬法為所，這與一切皆空有矛盾，使其空論不攻自破。為了彌補這種矛盾，佛學就否認能所的存在，「空我執而無能，空法執而無所」。

(2) 第二部、承認能所。雖然在本體論上否定了能所，但在「以心合道」、即認識佛學本體的過程中，又不可避免地會出現「認識的主、客體」問題，因

而又不得不承認「能、所關係」。

（3）第三部、顛倒能所關係。如果承認能所關係，則又與空論有矛盾，為了解決這一問題，佛學就「把所歸結為能」，「三界惟心而心即界，萬法惟識而識即法」，取消所的獨立性和客觀性。

從以上的分析可以看出，王夫之對佛學的批判，基本上抓住了佛學唯心主義的實質，以哲學批判為主，以禮教批判為輔。以理論分析為主，以現實分析為輔。全面、深刻而又尖銳地揭露佛學的「唯心主義」實質。

三.熊十力

清末民初熊十力[50] 曾「與陶開士論吾華民質之劣，國力之弱，始自魏晉」[51]。熊氏之見地，蓋言魏晉玄風對中國所造成的深遠影響。熊氏著述的《新唯識論》文言版，於「空宗妙演空義、深遠無極處漸啟一隙微明…不期而觸悟《大易》」。對此熊氏其一己之述評是「融易以入佛」。然，對其後的《新唯識論》語體文本則評述曰「宗主在《易》」~即希冀回溯於健動之「天」；52。於此、但見熊氏苦心孤詣對「搜求晚周墜緒、存其種子」[53]，在尋索有異於「空」的「本然道體」所下的決絕功夫和其所成，熊氏晚年的定見扼要卓然；本文立論，不期然間、應和契合於熊氏鑒察「吾華民質之劣，國力之弱，始自魏晉」、「搜求晚周墜緒、存其種子」洞察。

伍、「天壇」～天子「際天」的踐履

自秦始皇開始，天子已然無明於「國之大事～天子祭天」的意義，自然就怠忽具體禮儀之執守。漢初雖有董仲舒瞭然洞察於「祭義」，然而漢武帝「封

50　熊十力～ 1885—1968.5.24，原名繼智、升恆、定中，號子真、逸翁，晚年號漆園老人，漢族。湖北省黃岡（今團風）縣上巴河鎮張家灣人。中國著名哲學家、思想家。新儒家開山祖師，國學大師。與其三弟子（牟宗三、唐君毅、徐復觀）和張君勱、梁漱溟、馮友蘭、方東美被稱為「新儒學八大家」。

51　景海峰：《熊十力》，頁 300。

52　景海峰：《熊十力》，頁 265。

53　景海峰：《熊十力》，頁 314；另、參 賴炎元《春秋繁露今註今釋》；頁四十：「董仲舒《春秋繁露》是以西周以來的「天道」為基礎」。熊氏所謂晚周墜緒、其所指者當即是西周以來式微的「天道」。

禪」～祭祀天地，也只是勞民傷財、流於禮儀形式的政治活動。其後自漢至元、歷朝歷代天子或有郊祀者多不明所以、或多漠視祭祀；即使為之、其祭祀對象亦非「天帝」，乃仿效秦代祭祀「五帝六天」。明代～[1368～1644]對「天皇太乙、五帝、六天」的祭祀被革除，認定「白、綠、黃、紅」四帝是秦代迷信所樹立的祭祀體制，加上漢高祖再拜其自創的「黑帝」，這些祭祀都偏離了「三代」對「天、帝」的敬拜獻祭[54]。明皇稽考史書攸關祭祀的記載，掘發祭祀真義，恢復敬拜天帝、並建築「天壇」獻祭，溯原於「天」的敬拜。

「天壇」始建於明永樂年間～[1403～1420年]，是按照中國傳統禮儀制度建立的國家祭壇。自明永樂十九年起始，共有二十二位皇帝親禦天壇，向皇天上帝頂禮膜拜，虔誠祭祀。「壇」強調用血祭，每年冬至，明清兩朝的「天子」在天壇宰殺祭牲，敬獻上帝。以犧牲贖罪，讓「獻祭者」和「受祭的天」聯通、和好；此外，天子亦在「祈年殿」祈求天恩，厚賜豐年。縱或多數「天子」並不解「祭祀」奧義」，祭天典禮沈浮延續悠悠傳承了約五千年，祭天禮儀即展示華夏民族尊天為大的思想和信仰。

自公元 1420 年天壇建成後，在往後的 300 年間經過了多次修葺[～乾隆、嘉靖貢獻尤多]。

辛亥革命爆發後，中華民國政府宣布廢除「祭天祀典」，並於 1918 年改天壇為公園。「天壇」位於北京市東城區，是現存中國古代規模最大、倫理等級最高的「祭祀建築群」～圜丘壇、齋宮、丹陛橋，祈年殿，皇穹宇、宰牲亭等。「天壇」已成為北京遊覽勝地，其於華夏民族祭天禮儀的信仰似乎已全然無涉矣。

陸、靈覺與良知～《聖經》啟示

世人本於「天性」的驅策，本能地「循天理、致良之」以活出人的尊嚴與價值。這樣的「天性」必有其因由，本文試圖本於《聖經》啟示探究其「所以

---

54 據〈大明會典〉記載曰「自秦立四時、以祀白青黃赤四帝。高祖因之，增北時、以禮黑帝，至武帝，有雍五時，及渭陽五帝，甘泉太乙之祠，而昊天上帝之祭，則未嘗奉行。

然」和「使之然者」。

　　陳寅恪曾經概括王國維等人所倡起的新的學術風格的特徵：「一曰取地下之實物與紙上之遺文互相釋證；二曰取異族之故書與吾國之舊籍互相補正；三曰取外來之觀念，以固有之材料互相參證」[55]。王國維以為學術創新原則有三，其一、本於出土文物以印證傳統文獻為進路。本文則嘗試運用其進路之二與三：以源自希伯來民族之故書~《聖經》的「啟示」、外來的觀念聯綴中國古籍經典~固有之材料。並在論述行文中合宜的節點，引述中國經典古籍以對觀、綰合於《聖經》啟示突義。易言之，本段論述是王國維治學見解之應用，蓋可謂是「取外來之觀念（希伯來民族的天啓觀）與固有之材料（中國經典古籍）相參證；取異族之故書（《聖經》）與吾國之舊籍聯結補綴」，亟盼本文論述亦得相與於王氏為學之寬廣立意與用心。

　　張亨先生以為：「先秦資料經過考據洗禮，縱或有懸而未決的問題，重點不在考徵，大體是以詮釋為主…試圖發現文獻中隱藏的意義…需要合理的推想，以相關知識輔助；必須更積極地援取中西各種相關知識的輔助，以詮釋取代考徵，使文獻透過讀者的推想與詮釋，得以化隱為顯或從表層轉入深層…抱持多元開放的態度」[56]。他的灼見亦給予筆者的論述極大的激勵，遂試圖以《聖經》關乎「天、祭」的啟示聯綴、綰合華夏民族於經書中對「天、際天」的體悟。

一．人之受造～「人生於天」[57]

　　「天生蒸民」[58]、「天者、人之始也」[59]、「惟天地萬物父母」[60]。

　　中國古典經籍屢屢天地並稱，乃行文之便，即雖稱曰「天地」其意則實指「天」，天地即天、或謂造物主。又、中國雖是父系社會，但因執守孝道，特

55　陳寅恪：《王靜安先生遺書序》、《金明館叢稿二編》；上海：古籍出版社 1980 年，頁 219。

56　張亨《思文集～儒道思想的現代詮釋》；台北：台大出版中心，2014 年，頁 574。

57　《春秋繁露》、〈王道通三〉；參【清】蘇興：《春秋繁露義證》，頁 323。

58　《詩經》、〈大雅、蕩之什、烝民〉。

59　《史記》、〈屈賈列傳〉。

60　《尚書》、〈泰誓〉。

別崇敬母性，因生養子女，母親最為辛苦，所以在推崇父親時，也連帶尊崇母親。常言謂「天子為民父母，在於尊崇帝王為萬民之父；縣太爺為父母官，也只是意指縣令為一方之父罷了。《尚書》、〈泰誓〉言說造物主為父母，其意類同，旨在表明上帝創造萬物，即是萬物之父。上天若父母般的保抱眷祐有靈氣的人，生為萬物之靈的人、理應敬事上天。

「天之副在乎人」[61]、「人生於天而體天之節」[62]。

董仲舒了悟天心、一如《聖經》之啟示：

「神說、我們要照著我們的形像、按著我們的樣式造人 ... 神就照著自己的形像造人、乃是照著他的形像造男造女」[63]。

二.「生命之氣」

「人受命乎天，故超然而有以倚～^{高物，即優越於受造萬物}」[64]、「惟人萬物之靈」[65]。董仲舒可謂瞭然於天心，明白人之所以能參天道、與天道通。「為生不能為人，為人者天也；人之為人本於天。…天之副在乎人」[66]。對於人的特殊受造「得天之靈」、董仲舒亦有深刻體會，可謂明察天啓：「人受命於天,固超然異於群生…其得天之靈,貴於物也」[67]。於此、《聖經》啟示其「所以然」：

「耶和華神用地上的塵土造人,將生氣吹在他鼻孔裡、他就成了有靈的活人、名叫 亞當」[68]。

上帝以塵土造作亞當，並賦予「生氣」意即「生命之氣」[69]，他就成為有

---

61 《春秋繁露》、〈為人者天〉；參【清】蘇輿：《春秋繁露義證》，頁 311。

62 《春秋繁露》、〈官制象天〉；參【清】蘇輿：《春秋繁露義證》，頁 214。

63 《聖經》、〈創世記〉1:26-27。

64 《春秋繁露》、〈人副天數〉；參【清】蘇輿：《春秋繁露義證》，頁 347；蘇輿引盧注曰；「倚」、疑當從下文作「高物」。

65 《尚書》、〈泰誓〉；又參 成世光《太初有道》頁 202。

66 《春秋繁露》、〈為人者天〉；參【清】蘇輿：《春秋繁露義證》，頁 310、311。

67 【漢】班固：《漢書》、【唐】顏師古 注、楊家駱：《新校本漢書》，頁 2516。

68 《聖經、創世記》2:7。

69 「生氣」希伯來文是「נשמתחיים」，「生氣」是「生命之氣」的簡化，意即以「生命」敘寫「氣」的本質，耶和華神把蘊含生命（חיים）的氣（נשמת、讀如倪莎瑪），吹入人的鼻息，賦予人另類生命，

靈的活人，有悟性、能覺知靈通於造物主。就如《傳道書》3:11 所說：

「上帝把它~智力安置在人心中，叫世人可以參透上帝從始至終的作為」[70]。

「人在理智之上對神存在的覺知，此謂「靈覺」~屬靈的慧覺」[71]。靈覺不必經過推理或經驗的作用；而是藉著天啓光照，得以體悟天道天理。自三代聖王，春秋戰國諸子賢哲，以至西漢董仲舒等等，從歷史記事並經典記言，盡都能見其靈光乍現的標記及表述。蓋如中華福音神學院故前院長林道亮所指稱「它是天心和人心的感觸，天心乾知和人心良知的交會」。[72]

常言道「人為萬物之靈」，就是因為人之受造、領受了上帝的「生命之氣」成為活人~活的魂、具有屬靈慧覺~靈覺，一則其有「悟性」，能理解上帝的心意，能和上帝往來、相通；一則其有「良知」、鑒察一己的心腹，能仰不愧天，並能和人健全互動。約言之，本於「生命之氣」的「靈覺」具有「悟性」和「良知」的功用，在人的靈裡分工合作地主導人的心思、行止[73]，茲分述如次：

1. 靈覺～能覺知「本體天」~世人感悟天理之所由

「生命之氣」的作用其一為體悟天心~悟性、認識上帝之懿旨；正如董仲舒所謂的「唯人道可以參天」[74]。

《聖經》記述一位受過刻骨銘心極大苦難的約伯，在如爐火煉金的精煉中、他是經歷上帝的智者，他指陳一段對上帝的體悟：

使人成為有靈的活人，表明人亦有神的靈，有靈覺、有悟性，而能與神的靈相通。參 林道亮：《靈命知多少》；頁36。

70　《聖經》、〈傳道書〉3:11：「神造萬物、各按其時成為美好；又將『永生』安置在世人心裡・〔永生原文作永遠〕然而　神從始至終的作為、人不能參透」。此節的「永生」，在希伯來文是「עֹלָם」（讀如「歐嵐慕」），英文欽定本譯為「世界」，美國標準本譯為「永世」，林道亮意以為這兩種英文翻譯都不夠準確；他又指陳，「עֹלָם」當根據閃族文字、阿拉伯文來探究：其字根為人心智上的一種官能名稱、可以譯作「智力」；又「然而」兩字、其直譯當為「沒有那個」。執此、則全句當譯為「神造萬物、各按其時成為美好；又將『靈覺』安置在世人心裡；「沒有那個～靈覺」，就沒有人能體認　神從始至終的作為」。參 林道亮：《靈命知多少》；頁7-8。

71　林道亮：《靈命知多少》；頁4。

72　林道亮：《靈命知多少》；頁4。

73　林道亮：《靈命知多少》，頁48；參照輯擷。

74　《春秋繁露》、〈王道通三〉；參【清】蘇輿：《春秋繁露義證》，頁322。

「在人裡面有靈、全能者的氣、使人有聰明」[75]。

這「聰明」即「悟性」，使得人有認識神的能力，並能體貼天心、依循天意而行。世人都在尋覓終極的依歸，人心的空處也只有上帝自己才能填滿它。耶和華神賦予世人的「生氣」，世人於焉具有靈覺功能，而能覺知上帝。董仲舒的屬靈慧覺讓他具體瞭然上帝造人的目的：「天之為人性命，使行仁義而羞可恥」[76]。

2. 良知

良知的作用則為敦促世人踐履天意、定意按上帝的懿旨而行，即如《聖經》、〈箴言〉20:27 所言：「人的靈[77]是耶和華的燈、鑒察人的心腹」。上帝賦予人的生命之「氣」即為人的「靈」，其具足敏銳鑒察功能，就像在人身最隱密處（心腹）的明燈：它光照通透，明鑒「心中意念」或以為是、或以為非，對一切真相分判瞭然、無以遁形。

《春秋繁露》雖未曾載及「良知」二字，但董仲舒洞察天心，詳實舉例闡述了「良知」的具實體現～「智、規」之所是與其作用：

「良知」是上天賦予人類的天性：「天之為人性命，使行仁義而羞可恥」[78]。人有慧心、俱有一把尺度（先規），確切知道合宜正當的欲捨、行為，或以為是、或以為非，並其行徑所致至的可能結果。分辨是非、分判當與不當的智能（良知）其作用敏銳、生發急疾：

「何謂之智？先言而後當。凡人欲舍、行為，皆以其智先規而後為之。

（1）其規是者，其所為得，其所事當，其行遂，其名榮，其身故利而無患，福及子孫，德加萬民，湯武是也。

（2）其規非者，其所為不得，其所事不當，其行不遂，其名辱，害及其身，絕世無複，殘類滅宗亡國［桀紂］是也。

---

75 《聖經》、〈約伯記〉32:8。
76 《春秋繁露》、〈竹林〉；參【清】蘇輿：《春秋繁露義證》，頁 59。
77 「靈、מְנֻשָׁה」、即《創世記》2:7「將生氣吹在他鼻孔裡」的「氣、נִשְׁמָה」字。參 《靈命知多少》，頁36。
78 《春秋繁露》、〈竹林〉；參【清】蘇輿：《春秋繁露義證》，頁 59。

故曰莫急於『智』」[79]。

三. 天人合一

世人在心智上對「神」的存在能有所覺知；因由於「天啓」光照，得以體悟天道天理。自三代聖王、春秋戰國諸子賢哲，西漢董仲舒，乃至宋明心學、理學諸家等，從歷史記事並經典記言，盡都能見其靈光乍現的標記及表述。

客觀的「天理」與主觀的「良知」的際遇，是宋明「理學、心學」哲人所訴求的成德目標，「天理」與「人心」的匯通聯結、其乃「天人合一」的呈現。

若此，本段所論述者乃《聖經》所啓示關乎「本體天」~天理之所由者，如何「直貫人心」~人心依歸天理 而致至「天人合一」~天人際遇、住在那位真實的上帝裡面 的路徑~再現靈覺與復原心竅功能。

1. 靈覺源起

董仲舒體悟：「人受命乎天，故超然而有以高物」[80]、「惟人萬物之靈」[81]。《聖經》啓示其所以然：

> 「耶和華神用地上的塵土造人、將生氣吹在他鼻孔裡、他就成了有靈的活人、名叫亞當」[82]。

上帝以塵土造作亞當，並賦予「生氣」意即「生命之氣」[83]。上帝賦予人「生命之氣~נשמה」、人成為有靈的活人，因此人能「覺知、感悟」上帝的心意，此即所謂的「靈覺」。其次，人的「靈~נשמה」，也恰似耶和華神的明燈，能「照亮」人心～「鑒察」人心最隱蔽處（心腹），這敏銳的鑒察自覺即是「

---

79 《春秋繁露》、〈必仁且智〉；參【清】蘇輿：《春秋繁露義證》，頁 253。
80 《春秋繁露》、〈人副天數〉；參【清】蘇輿：《春秋繁露義證》，頁 347；蘇輿引盧注日；「倚」、疑當從下文作「高物」。
81 《尚書》、〈泰誓〉；又參 成世光《太初有道》，頁 202。
82 《聖經》、〈創世記〉2:7；「生氣」希伯來文是「נשמת חיים」，「生氣」是「生命之氣」的簡化，意即以「生命」表述「氣」的本質，耶和華神把蘊含生命（חיים）的氣（נשמת、讀如倪莎瑪），吹入人的鼻息，賦予人另類生命，使人成為有靈的活人，表明人亦有神的靈，有靈覺、有悟性，而能與神的靈相通。
83 林道亮：《靈命知多少》；頁36。

良知」。

2. 靈覺受困限之情境～心地昏昧

世人在天象自然的啟示中和良心的作用下，或多或少、或強或弱總會有「舉頭三尺有神明」的感知。然而受造清明的「靈覺」漸漸迷惘，即如聖經所言「私慾的迷惑、漸漸變壞」、「思念變為虛妄、無知的心就昏暗了」[84]，靈覺在人心內已經失去了應有的正常功能，無法體悟上帝的永能和神性。世風日下，世人存著逆天悖理的心思行事，良知的功能頹敗微弱。

「靈覺」是認識神的悟性，在《聖經、新約》的「心竅」概為同義字[85]。使徒保羅給以弗所的教會的信中，記載了第一世紀中葉在小亞細亞一帶的人，其心「虛妄」，過著沒有目標、變遷無常、不切實際的「虛妄的生活」，於此、保羅指出其原由乃是「心地～$διανοία$ 昏暗」[86]，也就是說「心竅的作用」失靈，以致於和上帝不能相感應。靈覺昏昧、黑暗籠罩，一如日頭昏暗，靈覺受蔽塞失去應有作用，致至「良心喪盡」，靈覺既失勢、良知隨之頹敗。使徒保羅語重心長概述社會寫實：「末世必有危險的日子要到，因為那時人要專顧自己、貪愛錢財、自誇、狂傲、謗讟、違背父母、忘恩負義、心不聖潔、 無親情、不解怨、好說讒言、不能自約、性情兇暴、不愛良善、賣主賣友、任意妄為、自高自大、愛宴樂不愛　神；有敬虔的外貌、卻背了敬虔的實意、這等人你要躲開。那偷進人家、牢籠無知婦女的、正是這等人，這些婦女擔負罪惡、被各樣的私慾引誘，常常學習、終久不能明白真道」[87]。

3. 智慧重啟～心竅復原

對治「昏昧的心地」～「本心陷溺之久，義理（天道）浸灌未透之病」，朱子以為「且宜讀書窮理。常不間斷，則物慾之心自不能勝，而本心之義理安且固矣」[88]。又謂「所以講學，所以讀書，所以致知，所以力行，以至於習禮

---

84 《聖經》、〈羅馬書〉1:21。
85 林道亮：《靈命知多少》；頁 36；參見〈路加福音〉24:45：「耶穌開他們的心竅、使他們能明白聖經」。
86 《聖經》、〈以弗所書〉4:18；「心地」、$διανοία$ 即心竅的功能。
87 《聖經》、〈提摩太後書〉3:1-8。
88 《朱子文集》；卷三十九「答王近思、第十書」。

習樂、事親從兄，無非只是要收放心，孟子之意、亦是『為學問者無他，皆是求其放心爾』」[89]。於此、大陸學者游斌推究概言曰「展讀經書在於『求放心』。對朱子來說，讀經已經遠遠超越了單純尋求經文意義的知性活動，而且是一種以『天理』醫治、管轄『病心』的身心治療術，是對理想人格的塑造」[90]。

　　朱子用心良苦，對天心可謂體貼入微，也極盡人力期以「天理」醫治、管轄「病心」[～昏昧的「心竅」～διανοία]。然而昏昧的心地必須被啟明才能讓靈覺再發揮作用、體悟天心、明白真理。聖經啟示了上帝恩典之路恢復心竅功能：

　　「我們也知道　神的兒子已經來到、且將智慧[～διανοία]賜給我們、使我們認識那位真實的、我們也在那位真實的裡面、就是在他兒子耶穌基督裡面。這是真　神、也是永生」[91]。

　　此節經文中的「智慧」[～「διανοία」]；就是在〈以弗所書〉4:18「心竅的功能」[～「διανοία」]。上帝賦予世人釜底抽薪以對治「病心」的恩典：把「智慧[～開啟心竅的悟性、διανοία]」賜給我們，世人以信心接待神的兒子[～道成肉身、顯明那看不見的上帝的耶穌92]，於焉靈覺清明透亮，不但可以明確的認識那位真實的上帝，並得以與真實的上帝際遇聯結而有上帝屬性的生命～「在那位真實的裡面、就是在他兒子耶穌基督裡面」。心竅功能復原之後，擺脫一切「沒有目標、變遷無常、不切實際的」「虛妄的生活」。

結語

　　華夏族裔本具明晰「天」觀與「祭祀以際天」的覺知；從三代以迄兩漢，其經典古籍昭然記述其實；自魏晉以迄隋唐玄學與佛學思想蔚為思想主流；然、宋明「循天理、致良知」[～尋覓天理，依恃天心]的天性耀現；不僅在學術思想上有韓愈，

89　《語類》；卷五十九。

90　游斌：「論比較經學作為漢語基督教經學的展開途徑：以朱子之讀經法為例」；英文版發表於意大利、《額我略大學校報》（Gregorianum、V.92，4 Q、2011），頁 665-686。

91　《聖經》、〈約翰壹書〉5:20 和合本；另中文標準本譯其為：「我們也知道：神的兒子已經來了，並且把領悟的心（διανοία）賜給了我們，使我們能認識真實的那一位。我們在真實的那一位裡面，也就是在他的兒子耶穌基督裡面～這一位就是真神、就是永恆的生命」。

92　《聖經》、〈約翰福音〉1:18：「從來沒有人看見　神；只有在父懷裡的獨生子將他表明出來」。

周子、二程、朱陸，陽明、船山等學者著述立說抒發洞見，在明代為人君者在「天壇」更回復了祭天的禮儀。

　　一般華人總以為基督教是西方的宗教，「上帝」是西方人傳入中國的。佛教源自西方印度，是無神論的「空性」哲學，然而許多中國人卻認它為中原本土宗教並具象膜拜佛陀。

　　就華夏族裔固有本具的「天觀」與「祭祀」，卻為佛學義理引致其偏離於天，頗讓人懸念不解。王夫之深諳佛學，對佛學亦有其針砭，本文援引其質疑與批判，試圖以茲提供對佛學的另一面向的觀察、析辨之視角。

　　關乎世人「循天理、致良知」的本能驅策之因由，本文以「格物致知」的窮究精神，試圖本於《聖經》啟示以「溯源」～探究其「所以然」和「使之然者」。

第三部（III）「祭義」～「天人際遇」

　　從一個有趣的姓氏「祭」說起。「丑父欺晉，祭仲許宋，俱枉正以存其君…祭仲措其君於人所甚貴、以生～護守之免於死難其君，故《春秋》以為知權而賢之」[1]。祭仲、春秋鄭國的卿相，因其得宜適切之權變應對，化解宋國人之要脅，以致其君之性命得以保全，遂終成就「出忽立突」之義[2]。之所以特別提起這段董仲舒在《春秋繁露》中闡述的史實，重點不在於祭仲受《春秋》所稱許的「權變」，而意欲挑明者，乃在於其姓氏「祭」。祭氏族裔，其或源出於周公之胤：「凡、蔣、邢、茅、胙、祭，周公之胤矣」[3]。

　　此外，「祭」、亦為封國名，祭地在今河南鄭州西北，近黃河。「祭公」，當為周公分封在「祭」地之後嗣。又有「祭公謀父」者，據清雷學淇考證「周公旦之孫」；其父武公與昭王同歿於漢，「謀父」其名也，為大司馬、兼三公～《竹書紀年義證》卷21；與康王為從兄弟，為穆王祖輩，輔佐穆王並對其多所進諫。

　　其後、則如前所述，到了春秋、魯僖公年代，又有祭仲者為鄭國之卿相，其權變機智成就「出忽立突」之義，為《春秋》所稱許。

　　特別值得留意的是，「祭」這個字一般讀音與「際」同；但如前提述的文王後嗣姓氏之「祭」，其讀音則為「債」；而閩南語的「祭」的發音也正與「債」同音。套用董仲舒慣用的「聲訓」，或可謂「祭、債也」（閩南語發音更切要傳神）；申言之亦可謂「祭之為言債也歟」[4]。似乎中原華夏民族嬗遞著西周以降，覺知於冥然的一個重要信息：一份虧欠～債需要「祭」來清償。這個「債」依聖經的啟示乃是：「虧缺了上帝的榮耀」，人是按照上帝的形象受造的，但人卻如羊走迷，偏離上帝，沒有活出人應有的本然自在、榮耀尊貴。

　　《春秋繁露》所強調「祭、際也」，天人際遇的清晰路徑～「祭」。許多學者認定其純然為「宗教禮儀」，因此在其詮釋著述中，對於董仲舒論述「祭祀」篇章多「存而不論」、少有置喙，即或提及、也僅止於點到為止，輕描淡寫略作蓋述。即如，有謂「在《春秋繁露》『後一組的文章』裡，人格神之天突出；

1　《春秋繁露》、〈竹林〉；參【清】蘇輿：《春秋繁露義證》，頁56-57。
2　《春秋繁露》、〈王道〉；參【清】蘇輿：《春秋繁露義證》，頁114。
3　《左傳》、〈僖公二十四年〉。
4　借用現代華人用語發音與字詞意義的聯結，聲韻學的考據不在本論文論述的範疇。

而自然之天居於虛位。董仲舒之天似就是人格神之天」[5]，劉君在其著作《董仲舒的經學詮釋及天的哲學》中對他所謂的「後一組的文章」，即《春秋繁露》關乎「祭祀」之諸多論述避而不談。

《春秋繁露》「是以西周以來的天道為基礎」[6]；關乎「天」的諸多論述可謂是「不愆不忘、率由舊章」。「祭祀」亦本源於「舊章」；「舊章者、先聖人之故文章也」[7]；董仲舒引用詩經：「不愆不忘，率由舊章」以強調天子「郊以事天」，其為聖人典章中最重要的，前代君王多「重慄～戰慄懼也精奉之、以事上天」[8]。

「故其在禮，亦曰：『喪者不祭，唯祭天為越～越過喪而行事』夫古之畏敬天而重天郊，如此甚也」[9]。董仲舒對「依歸天道」、「與天際遇的路徑」～「祭」更是引經據典，對世人迴轉歸向上帝之路瞭然於胸、切要掌握。

「祭、際也」，董仲舒在《春秋繁露》中表述「與天對遇」～獻祭者得以會見那無以得見者（天、帝）的路徑即是祭祀。天子受命於天，以祭祀定位其原出於天和為天所命定～「天命」者；亦表明其與天連結～「天人際遇」，因此了悟天意、體貼天心，成為聖王仁君，百姓得以安居樂業，浸潤天恩。

上帝在造人之後、歡然嘆曰「甚好」。上帝理當不會鑄就「罪性」在人性裡讓它成為人類的「基因」。受造的人是因「自由意志」選擇自己作主、以一己為中心，而棄絕背離上帝，成為偏行己路的迷羊。「自由意志」是上帝賜與人類極大的恩典，但它被誤用了，上帝預備了挽回祭～「神的羔羊」[10]，讓世人得以「重生」～以自由意志「抉擇順服」上帝「絕對主權」，得以重新找到自我正確的地位～義，從而在上帝的護守中安身立命。

神子～道成肉身的天之子耶穌被釘死在十字架上成為「犧牲」，成全了以色列古代

5　劉國民：《董仲舒的經學詮釋及天的哲學》，頁298。
6　賴炎元：《春秋繁露今註今譯》，自序、頁四〇。
7　《春秋繁露》、〈郊語〉；參【清】蘇輿：《春秋繁露義證》，頁391。
8　《春秋繁露》、〈郊語〉；參【清】蘇輿：《春秋繁露義證》，頁391。
9　《春秋繁露》、〈郊祭〉；參【清】《蘇輿：《春秋繁露義證》，頁398；引《禮記、王制》。
10　「耶和華　神為亞」和他妻子用皮子作衣服、給他們穿」（《聖經》、〈創世記〉3:21）。其實在亞當和夏娃悖逆上帝之後，當下上帝就預備了救贖：用（犧牲流血的）皮子作衣服、給他們穿，預表道成肉身的耶穌在世顯現成為「上帝的羔羊」的救贖。

以以牛、羊為祭物獻祭的意義。基督在「最後的晚餐」設立了新約的「祭禮」即「聖體祭禮」[11]。基督是太初既存的道，也是本體的上帝，成為人的樣式，其神性與人性具足成就「天人合一」；凡接受基督者，也在基督內分享了上帝的生命，實現了世人夢寐以求的「天人合一」的新生活。

上帝的慈愛與公義，交集彰顯於十字架上所成就的救贖之恩；以信心支取的蒙恩者、成為神的兒女，有上帝的生命成為「新造的人」，其「行事為人就當與所蒙的恩相稱」[12]，生活中「行公義、好憐憫」，體現具實的「天人之際」。

11　信徒在聚會中，以信心領受喻表主的血和身體的的杯和餅，具實表明接受耶穌在十字架上成為無瑕疵的犧牲所成就的救贖

12　《聖經》、〈以弗所書〉4:1

Ⅲ.1《春秋繁露》～ 論「人」

「人生於天」《春秋繁露》

「善言天者、必有驗於人」《黃帝內經、素問》

「神說、我們要照著我們的形像、按著我們的樣式造人 … 神就照著自己的形像造人、乃是照著他的形像造男造女」;

「耶和華　神用地上的塵土造人、將生氣吹在他鼻孔裡、他就成了有靈的活人、名叫亞當」《聖經》

「人心比萬物都詭詐,壞到極處,誰能識透呢？」《聖經》

前言

「天有十端,十端而止已。天為一端,地為一端,陰為一端,陽為一端,火為一端,金為一端,木為一端,水為一端,土為一端,人為一端,凡十端而畢,天之數也」[13]。

董仲舒以為意欲參「天」,可以從其蘊涵的十個「端緒」來切入、探究;其十者乃為「天、地、陰、陽、火、金、木、水、土、人」;概言之即是「天地、陰陽、五行」和「人」。

蘊涵「十端」之「天」～「十端天」為現象界之外存有之「天」^{～本體、超越者、}終極存在者。統合「天地、陰、陽、火、金、木、水、土」九端之「天」,可概括稱曰其為「自然天」。本段落論述董仲舒探究「天」的「第十端」～「人」。

「天、地、陰、陽、木、火、土、金、水,九,與人而十者,天之數畢也」,蘇輿注曰:「凡物必有大本、非天不生;必有參贊、非人不成。故數始於天而畢於人」[14]。

「故數者至十而止,書者以十為終,皆取之此。聖[15]人何其貴者？起於天,

---

13 《春秋繁露》、〈官制象天〉;參【清】蘇輿:《春秋繁露義證》,頁 212。
14 《春秋繁露》、〈天地陰陽〉;參【清】蘇輿:《春秋繁露義證》,頁 459。
15 【清】蘇輿:《春秋繁露義證》,頁 460 引俞云:「聖、衍字,此明人貴於物之義,聖字衍明矣」。

至於人而畢。畢之外謂之物，物者投所貴之端，而不在其中。以此見人之超然萬物之上，而最為天下貴也」[16]。天地萬象起於天，至於人而畢；畢之外謂之物，物者投所貴之端，而不在十端中，人優越於其他受造萬物、其尊貴無與倫比而為天下最貴。人，下長萬物、上參天地，《黃帝內經、素問》：「善言天者、必有驗於人」[17]。董仲舒以為「人、天之副」，所以能生發「天人感應」，人能察驗天心、感知「天之微」。

《春秋繁露》記述許多董仲舒所蒙受的「天啟」，與《聖經》的「啟示」相當吻合，本文將之多所聯結，並就其靈光乍現、相與應和，謹就其論述有所未逮之處，以《聖經》窣意補綴之；嘗試以「創造性詮釋」，掘發引申《春秋繁露》要義。借用王國維治學的套路「取外來之觀念~《聖經》關乎「人」的啟示，與故有之材料相參證；取異族~希伯來人之故書與吾國之舊籍聯結補綴」，亟盼本章所作聯綴，亦得呼應王氏於此義之立意用心。舉例來說，董仲舒的「禾米、性善」說先連結於《左傳》「惏~婪的古字」這個字，繼之聯綴於《聖經》、〈創世記〉所記載，遠古往昔伊甸園中，在兩棵樹旁，女主角夏娃那顆面臨抉擇而十上八下、左右為難的心所體現的人性，以茲對觀、聯綴並申述董仲舒的「人性論」。

> 「人生於天」[18]。「為生不能為人[19]，為人者天也。人之為人本於天，天亦人之曾祖父也，人之所以乃上類天也」[20]。

為生者，父母、其不能為人；父母非生命之元初者，「為人者天也」、「人之為人本於天」，人的生命源自於「天」；「人之所以、乃上類天也」，董仲舒蒙受天啓、扣合於《聖經》啟示：「神說、我們要照著我們的形像、按著我們的樣式造人神就照著自己的形像造人、乃是照著他的形像造男造女」[21]。

董仲舒對人的形體結構，氣質性情觀察入微，細數人類受造：受「命」於天、超然高於萬物，能為仁義、德配於天，性情近似於天，昂然矗立、爛然有

16　《春秋繁露》、〈天地陰陽〉；參【清】蘇輿：《春秋繁露義證》，頁459-460。
17　或謂「善言天者、必有徵於人」，見《荀子》、〈性惡〉；《漢書》、〈董仲舒傳〉。
18　《春秋繁露》、〈王道通三〉；參【清】蘇輿：《春秋繁露義證》，頁322。
19　蘇輿注曰：為生者，父母。其不能為人、父母非生命之源，人乃源天而自。
20　《春秋繁露》、〈為人者天〉；參【清】蘇輿：《春秋繁露義證》，頁310。
21　《創世記》1:26-27。

文理，絕然於物外而參天地：

> 「人受命乎天也，故超然有以高物[22]…物疢疾~喻柔弱；疢～ㄔㄣˋ、熱病也、病也莫能為仁義，唯人獨能為仁義；物疢疾莫能偶~匹配天地，唯人獨能偶天地…心有哀樂喜怒，神氣之類也。觀人之禮，一何高物之甚，而類於天也。物旁折取天之陰陽以生活耳，而人乃爛然有文理。是故凡物之形，莫不伏從旁折~喻匍匐依附、曲折~~天地~~[23]而行，人獨題直立端尚~單單人類能昂然頭立端正向上；[24]，正正當之。是故所取天地少者，旁折之；所取天地多者，正當之。此見人之絕於物而參天地」[25]。

董仲舒以為，天是至上神，不僅為「百神之大君」[26]，更是人類及萬物之根源。人類皆源自創生天，雖人種不同，其間本無分殊。然於春秋之際時興「夷、夏」之別，「《春秋》謹於別尊卑，理嫌疑異同類，蓋謂嚴夷夏之防」，「《春秋》以禮野之故，別而異之，如吳魯同姓，而鍾離殊會以外之，是其例也」。蘇輿注「十指」篇，引〈閔二年〉、何注，其曰：「自天視之，則人族皆同類也」[27]。何休之智見，精準契合於《聖經》啟示：「祂從一本造出萬族的人、住在全地上、並且預先定準他們的年限、和所住的疆界，要叫他們尋求　神、或者可以揣摩而得、其實祂離我們各人不遠」[28]。萬族的人俱為神所造，遍佈全地，任何世代、任何地方，受造的人皆可尋覓創造主，在昭彰天啓下，都能感知祂，就近祂，祂並不高高在上、遠離世人。

壹、生命源起：「人～天之副」～按著上帝形象受造的人

一.人生於天

> 「人生於天，而取化於天」；「人資諸天」[29]。

22 蘇輿注「超然有以依」是根據：盧云「依」疑當從下文作「高物」二字。參【清】蘇輿：《春秋繁露義證》，頁 347。引文逕自用「高物」取代「依」字。

23 蘇輿注「天地」二字疑衍、當去。參【清】蘇輿：《春秋繁露義證》，頁 348。

24「人獨題直立端尚」、盧云：疑作「人獨頭（直）立端向」。參【清】蘇輿：《春秋繁露義證》，頁 348。

25《春秋繁露》、〈人副天數〉；參【清】蘇輿：《春秋繁露義證》，頁 347-348。

26《春秋繁露》、〈郊語〉；參【清】蘇輿：《春秋繁露義證》，頁 391。

27《春秋繁露》、〈十指〉；參【清】蘇輿：《春秋繁露義證》，頁 141。

28《聖經》、〈使徒行傳〉17:26-27。

29《春秋繁露》、〈王道通三〉；參【清】蘇輿：《春秋繁露義證》，頁 322、324。

「為生不能為人，為人者天也；人之為人本於天…天之副在乎人」[30]。

「人生於天而體天之節」[31]。

「無天而生，未之有也；天者萬物之祖，萬物非天不生」[32]。

「天地者，萬物之本，先祖之所出也」[33]。

　　董仲舒對生命的源起認知確切，再三重複申述其所受「天啟」：人生於「天」～「其為『至上神』，且係一無限之存在，就空間而言、廣大無極；就時間而言、歷年無盡。此至上神主宰一切萬有，亦是人類及宇宙萬物之最終根源」[34]。

「《春秋》記天下之得失，而見所以然之故。甚幽而明，無傳而著，不可不察也」[35]。

「故元者為萬物之本，而人之元在焉。安在乎？乃在乎天地之前」[36]。

　　「天」並非受造的「自然天」，董仲舒了悟生命之「元」在乎「天地之前」、「甚幽而明、無傳而著」的「萬物之本」～「所以然者」，祂是先存於六合之外的「本體天」、「創造主」，夐然自在、自有的「終極實在」～「上帝」：

「為生不能為人，為人者天也。人之為人本於天，天亦人之曾祖父也，此人之所以上類天也」[37]。

　　為生不能為人，為人者天也！人之為人本於天，「天亦人之曾祖父也」；「曾祖父」是在推理一個更早於祖父的生命之源起，「曾祖父」推究其無窮之「曾祖父」，則其元始非「天」者、誰歟？是以曰「天亦人之曾祖父也」。

　　董仲舒以為人的身體構造，無論是有形之軀體五官、穴道血脈，抑或是無形的情感、喜怒哀樂、心思計慮、倫理德行均都洽合於天；概曰「人、副天」：

・於其可數者「小節、大節、五臟、四肢」，其數相偶稱於「年日、歲月、五行、

30　《春秋繁露》、〈為人者天〉；參【清】蘇輿：《春秋繁露義證》，頁310、311。

31　《春秋繁露》、〈官制象天〉；參【清】蘇輿：《春秋繁露義證》，頁214。

32　《春秋繁露》、〈順命〉；參【清】蘇輿：《春秋繁露義證》，頁404。

33　《春秋繁露》、〈觀德〉；參【清】蘇輿：《春秋繁露義證》，頁263。

34　陳明恩：《詮釋與建構～董仲舒春秋學的形成與開展》，頁37；「最終根源」之稱或可類比於「終極實在」；
　　參 Karen Armstrong: The Case for God、朱怡康 譯：《為神而辯》；新北：八旗文化，2019.2，頁40。

35　《春秋繁露》、〈竹林〉；參【清】《蘇輿：《春秋繁露義證》，頁53。

36　《春秋繁露》、〈玉英〉；參【清】《蘇輿：《春秋繁露義證》，頁67。

37　《春秋繁露》、〈為人者天〉；參【清】《蘇輿：《春秋繁露義證》，頁310。

四季」、是謂副數也;

. 於其不可數者「視瞑、剛柔、哀樂、計慮、倫理」，其捭闔輪替之用，相應弅~
弅：一ㄢˇ、同合於「晝夜、冬夏、陰陽、度數、天地」，是謂副類也。

約言之，人之受造、默然為天所傅著其天性，其數偶合於天、其用相類於
天。茲引述董仲舒所見，概分為 1. 略述大要、2. 細緻數算比擬、譬喻素描：

1. 略述大要：「人有三百六十節，偶天之數也；形體骨肉，偶地之厚也。上有耳目聰明，日
   月之象也；體有空竅理脈，川谷之象也；心有哀樂喜怒，神氣之類也」[38]。

2. 細緻數算比擬、譬喻素描：「天以終歲之數，成人之身、故小節三百六十六，副日數也；
   大節十二分，副月數也；內有五藏，副五行數也；外有四肢，副四時數也；乍視乍瞑，
   副晝夜也；乍剛乍柔，副冬夏也；乍哀乍樂，副陰陽也；心有計慮，副度數也；行有倫理，
   副天地也。此皆暗膚（傅）著身，與人俱生，比而偶之…[39]弅~音掩，意同也、蓋覆也合。於其可
   數也，副數；不可數者，副類。皆當同而副天，一也」[40]。

「是故陳其有形以著其無形者，拘其可數以著其不可數者。以此言，道之亦宜以
類相應，猶其形也以數相中也」[41]。

約言之，「無形者」陳明其「能見之有形存有」而彰顯其「無形」；「無可
計數者」拘限其「無數」於「可計數者」而顯示其「無以計數」。嵌合「人身」
於「天道」，於不可數之用、其可謂以類而相副於天；於可數之形體、則可謂
其數相偶合於天。董仲舒亟盼，為「人」者，當時刻警醒感知一己之身形、與
「天」~「無形者、不可數者（、形上的、屬靈的）」之密切對應關聯，從而隨時隨在儆醒「識天
體道」而活。

二. 受造目的

「人生於天、而取化於天」[42]。

「聖人視天而行…欲合諸天」[43]。

---

38 《春秋繁露》、〈人副天數〉；參【清】《蘇輿：《春秋繁露義證》，頁347-348。
39 蘇輿注曰「案、「弅合二字前疑有脫文」；參【清】《蘇輿：《春秋繁露義證》，頁350。
40 《春秋繁露》、〈人副天數〉；參【清】蘇輿：《春秋繁露義證》，頁347-350。
41 《春秋繁露》、〈人副天數〉；參【清】蘇輿：《春秋繁露義證》，頁347-350。
42 《春秋繁露》、〈王道通三〉；參【清】《蘇輿：《春秋繁露義證》，頁322。
43 《春秋繁露》、〈天容〉；參【清】蘇輿：《春秋繁露義證》，頁326。

「察於天之意，無窮極之仁也。人之受命於天也，取仁於天而仁也」[44]。

「天之為人性命，使行仁義而羞可恥」[45]。

　　造物主既賦予受造的人以生命，世人本當「取化於天」、敬謹持守「視天而行、欲合諸天」的懿旨而活。「行仁義而羞可恥」是一己為人的基底準則；「取仁於天而仁」則是人生在世，人際相與的積極正向圭臬。

「天之生人也，使人生義與利。利以養其體，義以養其心。心不得義不能樂，體
不得利不能安。義者心之養也，利者體之養也。體莫貴於心，故養莫重於義，義
之養生人大於利」[46]。

　　董仲舒意會天心～「心不得義不能樂」。「義」的渴望是造物主鑄就於人的天性；世人當以義養心、仗義輕利以昂然屹立於天地間。

貳、人性探究

　　關於人性，儒家孟子以為人性本善、荀子則主張人性為惡；告子則以為「性無善無不善」、或「性可以為善、可以為不善」、或「有性善、有性不善」，是以告子之性乃一自然中性之性。究竟人性是善、是惡、是中性，這是個千古之爭的議題。

　　董仲舒對「人性」探究深入，其特殊處，蓋謂「禾米、性善」說。本段析述概分五段、其為：

1. 深察名號、

2.「仁貪之氣、兩在於身」、

3. 自由意志、

4.「禾米、性善」、

5. 人性對治。

---

44 《春秋繁露》、〈王道通三〉；參【清】蘇輿：《春秋繁露義證》，頁 321。

45 《春秋繁露》、〈竹林〉；參【清】蘇輿：《春秋繁露義證》，頁 59。

46 《春秋繁露》、〈身之養莫重於義〉；參【清】蘇輿：《春秋繁露義證》，頁 257。

一. 深察名號

「人受命於天，有<u>善善</u>、<u>惡惡</u>之性」[47]

「天地之所生，謂之性情。性情相與為一瞑。情亦性也」[48]。

「命者天之令也，性者生之質也，情者人之欲也」[49]。

董仲舒論「人性」，引文其所指涉者三：「性、情、性情」；人受命於天，人之「性、情」自亦為天所賦、由天命定者。董仲舒概略界定：

「性」~生之質；「情」~人之欲、情亦性也；「性情」~性情相與為一瞑。茲析述如次：

(一) 性~狹義
─────

「人受命於天， 有善善惡惡之性」[50]。

「天之為人性命，使行仁義而羞可恥」[51]。

「今善善惡惡，好榮憎辱，非人能自生，此<u>天施之在人</u>者也」[52]。

從引文可歸納出「人性」的兩項特質：

1. 「人性受命於天」～「天之為人性命」，與

2. 「人性本質乃是道德的善」～「善善惡惡，好榮憎辱，非人能自生，此天施之在人者」[53]。
   「人受命於天，有善善、惡惡之性，可養而不可改，可豫[54]而不可去，若形體之可肥臒，而不可得革也」[55]。

「天」~造物主賦予受造的人以「善善、惡惡」之本質。簡約而言，天所賦予人的善質，一則、其克濡養牽成而無以更替；再則、其或被禁於未發也無以去之。譬於軀體固有其外在表現的肥胖或瘦削（人各殊異），然其天賦的體質

---

47 《春秋繁露》、〈玉環〉；參【清】蘇輿：《春秋繁露義證》，頁 32。
48 《春秋繁露》、〈深察名號〉；參【清】蘇輿：《春秋繁露義證》，頁 290。
49 【漢】班固：《漢書》、【唐】顏師古 注、楊家駱：《新校本漢書》，頁 2501。
50 《春秋繁露》、〈玉環〉；參【清】蘇輿：《春秋繁露義證》，頁 32。
51 《春秋繁露》、〈竹林〉；參【清】蘇輿：《春秋繁露義證》，頁 59。
52 《春秋繁露》、〈竹林〉；參【清】蘇輿：《春秋繁露義證》，頁 60。
53 參酌 何儒育：《知天者》；桃園：中央大學出版社，2018.11，頁 173-174。
54 蘇輿引《禮記》、〈學記〉注曰：「禁於未發之謂豫」。
55 《春秋繁露》、〈玉杯〉；參【清】蘇輿：《春秋繁露義證》，頁 32。

（形體器質、及其功能）是人所同然而難於更易的。是則、天賦善質蓋可稱其為「狹義」的「性」；善質之「性」是質樸的本性，需要「善化」。秉此，則「源出於天、善善惡惡」之人性，理當即稱「人性本善」，但董仲舒並未就此定稱「性善」或「性惡」；只概曰「天性本於天施、善善惡惡」。又謂人有「情」，「性、情」相與而為一「瞑」（民），蓋謂，「善善、惡惡」之天性，或因「情」而「瞑」然。

（二）情

> 「是正名號者於天地，天地之所生，謂之性情。性情相與為一瞑。情亦性也。謂
> 性已善，奈其情何？故聖人莫謂性善，累其名也。身之有性情也，若天之有陰陽
> 也。言人之質而無其情，猶言天之陽而無其陰也」[56]。

「情亦性」、「情者人之欲也」，「情」是欲望，所以要節制、限制欲望，「情」與前述具「善質」之性顯然是對立的；質是「性」、「情」相與之而為一「瞑」，蓋謂、善質之性受情欲叨擾而茫然困頓迷離。若此、故聖人莫謂性善，累其名也。身之有「性、情」也，若天之有「陰、陽」也；言人之質～性而無其情，猶言天之陽而無其陰也。

（三）性~廣義

「人受命於天、有善善惡惡之性」~性之質，又「情亦性也」~性之情；顯然董仲舒所謂的「性」（廣義的）含蘊了狹義有善質之「性」和「情」~欲。「質樸之謂性，性非教化不成；人欲之謂情~情亦性也，情非度制不節」~《漢書、董仲舒傳》。約言之，董仲舒的「性情論」其為「性為質樸、情有貪慾」；約言之、意即如學者聶萌所謂「董仲舒的人性論中廣義的性包括性和情」[57]。

（四）性善與否

> 「今世闇於性，言之者不同，胡不試反～返性之名。性之名非生與？」

董仲舒以字形言性、「性從生也」，其突義蓋亦略同於古者：「性、生也」[58]。

---

56 《春秋繁露》、〈深察名號〉；參【清】蘇輿：《春秋繁露義證》，頁 290。

57 聶萌：「董仲舒人性論探微」；《董仲舒研究文庫》、第一輯，頁 333。

58 蘇輿對「性」、生也，多所引述論證：《論語》、〈公冶長〉皇疏曰「性、生也」；《禮記》、〈樂記〉鄭注曰「性之言生也」；《周禮》、〈大司徒〉「辨五土之物生」；杜子春讀「生」為「性」；《荀子》、〈勸學篇〉「性

「如其生之自然之資謂之性；性者質也」[59]。

「詰性之質於善之名，能中之與？既不能中矣，而尚謂之質善，何哉？性之名不
得離質。離質如毛，則非性已，不可不察也」[60]。

　　董仲舒以為，既謂「人生於天」，則「人性」是生成的，是「天」所賦予的
本性、本質，故其不宜單以有限的指涉「善」來框限、定稱整體天生之「性」，
恰如生長在體外的毛髮~特指其掉脫身軀之後無以界定一身整體的全然本質。

　　董仲舒似亦以「名家」，「白馬非馬」之論以「深察名號」，並以為：有所
指涉的「善性」非性；其或有詭辯之偏頗～終究其說未能對天生的人性、定論
其為善（抑或為惡）。卻也正因此而能衍生「執其兩端」的論點：「性有善質」、
卻「亦能為惡」；在邏輯推理上亦無矛盾之困限。正如其所謂「仁貪之氣、兩
在於身」者。

二. 仁貪之氣、兩在於身

「人之誠~實，有貪有仁。仁貪之氣~質、兩在於身」[61]。

　　誠、實也，氣、質也；「仁善、貪惡」善惡本質兩俱於身，非謂有善而無惡
也。換言之，人真實的本質，其為「仁、貪之氣，兩在於身」、「有貪、有仁」，
亦即如董仲舒譬諸於「天之兩有陰陽之施」：「身之名，取諸天。天兩有陰陽之
施，身亦兩有貪仁之性」[62]，析述如次：

● 人有善質

　　「人生於天」、「仁，天心」[63]，「天之副在乎人」；本此、從邏輯上推論「由
天而生」的人，本於「天心之仁」而受造，「人、天之副」，天人相應、人能體

作「生」；《史記》、〈范睢傳〉「生」作「性」；《淮南子》「生」作「性」；參蘇輿：《春秋繁露義證》，頁
284。

59 《春秋繁露》、〈深察名號〉；參【清】蘇輿：《春秋繁露義證》，頁284-285。

60 《春秋繁露》、〈深察名號〉；參【清】蘇輿：《春秋繁露義證》，頁285。

61 《春秋繁露》、〈深察名號〉；參【清】蘇輿：《春秋繁露義證》，頁286；蘇輿注之曰：誠、實也，言因
名以得其實。氣、即質也。

62 《春秋繁露》、〈深察名號〉；參【清】蘇輿：《春秋繁露義證》，頁288。

63 《春秋繁露》、〈俞序〉；參【清】蘇輿：《春秋繁露義證》，頁158。

貼「天心」，是則必然具有「仁之善性」。此概如前所述及之狹義之性、為人本然所具、須持定護守的「善質之性」。

● 受氣之惡

「栣眾惡於內，弗使得發於外者，心也。故心之為名栣也，人之受氣苟無惡者，心何栣哉？」[64]、蘇輿引《白虎通》、〈性情〉「心之為言任也、任於思也」，並引《廣雅》、〈釋親〉「心、任也」，又曰：「任、栣亦同聲字，言性固有善質，而受氣未嘗無惡，其卒能祍之者，則仍善質為之」。董仲舒以「心、任也」綰合於「栣、祍」～「禁制」之義，闡述人性有其必須受制約者～「受氣之惡」。「人之受氣苟無惡者，心何栣哉？」，董仲舒用疑問句表明人生而有「受氣之~原生的惡」；「心栣眾惡於內」，眾惡得受「心」的宰制控管而弗使得發於外；此概如前所述及：為人者、其為欲望所驅策而必須節制的「情」。

三 . 自由意志～抉擇

此外、董仲舒又以另外一個「利、義」於「身、心」之所需的面向，略述「善、惡」取決於「心」~意志的抉擇：「天之生人也，使人生義與利。利以養其體，義以養其心。心不得義不能樂，體不得利不能安。義者心之養也，利者體之養也。體莫貴於心，故養莫重於義，義之養生人大於利」[65]。「利」是體所求的，利慾薰心、於焉惡生；心冀求於「義」、則驅策向善。董仲舒分別「身、心」，凸顯了「心」的重要地位和其作用：「體莫貴於心」，心之養善於體之養；心支配體，「心之所好，體心安之」。

「凡人之性，莫不善義，然而不能義者，利敗之也。故君子終日言不及利，欲以勿言愧之而已，愧之以塞其源也」[66]。概之，或可謂「仁、貪」、「義、利」俱存，人心有把尺、或以為是、或以為非，能作判斷，人的意志（心）能作抉擇或行善（仁）或作惡（貪）。

64　《春秋繁露》、〈深察名號〉；參【清】蘇輿：《春秋繁露義證》，頁286。
65　《春秋繁露》、〈身之養重於義〉；參【清】蘇輿：《春秋繁露義證》，頁257。
66　《春秋繁露》、〈玉英〉；參【清】蘇輿：《春秋繁露義證》，頁70-71。

四 .「禾米、性善」說

董仲舒推究「性」的本真狀況：性有善質，但還不能定稱其為善、「故曰性有善質，而未能為善也」；性者，上天所賦予本然質樸；善者，則有待王教之化。本於天賦質地，以施王教之化，無其王教，則質樸不能善。

> 「孔子曰：『名不正則言不順』今謂性已善，不幾於無教而如其自然！又不順於為政為道矣。且名者性之實，實者性之質。質無教之時，何遽能善？善如米，性如禾。禾雖出米，而禾未可謂米也。性雖出善，而性未可謂善也。米與善，人之繼天而成於外也，非在天所為之內也。天所為，有所至而止。止之內謂之天，止之外謂之王教。王教在性外，而性不得不遂。故曰性有善質，而未能為善也。豈敢美辭，其實然也。天之所為，止於繭、麻與禾。以麻為布，以繭為絲，以米為飯，以性為善，此皆聖人所繼天而進也，非情性質樸之能至也，故不可謂性……性者，天質之樸也；善者，王教之化也。無其質，則王教不能化；無其王教，則質樸不能善。質而不以善性，其名不正，故不受也」[67]。

> 「或曰：性有善端，心有善質，尚安非善？應之曰：非也、繭有絲而繭非絲也，卵有雛而卵非雛也」[68]。

「性」善、惡之辯，董仲舒從「深察名號」的側面論述，他以為：人性有善質、但非性善。例如：繭有絲而繭非絲、卵有雛但卵非雛。其譬喻意謂：本性之所是本然，和其所表徵的樣貌不一（禾、米／飯；蠶繭、蠶絲；麻、布縷；雞蛋、小雞；璞、玉），其思想遞衍、在於說明：或「善」、或「惡」的行為表徵、並不是人性的本質。換言之，不能「執善」、「執惡」以定位「人性」、而稱謂其為「性善」或「性惡」，董仲舒的洞見卓著、應和天啟。

就《春秋繁露》所論人性，約言之即是人的天生之性，不僅具有成仁之質，亦含蘊致惡之情，必須透過王道（天道之仁）教化，人性方克揚善抑惡，致至成全稱善。學者聶萌作了精要綜述，值得引述，她以為「董仲舒的人性裡包含著善端，性之情通過後天的教化可以向有著善端之性靠攏，最後達成的就是聖人之善，也就是『情亦性』了，意即本性和情感互相一致深入到善，若然、則分不清其是情是性～一則完善善端，一則節制欲望，緊密成全善性」；

---

67 《春秋繁露》、〈深察名號〉；參【清】蘇輿：《春秋繁露義證》，頁 301-304。
68 《春秋繁露》、〈深察名號〉；參【清】蘇輿：《春秋繁露義證》，頁 295；「深察名號」論人性之善、惡。

「董仲舒的人性論不是性情二元論而是性情一元論」[69]。

五.人性對治：「心、任，桄、袵」

● 天子教化瞑民

「今萬民之性，有其質而未能覺，譬如瞑者待覺，教之然後善」[70]。

「民者，瞑也」；「天性不乘於教，終不能桄」[71]。

「不教之民、莫能當善；善之難當如此、而謂萬民之性皆能當之、過矣」[72]。

董仲舒以「心、任也」緝合於「桄、袵」～「禁制」之義，闡述人性有其必須受制約者，為人當責成其心、桄性以成善。

然「民者，瞑也」，意即百姓天質之樸有所蒙蔽；故「無其王教，則質樸不能善」[73]；所以為王者對瞑民當施以教化、以圖成全其天賦善質，君王身為表率引領蒼生黎民成全善質，期其不負天心、天意：「天之為人性命，使行仁義而羞可恥」、「視天而行…欲合諸天」、「人之受命於天也，取仁於天而仁也」。

● 董仲舒引頸亟盼的完人～天子～受命於天的仁君

董仲舒以為「天」能以其分身來到人世，「天」的「分身」就是「天子」：「天子受命於天」、「祐而子之，號稱『天子』」；「天」縱英明於「天子」，他「胸中達知、象神明」。有知的「天」賦予「天子」與天類同的「天」之屬性，「受命天子、得天得眾」[74]，董仲舒對「天子」之「所是」～天所立、天使之、天所予、聯接於天，可謂是冀望高遠深切：「天若不予是家，是家者安得立為天子？立為天子者，天予是家。天予是家者，天使是家。天使是家者，是家天之所予也、天之所使也。天已予之，天已使之，其家不可以接天何哉？」[75]。

69　聶萌：「董仲舒人性論探微」；《董仲舒研究文庫》、第一輯，頁334、333。

70　《春秋繁露》、〈深察名號〉；參【清】蘇輿：《春秋繁露義證》，頁290。

71　《春秋繁露》、〈深察名號〉；參【清】蘇輿：《春秋繁露義證》，頁279、289。

72　《春秋繁露》、〈深察名號〉；參【清】蘇輿：《春秋繁露義證》，頁296。

73　《春秋繁露》、〈深察名號〉；參【清】蘇輿：《春秋繁露義證》，頁304。

74　《春秋繁露》、〈奉本〉；參【清】蘇輿：《春秋繁露義證》，頁271。

75　《春秋繁露》、〈郊祀〉；參【清】蘇輿：《春秋繁露義證》，頁403；蘇輿引俞注云：「其間當作其家」。

在《春秋繁露》中，董仲舒闡述了「天子」所承當的「職分」：

其首要之務、「天本：郊祀」；「祭、際也」，透過「祭祀」以表明「天子」能與「天」確切的聯結、靈通（天子可以接天）；「天子」是職司祭祀的「祭司」。

其次、「天子」代表「上天」治理萬民，「王者、天之子」；天子以「天道」治理百姓，萬民於焉歸附；「王者、往也，天下所歸往」。「《春秋》之法，以人隨君，以君隨天。一日不可無君」；「上奉天施，而下正人」。「天子」是統領治理黎民百姓的「君王」。

其三、「天子」參透「天心」～「王參天」，洞徹天意。「春秋、大義之所本耶…援天端，布流物，貫通其理」。「天子」體會上天懿旨，踐履「天道」，是具體替「天」言道、闡述天意的「先知」。

概言之，董子洞察「天子」其從天而降的「位分」；和「天子」受命所承當的三樣「職分」：「祭司」、「君王」、「先知」。冀望人王君上、受命天子，體天識道，以仁心治政，引領全民百姓依歸天道，服膺上帝。

參、世人成為「天子」　～受命於天、視天而行

治國之人君，「受命而王」貴為「天子」；但畢竟是地上「受命之君」，無以成就董仲舒對「天子」的亟盼；然而，董仲舒卻已然具體為「真命天子」～「彌賽亞」[76] 描繪了其畫像～從天而降、受命承當「祭司」、「君王」、「先知」者。茲綰合董仲舒對「天子」的亟望於《聖經》關乎「彌賽亞」的重要啟示，略述如次：

---

[76]「彌賽亞」是神對以色列民的應許：一位「救贖主」臨到，救拔並全然統治以色列民。「彌賽亞」的本意是「受膏者」，根據《聖經》、舊約所記，擔任三種職分的人，必須受膏抹，表明其權柄來至上帝，才有資格擔負那樣神聖工作，三種代表神的受膏者是：祭司、君王、先知。「祭司」代表全民向上帝獻祭，將百姓帶到上帝面前。「君王」，表明他受託於上帝，統治全民。「先知」，將上帝的懿旨帶給全民。施洗約翰被定位為舊約最後一位先知，他在等候也在宣揚「彌賽亞」的來臨，當他看見「道成肉身」的耶穌顯現，他即刻確認，耶穌就是那要來的「彌賽亞」。祂宣告七個「我是」，一則表明祂就是本體上帝～耶和華神、一則表達祂就是「三合一」（合祭司、先知、君王於一）的彌賽亞，祂成就世人一切屬靈的需要，祂說：1. 我是世人的光，2. 我是生命的糧，3. 我是好牧人，4. 我是羊的門，5. 我是復活，我是生命，6. 我是道路，真理，生命；7. 我是真葡萄樹。

　　「彌賽亞」的希臘語為「基督」，意思也就是「受膏者」。「受膏者」或為「祭司」、或為「君王」、或為「先知」，各承當其受命的特別職分。耶穌是三合一的「彌賽亞」~基督祂成為世人的「祭司」、將人帶到上帝面前；祂是向世人全然表明上帝本體的「先知」；更是要在人心中作主掌權的「君王」，讓歸向祂的人，享受在祂完全統治下的諸般福澤。

　　耶穌的門徒約翰看見「道成肉身」的神子耶穌，就確信他是以色列民所期待的「彌賽亞」，也是世人所當順服歸依的「天子」。門徒約翰為《約翰福音》作了總結：「但記這些事、要叫你們信耶穌是基督、是 神的兒子」~約翰福音20:31。耶穌的門徒彼得和使徒保羅也都記述了他們生命中際遇耶穌的經歷，明晰具體表述了福音的核心：彼得在眾人前認信宣告說：「你是基督、是永生 神的兒子」~馬太福音16:16，

　　使徒保羅與主對遇後，極力宣揚耶穌是「神的兒子、是基督」~使徒行傳9:20、22；此外、保羅對「道成肉身」的耶穌有最深刻的認識：

　　「神的愛子耶穌、是那不能看見之　神的像、是首生的、在一切被造的以先；因為萬有都是靠他造的、無論是天上的、地上的、能看見的、不能看見的、或是有位的、主治的、執政的、掌權的、一概都是藉著他造的、又是為他造的；他在萬有之先、萬有也靠他而立」~歌羅西書1:15-17。

　　門徒約翰既已見證「耶穌是神的兒子、是基督~彌賽亞」，更亟盼世人當有所回應：「並且叫你們信了祂，就可以因祂的名得生命」~約翰福音20:31。凡接受相信道成肉身的神子~天子耶穌者即得以聯結於上帝~得到神生命（受命於天）、成為神的兒女~天之子，臻至「天人合一」之實，並能隨是隨在與神相與、視天而行。

結語

　　董仲舒冀望地上人君「天子」以仁心治國理政，並悉心教化「瞑民」以圖成全其天賦善質，君王身為表率引領蒼生黎民成全善質，期其不負天心、天意：「天之為人性命，使行仁義而羞可恥」、「視天而行…欲合諸天」、「人之受命於天也，取仁於天而仁也」。董子冀望「天子」承當「祭祀、先知、君王」職分於一身；「道成肉身」的耶穌~神的兒子，真命天子、三合一的「彌賽亞」成全了

董仲舒所亟盼。

　　睽違於神、如羊走迷的世人認信「耶穌」為彌賽亞就必得著「神的生命」，成為「神的兒女」~「天之子」;77，遂行「天心懿旨」～「受命於天、取仁於天而仁；視天而行…欲合諸天」。

77《聖經》、〈約翰福音〉1:12「凡接待他的，就是信他名的人，他就賜他們權柄做神的兒女」

Ⅲ.2 古籍經典～
「金甲古文、三禮、墨子、董子」論「祭義」

> 「夫古之畏敬天而重天郊，如此甚也。今群臣學士不探察」《春秋繁露》
> 「耶和華　神為亞當和他妻子用皮子作衣服、給他們穿」《聖經》
> 「約翰看見耶穌來到他那裡、就說、看哪、神的羔羊、除去（背負）世人罪孽的」《聖經》

前言

　　「祭」這個字一般讀音與「際」同；周文王後嗣姓氏之「祭」，其讀音則為「債」；而閩南語的「祭」的發音也正與「債」同音。套用董仲舒慣用的「聲訓」，或可謂「祭、債也」（閩南語發音更切要傳神）；申言之亦可謂「祭之為言債也歟」[78]。似乎隱然看見，中原華夏民族嬗遞著西周以降，覺知於冥然的一個重要信息：一份虧欠（債）需要「祭」來清償。這個「債」依聖經的啟示乃是：虧缺了上帝的榮耀～按照上帝的形象受造的人，卻「如羊走迷、各人偏行己路」[79]，遠離上帝，沒有活出人應有的自是本然～「榮耀、尊貴」。

> 「天欲義而惡其不義者也」；
>
> 「天子必且犓豢其牛羊犬彘，絜為粢盛酒醴，以禱祠祈福於天」；
>
> 「義果自天出也」[80]。

　　墨子洞徹體悟天其為救贖者（義從天出）、並依歸於祂的路徑（獻祭）；全然契合於聖經的啟示：道成肉身、神的兒子耶穌基督、神的羔羊～無瑕疵的牲牲，成全救贖：

> 「耶和華使我們眾人的罪孽都歸在他身上」《聖經》〈以賽亞書〉53:6。
>
> 「約翰看見耶穌來到他那裡、就說、看哪、神的羔羊、除去世人罪孽的」~約翰福音 1:29。
>
> 「他被欺壓、在受苦的時候卻不開口。他像羊羔被牽到宰殺之地、又像羊在剪毛

78　借用現代華人用語發音與字詞意義的聯結，聲韻學的考據不在本文論述的範疇。
79　《聖經》、〈以賽亞書〉53:6。
80　《墨子》、〈天志〉、下。

的　　人手下無聲、他也是這樣不開口」^{～以賽亞書53：7}。

「神子耶穌既有人的樣子，就自己卑微，存心順服以至於死，且死在十字架
上」⁸¹。

「羔有角而不任，設備而不用，類好仁者；執之不鳴，殺之不諦，類死義
者；故羊之為言猶祥與」⁸²。董仲舒對「羔羊」有敏銳的觀察，他洞徹了上帝仁
愛屬性的救贖作為，讓就近衪者得以蒙受「祥」福：：「羔有角而不任，設備而
不用，類好仁者；執之不鳴，殺之不諦，類死義者，故羊之為言猶祥歟」。

「祭、際也」，董仲舒在《春秋繁露》中表述「與天對遇」、獻祭者得以會見
那無以得見者^{～天、帝}的路徑即是祭祀。「天子」受命於天，以祭祀定位其「天人
之際」，了悟天意、體貼天心，成為聖王仁君，百姓得以安居樂業，浸潤天恩。

本文論述援引《聖經》篇章所在多有，並以之聯綴於中國古典經籍，是基
於對《聖經》啟示的體悟，在理性思考、判讀後、嘗試對中國古典經籍作「創
造性」的詮釋，刻意規避「神學、宗教」的框架、牢籠，力圖以原典為理據
論述。

壹、「金甲古文」祭祀要義～「祥」

甲骨文和金文呈現了諸多殷商初民關於祭祀刻畫。

殷商初民的「祭祀」，表明了「天地通」的事實，「祭祀」也是「天」與「人」
相際遇的具體途徑。「祭祀」為殷商王室所操持的大事，「有事皆謂祭事也」⁸³：

「郊社之禮，所以事上帝也」、

「宗廟之禮所以事乎其先也」⁸⁴；

「祭祀」的多樣，繁複與頻仍，在在體現殷商時期是一個敬「天」^{～上帝}，畏
「祖」^{～其先}的時代。據日本殷墟卜辭學者島邦男之研究，其總結以為：殷王室的

---

81 《聖經》、〈腓立比書〉、 2:8

82 《春秋繁露》、〈執贄〉；參【清】蘇輿：《春秋繁露義證》，頁414。

83 陳夢家：「古文字中之商周祭祀」《燕京學報》、第19期（1936），頁98。

84 《禮記》、〈中庸〉；參 姜義華：《禮記讀本》；台北：三民書局，2014年，頁778。

祭祀，大致可區分為「內」與「外」[85]：

1. 內祭：對先王的五祀，先妣的四祀，及「禘祀」~是有事於祖的祭祀；[86]。

2. 外祭：其祭祀的對象是：

1. 上帝~所謂「有事於上帝」的祭祀；[87]、

自然神：被神格化的 <u>自然物</u>~河、岳 和 <u>土</u>~所謂「有事於社」者。

或被以為能支配自然現象者~日、雲、風、雨、雪、星、虹；[88]、

高祖神：被神格化的 <u>殷室遠祖</u>~契/兒/夒/昭明、蔑/冥/季、王亥/振、王恆等；[89]、

先臣神：被神格化的 <u>先臣</u>~伊尹、巫咸 。

　　殷商初民的「祭祀」，表明了「天地通」的事實，「祭祀」也是「天」與「人」相際遇的具體途徑，正如《春秋繁露》所謂「祭之為言際也歟」[90]。

　　就以上的區分，可以說「祭祀」是對上帝、祖靈及神祇的一種禮敬作為之廣義混用名稱。狹義的說、若從「祭祀」的對象來看，對「上帝」或被「神格化」的自然物、自然現象的禮敬宜當用「祭」，對被「神格化」的人（先王、高祖神、先臣）的禮敬宜當用「祀」。

　　「外祭」之首要、就是天子祭祀「上帝」（有事於上帝）。祭祀「上帝」的具體作為即「祭天」，亦即是所謂的「郊祭」[91]。此外天子也「祭祀」被神化的<u>自然、自然現象</u>（神祇）；天子慎終追遠，也「祭祀」被神化的人～<u>高祖神，先臣神</u>（神明）。「內祭」、即天子對「先王」「先妣」之「祀」及「帝祀」（有事於祖）。簡言之、殷商王室的「祭祀」之首要者乃為：祭天於上帝；祀禘於先王[92]。

---

85 【日】島邦男 撰；溫天河、李壽林 譯：《殷墟卜辭研究》；台北：鼎文書局，1975.12；中譯本，頁52。
86 《爾雅》、〈釋天〉；參 徐朝華：《爾雅校注》；台北：建安出版社，2002年，頁219：「禘、大祭也」天子（或諸侯）在宗廟祭祀祖先的一種大祭，每五年舉行一次。
87 【日】島邦男 撰；溫天河、李壽林 譯：《殷墟卜辭研究》中譯本，頁186。
88 【日】島邦男 撰；溫天河、李壽林 譯：《殷墟卜辭研究》中譯本，頁228-233。
89 【日】島邦男 撰；溫天河、李壽林 譯：《殷墟卜辭研究》中譯本，頁245。
90 《春秋繁露》、〈祭義〉；參【清】蘇輿：《春秋繁露義證》，頁436。
91 「郊天之祭、郊之祭也」，大報本反始也」；《禮記》、〈郊特牲〉；姜義華：《新譯禮記讀本》，頁381。
92 對此，《禮記》、〈禮運〉節略曰「郊、禘是天子之事守也」；姜義華：《新譯禮記讀本》，頁341。

殷商卜辭學者陳夢家以為「早期龜甲與牛骨並用，康、武、文多用牛骨，罕用龜甲」，「通過對甲骨卜辭的研究證明，殷代的『帝』是『上帝』，和上下之『上』不同」，卜辭的『天』沒有作『上天』之義的」[93]。由此可知，「殷商世代所稱謂的『天』即是主宰神『上帝』」[94]。 殷墟卜辭、日本學者島邦男亦引述陳夢家的見解：「卜辭中『帝』是唯一降暵降雨的主宰…而先祖與河岳之神，也絕無降禍降雨的權能，這是『上帝』與『先祖神』『河岳神』間最緊要的分野」[95]。殷商初民所祭祀的「帝」是主宰的「上帝」，絕然不同於其所追思 祭祀~禘的「先祖神」。

在這樣梳理辨析之下，足見中國初民雖祭祀先祖，其重要的意義乃在於探索生命之源，而「禘」即是對生命的敬畏表徵。對中國初民之所以對祖先（祖靈、神明）的捻香禮讚與乞求恩福，不必然要賦予「宗教」祭拜的狹義侷限的解讀，而應當把它看成是中國人「生之追尋」的方式、是亟望理解生命源起的敬虔表現。

歸言之，日本學者島邦男表述了殷商「祭祀」分為「內」、「外」；依他研判，「上帝」有別於「其他所有受祭祀的對象」。約言之、殷商「祭祀」有「內」、「外」之分，祭祀對象不同，「祭」和「祀」的稱說有別，其大略則為：

1. 內祭（「禘祀」）：對先工（五祀，四祀）

2. 外祭（「祭祀」）：對「上帝」[96]；「山川神祇」；「神格化的高祖 / 先臣」。

關乎商周祭祀的諸多稱謂，陳夢家在「古文字中的商周祭祀」[97]一文中匯集了三十七個祭名，并分其為七類。近人沈文倬~[1917-2009、禮學宗師]，則根據甲骨卜

---

93 陳夢家：《殷墟卜辭綜述》；北京：中華書局，1988 年，頁 581。
94 【日】島邦男 撰；溫天河、李壽林 譯：《殷墟卜辭研究》中譯本，頁 216
95 【日】島邦男 撰；溫天河、李壽林 譯：《殷墟卜辭研究》中譯本，頁 191；引《燕京學報》；第 20 期、頁 526。
96 祭祀「上帝」的具體作為即「祭天」，亦即是所謂的「郊祭」或「郊天」。「郊天之祭－郊之祭也，大報本反始也」。《禮記》、〈郊特牲〉參 姜義華：《新譯禮記讀本》，頁 381。
97 《燕京學報》第十九期；引自；姜義華《禮記讀本》，「導論」、頁 2。

辭和西周彝銘極其精簡指出，「幾個主要的祭禮如『郊[98]、社[99]、禘[100]、殷[101]、蒸[102]』可以相信自殷商至春秋一直被王朝所奉行」[103]。沈氏洞察祭祀要義，掌握了商周祭祀大要、蓋分其為三類：郊天～帝、祭社～神祇，祀祖禰～禘、殷、蒸。

　　春秋後期，人們對天和對天的敬祭之信仰已經式微，「有識之士」對祭祀不再從宗教信仰（天地通、人神際遇）來肯定其必要性，而是從祭祀禮儀的社會功能來予以肯認。「地官意識對「天官」思維的抗衡成為當時的突出現象。禮樂文化中的人文主義氣息在春秋時代發展越益」[104]。一種現實性質的政治倫理的產生傾向於以人的方式而非神的方式來看待人類的社會秩序。在「去神化」而「以人為中心」的思想發展，有識之士不信占卜、不重祭祀、崇德貴民。注重自己的行為和德性，人的眼光更多轉向人本身。然而當代哲人的睿智思想對社會的安定發展，似乎並未起到應有的正向作用。原來具有的「祥」[105]德～透過羔羊的祭祀，與天和好、與人和睦、內心平靜安穩的祥瑞福澤不再，概源於周人離天人本故也。

---

98 《禮記》、〈王制〉「類（禷）乎上帝」；《禮記》、〈月令〉「大雩帝」、「雩」、求雨之祭，天子在南郊設壇祭上帝禱求其雨；又《禮記》、〈月令〉「民咸出其力以供犧牲以祭『皇天上帝』」；參姜義華、禮記讀本、上；頁 200、254、257；《禮記》、〈禮運〉「郊」、郊於天、祭帝於郊，頁 349，「天」其為「上帝」、「皇天上帝」、「昊天上帝」者也。

99 《禮記》、〈王制〉社：「宜乎社」、祭地名曰「宜」。參姜義華：《禮記讀本》、上，頁 200。

100《禮記》、〈曲禮〉、下：「君天下，曰天子…崩，曰天王崩…告喪，曰天王登假（遐）。措之廟，立之主，曰帝」，是以祭祀先王曰「禘」。先王為君天下的常人，其統天下號稱天子，其亡故（祖靈）立為「主」稱曰「帝」，後追念祭祀行禮曰「禘」。「人帝」與「昊天上帝」迥然有別、其理至明。

101殷祭：盛大的祭典。指三年一次的祖廟大祭（祫）及五年一次合祭諸祖神主的大祭（禘）。

102《禮記》、〈王制〉：「天子、諸侯宗廟之祭：春曰礿，夏曰禘，秋曰嘗，冬曰烝。」

103沈文倬：「略論禮典的實行和儀禮書本的撰作」；《文史》第十五輯。又、沈文倬（1917-2009），禮學宗師、被顧頡剛喻為今世治禮經者之第一人。

104陳來：《古代思想文化的世界～春秋時代的宗教、倫理與社會思想》；台北：允晨文化事業股份有限公司，2006 年，頁 19。「地官意識」是指世俗的政治理性和道德理性，「天官思維」即指神秘的神話思維，其中心是以神靈祭祀為核心的宗教意識。（同書 頁 21）。

105「天道曰祥…知祥則壽、知義則立、知禮則行」，《逸周書》、〈武順解〉言及的「祥、義、禮」和《國語》、卷三、〈周語〉、下、所述及的「祥、義、仁、順、正」、《國語》、卷二、〈周語〉、中、述及的三德「祥、義、仁」極相近似：均講「祥、義」之德、確實是周人的特點。更將「祥」作為一主德，與祭祀有關。總言之，祥在西周和春秋早期頗為重要，然而隨著人心離棄「天、帝」，「祥」德也就從德目消失了。參 陳來《古代思想文化的世界～春秋時代的宗教、倫理與社會思想》，頁 313-330。

貳、《禮記》、《周禮》論「祭」

> 「《詩》云：『不騫不忘，率由舊章』。舊章者，先聖人之故文章也。率由者，又循從之也 … 郊事天之義、此聖人故文章之最重者也，前世王莫不從重，栗精奉之，以事上天。天者，百神之大君也。事天不備，雖百神猶無益也」。
>
> 「《詩》云：『唯此文王，小心翼翼，昭事上帝，允懷多福』」[106]。

「宗經」、董仲舒首先挑明其立說所本所由「先聖人之故文章」，並具體表述如何把握「重中之重」的「文章」～郊事天：率由[～循從之]郊事天之義，古聖王文章之最重者～栗精奉之，以事上天[～天者，百神之大君也]。事天不備，雖百神猶無益也。

其次，「徵聖」、「唯此文王，小心翼翼，昭事上帝，允懷多福」，從歷史中借鏡於聖賢楷模。經籍中關於祭祀意義，謹就《禮記》、《周禮》、《墨子》輯要如次。

一、《禮記》闡發的祭義

> 「夫禮，先王以承天之道，以治人之情 … 是故夫禮，必本於天」[107]。
>
> 「天下之禮、致反[～返]始也」。[108]

「禮」、王者承天道，以治人之情。禮儀執守，謹乎其外，養乎其內，循乎其末，漸及其本，必本於天。人君為政必倚於禮、本於天、致極本原。其坐立行止敬謹將事、「坐如尸、立如齋」[109]，坐時狀若受祭之尸在祭祀時一般端端正正，站立則像是獻祭者在祭祀時那樣嚴肅恭敬；祭祀的敬虔隨是隨在體現在日常生活中。

《禮記》、〈祭統〉開宗明義、言簡意賅，概述「祭祀」為禮法治道之大本：「凡治人之道，莫急於禮。禮有五經，莫重於<u>祭</u>。夫祭者，非物自外至者也，

106《春秋繁露》、〈郊語〉；【清】蘇輿：《春秋繁露義證》，頁 391-392。
107《禮記》、〈禮運〉；參【清】孫希旦：《禮記集解》：北京：中華書局，1989 年，頁 585、616。
108《禮記》、〈祭義〉；參【清】孫希旦：《禮記集解》，頁 1218。
109《禮記》、〈曲禮〉；參【清】孫希旦：《禮記集解》，頁 5。

自中出生於心也；心怵而奉之以禮。是故，唯賢者能盡祭之義」[110]。又謂其為教化之所本～「是故君子之教也，必由其本，順之至也，祭其是與？故曰：祭者，教之本也已」[111]。

祭祀其所以美善在於獻祭者的基本心態是虔誠敬謹「祭祀不祈~貪求，不麾蚤~匆促躁進不樂葆~祭祀器皿大，不善嘉事~吹噓鋪張，牲不及肥大，薦不美多品」[112]。並當以「受祭對象」為本：「祭祀不祈」，祭祀不祈求私利。當行禮如儀，恰如其分；不宜偏頗，切忌以自我中心而張揚顯耀。「祭祀之美、齊齊=齋～莊重，肅敬皇皇~尊而君之」[113]。

（一）祭「天」

「萬物本乎天，人本乎祖…郊之祭也，大報本反~返始也」[114]。

「祀帝於郊、配以后稷，天子之禮也」[115]。「燔柴於泰壇、祭天也…用騂犢」。[116]

「唯聖人能饗帝」[117]。

萬物本源於天，造物主創造萬物；先祖是人之所從出，受造的人追念生命所源起始~天；經書確切記載初民瞭然於「人本乎天」並其依歸上帝之路徑，其乃郊祭於天（天子祀帝於郊、燔柴於泰壇、用騂犢為犧牲），華夏族裔清晰理會「天、人際遇」（聖王饗帝）的竅門，即如董仲舒所謂「祭、際也」。天啓昭彰明確，「郊之祭、報本返始~一切受造之所從出」，人透過祭祀以與天對遇、迴轉歸向上帝。

「郊[以]特牲~特選犧牲、而社稷[以]太牢」[118]、「燔柴於泰壇、祭天也…用騂犢」。[119]

110《禮記》、〈祭統〉；參【清】孫希旦：《禮記集解》，頁 1236。
111《禮記》、〈祭統〉；參【清】孫希旦：《禮記集解》，頁 1243 。
112《禮記》、〈禮器〉；參【清】孫希旦：《禮記集解》，頁 648。
113《禮記》、〈少儀〉；參【清】孫希旦：《禮記集解》，頁 934。
114《禮記》、〈郊特牲〉；參【清】孫希旦：《禮記集解》，頁 694。
115《禮記》、〈名堂位〉；參【清】孫希旦：《禮記集解》，頁 843。
116《禮記》、〈祭法〉；參【清】孫希旦：《禮記集解》，頁 1194。
117《禮記》、〈祭義〉；參【清】孫希旦：《禮記集解》，頁 1210。
118《禮記》、〈郊特牲〉；參【清】孫希旦：《禮記集解》，頁 670。
119《禮記》、〈祭法〉；參【清】孫希旦：《禮記集解》，頁 1194。

「帝牛必在滌三月,稷牛唯具。所以別事天神與人鬼~祖靈也」、「此所以配上帝也」[120]

鄭玄《三禮目錄》曰：郊特牲者，以其記「郊天用騂犢」之義。騂犢是特選並經悉心豢養以為祭祀之用的赤色小公牛，其為祭物而稱其為「犧牲」即繞富意涵。古代以「牛、羊」為「犧牲」，祭祀必須用「活口」之「牲」~牛＋生＝牲；祭物為活口羊或牛)；「犧」乃特選秀美之牲、以其「秀」~「義」字左下為「秀」、右下為「戈」其上為羊；合牛於義即為「犧」，取代「我」＝反戈＋戈；意表「我」的爭鬥不安、難於搞定左側之「反戈」，「我」在「羔羊」犧牲的覆蔽之下、以犧牲之「秀」~義而成我「義」~羊＋我：羔羊犧牲覆蔽下的我。郊祭於天~上帝的犧牲，必須是悉心豢養無瑕疵之「特選犧牲」，牠迥異於祭祀社稷、神祇、人鬼所用之「太牢」。相應於中國經典對「犧牲」的參透、《聖經》啟示了具體清晰的救贖之道：「道成肉身」的神子耶穌成為代罪「羔羊」，世人因信接納祂而得蒙救贖稱「義」、即如目睹耶穌的施洗約翰慨然稱曰「神的羔羊除去世人罪孽」~約 1:29。

（二）祭、祀祖靈

初民祭祀「被神格化的先祖」於「太廟、天子明堂」[121]，魯國的太廟猶如周天子的明堂~因魯國是周公之後裔所建而享有特權。天子四時常朝在宗廟舉行，大朝觀則在名堂舉行；祭祀先祖，深具教化作用，「祀乎明堂、所以教諸侯之孝也」[122]，「名堂也者、明諸侯之尊卑也」[123]。

「牧之野，武王之大事也。既事而退，柴於上帝，祈於社，設奠於牧室」[124]。周武王祭祀的對象、地點、舉措各有其所企求：柴於上帝，祈於社，設奠於牧室。其祭祀依敬祭之對象概分為：燎祭於上帝；祀~祈願於土地神祇；於牧野館舍祭奠祖靈神位。

「宗廟之禮，所以序昭穆也；… 宗廟之禮，所以祀乎其先也」[125]。

120《禮記》、〈郊特牲〉；參【清】孫希旦：《禮記集解》，頁 694。
121《禮記》、〈名堂位〉；參【清】孫希旦：《禮記集解》，頁 846。
122《禮記》、〈祭義〉；參【清】孫希旦：《禮記集解》，頁 1231。
123《禮記》、〈名堂位〉；參【清】孫希旦：《禮記集解》，頁 841。
124《禮記》、〈大傳〉；參【清】孫希旦：《禮記集解》，頁 904。
125《禮記》、〈中庸〉；參【宋】朱熹：《四書章句集注》；北京：中華書局，2018.9，頁 27。

「祭法：有虞氏禘黃帝而郊嚳，祖顓頊而宗堯。夏后氏亦禘黃帝而郊鯀，祖顓
頊而宗禹。殷人禘嚳而郊冥，祖契而宗湯。周人禘嚳而郊稷，祖文王而宗武王
」[126]。

「禘、郊、祖、宗」所提及的聖王祭祀之制，其對象概為「先祖」，其義蓋
為：禘～禘其祖之所自出；郊、祭「天」之時以始祖配祀；祖、創世者；宗、
殷代有功於祖業復興的君主，周朝則以所有繼祖者皆為宗。

茲表列自虞舜以至周代聖王祭祀先祖之不同祭祀稱謂~禘、郊、祖、宗及各朝~
虞、夏、殷、周所祭祀的對象如次：

（祭名）\ 王朝及對象	有虞（舜）	夏后（啟）	殷（商湯）	周
（禘）	黃帝	黃帝	嚳	嚳
（郊）	嚳	鯀	冥~殷契六世祖	稷
（祖）	顓頊	顓頊	契	文王
（宗）	堯	禹	湯	武王

古代聖王祀典之祭祀對象為「有功於民者」~澤被百姓而被神格化之賢德者；除了上列
先王祖靈之外，也包括 神農、後土，彼等「法施於民、以死勤事、以勞定國、
能禦定大災、能捍大患」，其偉烈恩澤、護守百姓，厥功至偉：

「夫聖王之制祭祀也：法施於民則祀之，以死勤事則祀之，以勞定國則祀之，能
御大菑~災則祀之，能捍大患則祀之」。

「是故厲山氏之有天下也，其子曰農，能殖百穀；夏之衰也，周棄繼之，故祀以
為稷。共工氏之霸九州也，其子曰後土，能平九州，故祀以為社。帝嚳能序星辰
以著眾；堯能賞均刑法以義終；舜勤眾事而野死。鯀鄣洪水而殛死，禹能修鯀之
功。黃帝正名百物以明民共財，顓頊能修之。契為司徒而民成；冥勤其官而水
死。湯以寬治民而除其虐；文王以文治，武王以武功，去民之菑。此皆有功烈於
民者也。及夫日月星辰，民所瞻仰也；山林川谷丘陵，民所取材用也。非此族
也，不在祀典」[127]。

《禮記》題述祭祀先祖的基本心態：至親至愛至孝，盡情以敬之～犧牷祭
牲，必於是取之，敬之至也：

126《禮記》、〈祭法〉；參【清】孫希旦：《禮記集解》，頁1192。
127《禮記》、〈祭法〉；參【清】孫希旦：《禮記集解》，頁1204-1205。

「君子反~返古復始，不忘其所由生也，是以致其敬，發其情，竭力從事，以報其
親，不敢弗盡也」[128]。

「古者天子、諸侯必有養獸之官，及歲時，齊戒沐浴而躬朝之。犧牷祭牲，必於
是取之，敬之至也」[129]。

(三) 祭、祀神祇、鬼神

天子、諸侯對地祇、四時、日月、星辰、天象、山川、丘林、寒暑、旱澇
等等，其祭祀之禮儀、場域概略之規範：

> 「瘞埋於泰折，祭地也；用騂犢。埋少牢於泰昭，祭時也；相近於坎壇，祭寒暑
> 也。王宮，祭日也；夜明，祭月也；幽宗，祭星也；雩宗，祭水旱也；四坎壇，
> 祭四時也。山林、川谷、丘陵，能出云為風雨，見怪物，皆曰神。有天下者，祭
> 百神。諸侯在其地則祭之，亡其地則不祭」[130]。

天子、諸侯、大夫以至庶人置立社廟、祭祀土神，其為「大社、王社、國
社、侯社、置社」：「王為群姓立社，曰大社。王自為立社，曰王社。諸侯為百
姓立社，曰國社。諸侯自立社，曰侯社。大夫以下，成群立社曰置社」[131]。

天子、諸侯、大夫、適士（天子之士和諸侯的上士）以至庶人各個不同階
級者，其所祀「司察人間細小過失」的各小神，其稱謂亦有不同；其細緻規範，
在在曉諭祭祀應敬謹將事：「司命、中霤、國門、國行、泰厲、公厲、族厲、
戶、竈」：

> 「王為群姓立七祀：曰司命，曰中溜，曰國門，曰國行，曰泰厲，曰戶，曰灶。
> 王自為立七祀。　　諸侯為國立五祀，曰司命，曰中溜，曰國門，曰國行，曰
> 公厲。諸侯自為立五祀。大夫立三祀：曰族厲，曰門，曰行。適士立二祀：曰門，
> 曰行。庶士、庶人立一祀，或立戶，或立灶」[132]。

二、《周禮》闡發的祭義

「惟王建國，辨方正位，體國經野，設官分職，以為民極。乃立天官冢

128《禮記》、〈祭義〉；參【清】孫希旦：《禮記集解》，頁1222。
129《禮記》、〈祭義〉；參【清】孫希旦：《禮記集解》，頁1194。
130《禮記》、〈祭法〉；參【清】孫希旦：《禮記集解》，頁1194。
131《禮記》、〈祭法〉；參【清】孫希旦：《禮記集解》，頁1201。
132《禮記》、〈祭法〉；參【清】孫希旦：《禮記集解》，頁1202。

宰，使帥其屬而掌邦治，以佐王均邦國」[133]。天官冢宰掌理王朝天下政務，以
輔佐王上治理天下。祭祀相關事宜，自然亦為彼等所監管之要務[134]，尤其在組
織上具足安排各職等人事，在貨財所需上齊備祭物犧牲、祭祀器物，以協力大
宗伯依時因地、謹守禮儀規範成全各式各樣、大小繁複祭祀事功。

「因民之常，而施十有二教焉：一曰以祀禮教敬、則民不苟」[135]。地官司
徒，統領部屬執掌天下教化，以輔佐王上安撫百姓。其首要任務即為「以祀禮
教敬」[136]、當以祭祀禮儀教導人民禮敬「天神、人鬼、地示」，以期「民之不
苟」；但見初民寓教化於祭祀執守之立意與用心。如前所述及，前人沈氏洞察
祭祀要義，掌握了商周祭祀大要、蓋分為：郊天（帝）、祭社（神祇），祀祖禰
（諦、殷、蒸）。

> 「大宗伯之職：掌建邦之天神、人鬼、地示~示，[137]之禮，以佐王建保邦國」。

大宗伯承擔制定王朝祭祀天神、人鬼、、地示的祭祀禮儀，用以輔佐王上
建立並安定天下。其具體的祭祀禮儀的踐履，分工縝密、各有其執司者，而祭
祀的對象與祭祀時節與稱謂，總體而言則概如下述總綱：「以吉禮事邦國之鬼
神示：以禋~音：一ㄣ；意：潔祀也 祀祀昊天上帝，以實柴祀日月星辰，以槱~音：一ㄡˊ、意：
祭祀柴火 燎祀司中、司命、風師、雨師。以血祭祭社稷、五祀、五岳，以貍沉祭
山林川澤，以副辜~類同於一己的替代品（犧牲）祭四方百物。以肆獻~無限豐沛陳設祭品 祼~音：《ㄨ
ㄢˋ、意：奠 libation 享先王，以饋食享先王，以祠春享先王，以礿夏享先王，以嘗秋
享先王，以烝冬享先王」[138]。

此外，統領部屬掌管天下政務，以輔佐王上治理天下的夏官司馬；統領
部屬執守王國禁令，以輔佐王上運用法律治理天下的秋官司寇；兩者在其職司

133《周禮》、〈天官冢宰〉；參 許嘉璐《周禮譯注》，頁 1。
134 在《周禮》、〈天官冢宰〉41 個段落提到「祭、祀」相關事宜；「祭祀」出現過 37 次、「祭」單出現過 8 次，
　　「祀」單出現過 7 次；是可見「祭祀」其為天官冢宰極為重要的執掌。
135《周禮》、〈地官司徒〉；參 許嘉璐：《周禮譯注》，頁 63。
136 在《周禮》、〈地官司徒〉中有 36 個段落提到「祭、祀」相關事宜；「祭祀」出現過 41 次、「祭」單出現
　　過 8 次，「祀」亦單出現 8 次；是可見「祭祀」亦為地官司徒極為重要的執掌。
137 示：甲骨文：丁；小篆：示〉、其他：礻、示 等等字型，在在具見「祭物」陳設於各式桌台上的獻祭象
　　形實境。
138《周禮》、〈春官宗伯〉；參 許嘉璐《周禮譯注》，頁 117-118。

內凡與祭祀有相關指涉者，必同心協力、與共成全。就技藝層面而言，百工製作器具，製作祭祀禮器、祭品、祭物當依規範專心致志，應對需要按時製作供應。

　　要言之，周朝初民，在方方面面以「祭、祀」體現其「敬天畏祖」的生活。

參、《墨子》對「祭祀」的知見

> 「故昔三代聖王禹湯文武，欲以天之為政～ᴱ於天子，明說天下之百姓，故莫不犓牛羊，豢犬彘，潔為粢盛酒醴，以祭祀上帝鬼神，而求祈福於天」[139]。

　　三代聖王禹湯文武垂範～「透過費心豢養牛羊犧牲，敬備祭品酒食，用以敬祭上帝、敬祀祖靈、神祇」，從而把上天匡正天子的作為（意即是天子在上天面前如何獲取正確地位的奧窔），清楚明確告示天下百姓。

> 「帝謂文王『順帝之則』」…「文王遂以天志為法，而順帝之則…當天之志，而不可不察也。天之志者，義之經也」[140]。

> 「義者、正也…天子必且犓豢其牛羊犬彘，絜為粢盛酒醴，以禱祠祈福於天」[141]。

　　上帝諭令文王曰「遵循上帝的法則而行」，文王遂以天志為法式，依循上帝的諭令而行政。故此，既受命為天子王者，即當謹慎體察天志，明白袘的懿旨，奉行天道，以正義為絕然執守，「義者、正也…天子必且犓豢其牛羊犬彘，絜為粢盛酒醴，以禱祠祈福於天」，意即天子透過祭祀與天際遇，蒙受天賜福祉；祭祀蘊含救贖窔義清晰體現。

肆、《春秋繁露》論「祭」～際也、見不見者

> 「已受命而王，必先祭天，乃行王事」[142]。

　　既已受天命而為王，當務之急乃隨即祭祀天帝，確立其在「天、帝」面前的地位，同時也向全民宣告其崇高地位，其後才開始處理其他政事。

139《墨子》、〈天志〉、上；參【清】孫詒讓：《定本墨子閒詁》，頁 120。
140《墨子》、〈天志〉、下；參【清】孫詒讓：《定本墨子閒詁》，頁 137。
141《墨子》、〈天志〉、下；參【清】孫詒讓：《定本墨子閒詁》，頁 130-131。
142《春秋繁露》、〈四祭〉；參【清】蘇輿：《春秋繁露義證》，頁 402。

「古者天子之禮，莫重於郊。郊常以正月上辛者，所以先百神而最居前。禮，三年喪，不祭其先，而不敢廢郊。郊重於宗廟，天尊於人也」[143]。

廷尉張湯銜命而來問「郊」事，隱退「資政」董仲舒，確知為政當以史為鑑，故特引往古天子如何看重郊祭於天之禮儀以應對君上垂詢。董仲舒強調祭天以示尊天的重要、「郊常以正月上辛者，所以先百神而最居前」，天子即便是在三年守喪期間「郊重於宗廟，天尊於人不祭其先，而不敢廢郊」。在〈郊義〉篇董仲舒也重申「郊祭」的重要性、「《春秋》之法，王者歲一祭天於郊，四祭於宗廟…郊必以正月上辛者，言以所最尊者，首一歲之事，郊祭首之，先貴之義，尊天之道也」[144]。

「《春秋》之義，國有大喪者，止宗廟之祭，而不止郊祭，不敢以父母之喪，廢事天地之禮也」。董仲舒并引《禮記》、〈王制〉曰「喪者不祭，唯祭天為越~不受限於~喪~親喪~而行事」以驗證其絕然知見「夫古之畏敬天而重天郊，如此甚也」[145]。

「人生於天」，天子郊天以報本；《公羊傳》、〈三十一年〉、「天子祭天」，蘇輿引何注「郊者、所以祭天也。天子所祭、莫重於天」以釋其要義；郊天最尊，故歲事用首。

人～「先祖之所出也」，自當「奉祭先祖」、「歲四祭於父母」：「古者歲四祭。四祭者因四時之所生、熟而~於是、從而~祭其先祖父母也；故春日祠，夏日礿，秋日嘗，冬日蒸。此言不失其時，以奉祭先祖也」[146]。

顯見「祭天於郊」和「祭於宗廟」絕然分際，其祭祀對象「天、人」迥別，尊貴輕重緩急和祭祀處所有所分殊。「春祠，夏礿，秋嘗，冬蒸」四時祭祀固然是「祭其先祖父母」有慎終追遠、民德歸厚的教化之功，更重要乃在於生命源起的探究～先祖父母；於此，董仲舒的深切體會則為：「人生於天」[147]。「為

143《春秋繁露》、〈郊事對〉；參【清】蘇輿：《春秋繁露義證》，頁408。
144《春秋繁露》、〈郊義〉；參【清】蘇輿：《春秋繁露義證》，頁396-398。
145《春秋繁露》、〈郊祭〉；參【清】蘇輿：《春秋繁露義證》，頁398。
146《春秋繁露》、〈四祭〉；參【清】蘇輿：《春秋繁露義證》，頁400。
147《春秋繁露》、〈王道通三〉；參【清】蘇輿：《春秋繁露義證》，頁322。

生 [148] 不能為人，為人者天也。人之為人本於天，天亦人之曾祖父也，人之所以乃上類天也」[149]。

一.「祭、際也」

> 「已受命而王，必先祭天，乃行王事，文王之伐崇是也。《詩》曰：『濟濟闢王，
> 左右奉璋。奉璋峨峨，髦 [150] 士攸宜』此文王之郊也」[151]。

董仲舒強調、已然受命為天子，首先要祭天，才開始致力其政事，文王伐崇就是一個例證。並引《詩經》、〈大雅、棫樸〉：「濟濟辟王、左右奉璋；奉璋峩峩、髦士攸宜」稱頌文王「以順父母幼小之心」敬虔順服之心祭天之舉。

> 「祭之為言際也與？祭然後能見不見」[152]。

「祭、際也」，董仲舒在《春秋繁露》中表述世人與天對遇、見不見者（天、帝）的路徑即是祭祀。天子受命於天，以祭祀定位其「天人之際」，了悟天意、體貼天心，成為聖王仁君，百姓得以安居樂業，浸潤天恩。

「春秋之道，奉天而法古」[153]、具體表明了董仲舒著述《春秋繁露》諸多義理中所揭櫫的重中之重。董子苦心孤詣，冀望其「今上」~漢武帝，學效聖王能成為一個「奉天法古」的領導人，顧念天下蒼生，素仁愛人、憐恤百姓成為仁君明主。

二.「祭義」闡述

董仲舒緣於尊天而推崇「郊天」，以確切表明天子與天際遇的天命授受關係；其次並推及一般祭祀「神明、祖靈與山川神祇」之禮。在《春秋繁露》中，論述「祭祀」相關篇章計有：

(1)帶「郊」字為篇名者：「郊語、第65」「郊義、第66」「四祭、第68」「郊祀、

---

148 蘇輿注曰：為生者、父母。其不能為人、父母非生命之源，人乃源天而自。
149《春秋繁露》、〈為人者天〉；參【清】蘇輿：《春秋繁露義證》，頁310。
150《詩邶風》髧彼兩髦。《傳》髦者，髮至眉，子事父母之飾。又有謂「兒生三月，翦髮爲鬌，男角女羈，
　　否則男左女右，長大猶爲飾存之，謂之髦」。引申其意蓋為：所以順父母幼小之心。
151《春秋繁露》、〈四祭〉；參【清】蘇輿：《春秋繁露義證》，頁402。
152《春秋繁露》、〈祭義〉；參【清】蘇輿：《春秋繁露義證》，頁434。
153《春秋繁露》、〈楚莊王〉；參【清】蘇輿：《春秋繁露義證》，頁13。

第 69」「郊事、第 71」、「祭義、第 76」；

(2)此外、與「祭祀」有所指涉關聯者、計有：「順命、第 70」「執贄、第 72」、「求雨、第 74」「止雨、第 75」等篇。

（一）郊祭～祭天~^{上帝}乃天子專職

「郊禮者、聖人所最甚重也」、「聖人者、見人之所不見者也」[154]

蘇輿注「郊語」於其序言曰：董據《春秋》為說，以「郊」為祭天專名，「禘」為宗廟之祭」[155]。「漢制『郊祀』最為紛雜，至成帝時，匡衡等議定郊祭，實重董言，「郊」專言事「天」，而不言天地合祭」[156]。蘇輿瞭然於董仲舒所確立「郊祭窔義」，亦正扣合於商周初民「祭天」之真諦矣[157]。

「郊祭、事天」本於舊章，其來有自，三代聖王敬謹奉行由來已久，到了秦代方嘎然而止、罔顧往聖典章制度，「今郊事天之義，此聖人故文章之最重者也，前世王莫不從重栗~^{慄、心存敬畏}精奉之，以事上天，至於秦而獨闕然廢之，一何不率由舊章之大甚也」。天者，百神之大君也。事天不備，雖百神猶無益也；不郊祭天、而祭地神者，《春秋》譏之；猶如孔子所謂：「獲罪於天、無所禱也」。「故未見秦國致天福如周國也」，秦朝國祚短暫、良有以也；周代蒙受天福乃源自文王昭事上帝所垂範式，其如《詩》云：『唯此文王，小心翼翼，昭事上帝，允懷多福』，多福者，非謂人也，事功也，謂天之所福也」。[158]

董仲舒闡述「郊祭」是天子責無旁貸的首要的任務，沒有任何理由可以怠忽這項職守：「《春秋》之義，國有大喪者，止宗廟之祭，而不止郊祭，不敢以父母之喪，廢事天地之禮也。父母之喪，至哀痛悲苦也，尚不敢廢郊也，孰足以廢郊者？故其在禮，亦曰：「喪者不祭，唯祭天為越喪而行事。」夫古之 畏敬天而重天郊，如此甚也。

154《春秋繁露》、〈郊語〉；參【清】蘇輿：《春秋繁露義證》，頁 390。
155「禘為宗廟之祭」詳見〈五行順逆篇〉，如閔公吉禘莊公，僖八年禘於太廟等是。參 蘇輿《春秋繁露義證》頁 387。
156【清】蘇輿：《春秋繁露義證》，頁 388。
157詳見本章第壹、貳段之論述。
158《春秋繁露》、〈郊語〉；參【清】蘇輿：《春秋繁露義證》，頁 392。

　　無奈西漢盛世，漢武帝時代當朝已然迷離於此，君臣不識當務之急，董仲舒竭力辯駁群臣，再三強調「天子每至歲首，必先郊祭以享天」，其日「今群臣學士不探察，日：『萬民多貧，或頗饑寒，足郊乎？』是何言之誤！天子父母事天，而子孫畜萬民。民未遍飽，無用祭天者，是猶子孫未得食，無用食父母也。言莫逆於是，是其去禮遠也。禮者、先貴而後賤，孰貴於天子？天子號天之子也[159]。奈何受為天子之號，而無天子之禮？天子不可不祭天也，無異人之不可以不食父。為人子而不事父者，天下莫能以為可。今為天之子而不事天，何以異是？是故天子每至歲首，必先郊祭以享天，乃敢為地，行子禮也；每將興師，必先郊祭以告天，乃敢征伐，行子道也。文王受天命而王天下，先郊乃敢行事，而興師伐崇」[160]。

　　天子以天為中心，以黎民蒼生為念、「不自為言，而為庶物群生言」，在郊祭於天時，以謙順語詞懇切禱求美聖皇天上帝，冀望皇天無所指責：其郊祝日：「皇皇上天，照臨下土。集地之靈，降甘風雨。庶物群生，各得其所。靡今靡古，維予一人某敬拜皇天之祐」[161]。

（二）其他「祭祀」論述～天子、王者持守

　　「水者冬，藏至陰也。宗廟祭祀之始，敬四時之祭，禘　祫 ～音：ㄒㄧㄚˊ；意：大合祭先祖親疏遠近也昭穆之序。天子祭天」[162]。

　　「古者歲四祭。四祭者因四時之所生、熟而祭其先祖父母也；故春日祠，夏日礿，秋日嘗，冬日蒸」[163]。

　　「宗廟祭祀之始者，謂冬至為宗廟祭祀之始也」；四時之祭～「祠、礿、嘗、蒸」。蘇輿以為「禘祫與四時之祭分言，知不以禘祫為四時常祀矣。禘祫並舉，知不以禘祫為一祭矣」。禘祫有二，其一於喪畢特祭之禘祫，其二為五

---

159 蘇輿洞徹「天子」真義，特引《莊子》註解：「與天為徒者，知天子之與己皆天之所子」〈人間世〉；「天之所助、謂之天子」〈庚桑楚〉。參【清】蘇輿：《春秋繁露義證》，頁 399。
160《春秋繁露》、〈郊祭〉；參【清】蘇輿：《春秋繁露義證》，頁 398。
161《春秋繁露》、〈郊祀〉；參【清】蘇輿：《春秋繁露義證》，頁 403。
162《春秋繁露》、〈五行逆順〉；參【清】蘇輿：《春秋繁露義證》，頁 370。
163《春秋繁露》、〈四祭〉；參【清】蘇輿：《春秋繁露義證》，頁 400。

年殷祭之禘祫[164]。

「禘之為言禘也、序昭穆，禘父子也；祫者、合也，毀廟之主，皆合食於太祖也」[165]。宗廟祭祀、四時之祭，乃對先祖神靈的祭祀，其奧義在於追念生命的源起。「人生於天 … 先祖之所出也」，追思先祖、終極於天，透過對祖靈的祭祀而盡人事之孝敬，天祐而子之，號稱「天子」，原出於天的天子「祭天」理所當然；「四祭於宗廟」、慎終追遠，良有以也。

四祭於宗廟

「《春秋》之法，王者…四祭於宗廟、宗廟因於四時之易」[166]。

「享鬼神者號一、曰祭。祭之散名，春曰祠，夏曰祂，秋曰嘗，冬曰蒸」[167]。

按春秋的法度，帝王每年按四時、在宗廟裡舉行對祖靈的祭祀。

「此言不失其時，以奉祭先祖也。過時不祭，則失為人子之道也。祠者，以正月始食韭也；礿者，以四月食麥也；嘗者，以七月嘗黍稷也；蒸者，以十月進初稻也。此天之經也，地之義也。孝子孝婦，緣天之時，因地之利。藝之稻麥黍稷，菜生谷熟，永思吉日，供具祭物，齊戒沐浴，潔清致敬，祀其先祖父母。孝子孝婦不使時過，已處之以愛敬，行之以恭讓，亦殆免於罪矣」[168]。

後代子孫、孝子孝婦，齊戒沐浴、潔清致敬，以愛敬自處其心，行之以恭讓，祀其先祖父母，此天之經也，地之義也。緣天之時、永思吉日、不失其時，因地之利、敬奉所種植的稻麥黍稷各樣農產品、菜生谷熟，謙恭敬謹應四時以祭祀：祠者以正月始食韭；礿者、以四月食麥；嘗者、以七月嘗黍稷；蒸者、以十月進初稻。宗廟祭祀與現實生活密切聯結以操練對天賜的虔誠感恩、於先祖的孝敬恭順、亦正所謂：「宗廟上四時之所成，受天之所賜而薦之宗廟，敬之至也」[169]。更具體的說，當仔細揣摩上天於四季恩賜的豐盛、油然而生感

---

164 蘇輿：《春秋繁露義證》，頁 370。

165 蘇輿注，參《春秋繁露義證》頁 371。 又，賴炎元則註曰「禘」、即聚集群廟的神主在太祖廟中祭祀，分「時禘、殷禘、大禘」三種；五年舉行一次者其為「殷禘」；「祫」在太廟中合祭遠祖，三年一次；參《春秋繁露今註今譯》，頁 406。

166 《春秋繁露》、〈郊義〉；參【清】蘇輿：《春秋繁露義證》，頁 396。

167 《春秋繁露》、〈深察名號〉；參【清】蘇輿：《春秋繁露義證》，頁 280。

168 《春秋繁露》、〈四祭〉；參【清】蘇輿：《春秋繁露義證》，頁 400。

169 《春秋繁露》、〈祭義〉；參【清】蘇輿：《春秋繁露義證》，頁 434。

念之心「始生故日祠，善其司也；夏約故日礿~ㄩㄝˋ，貴所受也；先成故日嘗，嘗言甘也；畢熟故日蒸，蒸言眾也。奉四時所受於天者而上之，為四祭，貴天賜，且尊宗廟也」[170]。

對祖靈的其他「祭祀」

「文公以秋祫祭 … 失於太蚤」[171]。

《公羊傳》、〈文公二年〉記載魯文公將魯僖公的神主搬到太祖廟中合祭，其舉被譏刺為「不時也」；「其不時奈何？」、日「失於太蚤」。祭祀先祖理當敬謹而適時，以受祭者為中心，不能以一己之便、權宜行事。[172]

「立明堂，宗祀先帝[173]，以祖配天，天下諸侯各以其職來祭」[174]，蘇輿其注援引蔡邕《月令論》日「名堂者、天子太廟也。所以宗祀而配上帝，明天地統萬物也」。亦正契合於《孝經》所謂「昔者宗祀文王於明堂以配上帝。是以四海之內，各以其職來祭」。約略得以看見太廟的祭祀對象雖為祖靈，其終極聯結仍為皇天、上帝。

「天地人萬物之本也…故肅慎三本，郊祀致敬，共~恭事祖禰，舉顯孝悌，表異孝行，所以奉天本也」[175]。

天地，人、萬物之本~天，故當恭敬謹慎以對。竭盡敬謹以祭「天、帝」；謙順恭敬以祀祖先宗廟；舉止言表依循孝悌之道以盡孝，執守依循若此種種以奉「天本」；董仲舒清晰表述以「天」為中心～本的思想，具體陳明倚天而行的生活。

170《春秋繁露》、〈祭義〉；參【清】蘇輿：《春秋繁露義證》，頁 435。
171《春秋繁露》、〈玉杯〉；參【清】蘇輿：《春秋繁露義證》，頁 24。
172《公羊傳》〈文公二年〉：「丁丑，作僖公主。作僖公主者何？為僖公作主也。主者曷用？虞主用桑，練主用栗。用栗者，藏主也。作僖公主，何以書？譏。何譏爾？不時也。
173蘇輿以為、《春秋》家宗文王，是先帝即文王也；參《春秋繁露義證》，頁 100。
174《春秋繁露》、〈王道〉；參【清】蘇輿：《春秋繁露義證》，頁 100-101。
175《春秋繁露》、〈立元神〉；參【清】蘇輿：《春秋繁露義證》，頁 165。

祭祀「土地山川神祇」與「封禪」

「郊天祀地，秩^{～望泰：176}山川，以時至封於泰山、禪於梁父」¹⁷⁷。

「五帝三王之治天下，不敢有君民之心…風雨時，嘉禾興、民情至樸而不文」，董仲舒敘述五帝三王治世「元氣和順、風調雨順、國泰民安」情境，並陳述聖王「天地通」、「郊天、祀地，秩山川，以時至封於泰山、禪於梁父」之治國理政樞機大要。

如前述及「郊天」是天子為政的重中之重，既已受命於天，即當祭天以表明其與天的聯結關係，確立其君王位分以統治萬民。

「祀地、秩山川」、敬祀地祇和被神格化的山川神祇。

「封於泰山」、「下禪梁父」何所為哉？《白虎通》、〈封禪〉記述曰：「王者易姓而起，必升封泰山何？報告之義也。始受命之日，改制應天，天下太平功成，封禪以告太平也；所以必於泰山何？萬物之始，交代之處也；必於其上何？因高告高，順其類也，故升封者，增高也」。「下禪梁甫之基、廣厚也；梁甫者、泰山旁山名，三王禪於梁甫之山。梁者信，甫者輔，信輔天地之道而行也」¹⁷⁸。

「周衰禮廢，桓公欲封禪、而管仲難之，以其受命非其時、考績不敢僭也。秦漢不學之士遂以為頌德記功之名，其尤者，乃以為祈年求僊之事，違古遠矣」。「董仲舒敘述封禪，列之典禮」¹⁷⁹，兩段引文俱在表述封禪原初奧義～「昭告受命、改制應天；信甫天地之道而行」已然煙滅。

司馬遷隨從董仲舒遊歷，作《封禪書》，「封禪」之舉措已相與於天子巡狩。原出立意於與「天、帝」對遇聯結的封禪祭祀，在漢武治世已然異化淪落而成為勞民傷財、誇耀顯擺的人事禮儀。

176《尚書》、〈舜典〉「望秩于山川」；「傳」曰「如其秩次望祭之」。
177《春秋繁露》、〈王道〉；參【清】蘇輿：《春秋繁露義證》，頁99。
178《白虎通》、〈封禪〉。
179蘇輿之見；《春秋繁露義證》，頁100。

（三）祭祀的基本態度～敬畏上天

董仲舒引孔子之所敬畏、「畏天命、畏大人、畏聖人之言」為祭祀準則。董子對於祭祀對象「天」和「社稷、山川神祇、宗廟祖靈」兩者分殊極其明確：

> 「祭社稷、宗廟、山川、鬼神，不以其道，無災無害」、
>
> 「至於祭天不享，其卜不從，不可不察也」。

董仲舒引《春秋》記述、挑明魯國君主僭越祭天，卻對「郊、祭天」頭等大事，等閒視之，豢養犧牲當成兒戲、無所用心：「使其牛口傷，鼷鼠食其角。或言食牛，或言食而死，或食而生，或不食而自死，或改卜而牛死，或卜而食其角」[180]。

為人當以「敬畏」存心，即如夫子之教～「畏天命、畏大人、畏聖人之言」；最重要的是「當畏天命」：「過有深淺薄厚，而災有簡甚，猶郊之變、因其災，而變應無偽[181]也。見百事之變，人[182]所不知而自然者，勝言與？以此見其可畏」。從豢養的郊祭犧牲發生的許多怪異現象之徵兆，隨即應當警覺於「天意、天譴」而自省糾錯。其次亦「當畏大人」～在位者：「專誅絕者，其唯天乎？臣殺君，子殺父，三十有余」。在上為王掌權者握有生殺大權，不得不畏懼。再次則「當畏聖人之言」，當以魯宣公變古易常，而災立至為鑒戒：「可畏者其唯天命、大人乎？亡國五十有余，皆不事畏者也。魯宣違聖人之言，變古易常，而災立至。聖人之言可不慎」[183]。

> 「故君子未嘗不食新，新天賜至，必先薦之，乃敢食之，尊天、敬宗廟之心也。尊天，美義也；敬宗廟，大禮也。聖人之所謹也。不多而欲潔清，不貪數而欲恭敬。」[184]。

上天賜與的五穀雜糧，理當敬獻於宗廟，表達尊崇上天，敬重宗廟的心

180《春秋繁露》、〈順命〉。

181「而之變應而無為」賴炎元以為句中的「之」與下「而」字當從劉師培校刪；又「為」與「偽」同。《春秋繁露、今註今譯》；即行文當如「而變應無偽也」頁445-446。

182賴炎元從劉師培，意以為「之」當校作「人」；即如行文、已改易「之」為「人」《春秋繁露今註今譯》，頁446。

183《春秋繁露》、〈順命〉；參【清】蘇輿：《春秋繁露義證》，頁407-408。

184《春秋繁露》、〈郊義〉；參【清】蘇輿：《春秋繁露義證》，頁435。

意。尊天乃天經地義之理、敬宗廟也是應該依循的禮節。聖人敬謹持守，祭品不求多但必須潔淨，祭祀次數不貪求頻繁，但務求謙恭敬謹。

關於祭祀的具體執守，董仲舒體悟深邃、論述明確：

1. 祭祀當「親力親為」、「君子之祭也，躬親之」、即如孔子所謂：「吾不與祭，如不祭。祭神如神在、重祭事，如事生」；手潔心清，誠摯懇切、「致其中心之誠，盡敬潔之道」。

2. 「祭者、察也」、祭祀當了悟祭祀真義，獻祭的人深深渴望得以迄及於與受祭祀對象~那不可聞見者的際會~善逮、「以接至尊，故鬼享之。享之如此，乃可謂之能祭，以善逮鬼神之謂也。善乃逮不可聞見者，故謂之察」。祭祀境遇其若及此，則誠然有確切的經歷~祭、察也而能有把握的說「吾以名之所享，故祭之不虛，安不[185]可察哉」。

3. 「祭、際也」、祭祀當深深體察「對遇」，見不見者的實境、「祭之為言際也、祭然後能見不見。見不見之見者，然後知天命鬼神。知天命鬼神，然後明祭之意。明祭之意，乃知重祭事」。

4. 「信之而不獨任、事之而不專恃」，祭祀者對天帝、神明心存敬畏、坦白真誠，當以受祭者為中心，信靠祂而不是要指使祂，不私心求取、盡為一己之私、「故聖人於鬼神也，畏之而不敢欺也，信之而不獨任，事之而不專恃。恃其公，報有德也；幸其不私與人福也」[186]。

「切~竊:[187]以為其當與不當，可內反~退於心而定也。堯謂舜曰『天之歷數在爾躬』。言察身以知天也。今身有子，孰不欲其有子禮也」、「郊、事天」、「天子者、則天之子」。

「《詩》曰：『有覺德行，四國順之』覺者著也，王者有明著之德行於世，則四方莫不響應，風化善於彼矣。故曰：『悅於慶賞，嚴於刑罰，疾於法令』」[188]。

董子深信，人心自有一把尺，捫心自問，天理燭照人心，則能明辨是非，分辨「其當與不當」。人子孝敬生父以盡人事，天子~天之子祭敬於天，乃天經地義。

天子~天之子，以身度天，瞭然於胸，其當「郊事於天」，敬祭昊天、「小心翼翼，昭事上帝」。屹立於「與天聯結」，其具體展現則可明徵於「有覺德行，

185「安所可察哉」蘇輿謂：「所」疑「不」之誤；即如行文改易：「安不可察哉」《春秋繁露義證》，頁436。
186《春秋繁露》、〈郊義〉；參【清】蘇輿：《春秋繁露義證》，頁435-436。
187蘇輿疑「切」當為「竊」；《春秋繁露義證》，頁393。
188《春秋繁露》、〈郊語〉；參【清】蘇輿：《春秋繁露義證》，頁392-393。

四國順之」、「明著之德行於世」，致至天下和平，災害不生，四方莫不響應，
風化善於彼矣。

（四）天子怠忽「祭祀」職守

「郊禮者，[聖][189]人所最甚重也」[190]…「今郊事天之義，此聖人故文章之最重者也，
前世王莫不從重，栗精奉之，以事上天。至於秦而獨闕然廢之，一何[其]不率
由舊章[191]之大甚也！天者，百神之大君也。事天不備，雖百神猶無益也」[192]。

關於「郊、事天之義」、「郊禮者、聖人所最甚重也」、徵諸史實、「至於
秦而獨闕然廢之」，依凌本所引《文獻通考》所言「秦始皇既并天下，三年一
郊」，於此蘇輿考諸漢代、延伸引述謂：「自秦始皇有三歲一郊之制，漢文在
位，始親郊雍時及渭陽五帝各一而已。景帝不親郊。武帝元光後常三歲一郊。
昭帝不親郊。宣帝神爵以前十三年不親郊，以後間歲一郊。元成如之。蓋西京
郊祀、若雍五時，若甘泉、太乙，皆出於方士祈福之說，而非有古人報本之
意」。蘇輿作了總結說：「故三代之禮制，至秦漢蕩然。禮之大者，莫重於郊，
漢承秦敝，廢郊禮。董生之論，其警漢深矣」～「天者，百神之大君也。事天
不備，雖百神猶無益也」[193]。

「天子者、則天之子也。以身度天，獨何為不欲其子之有子禮也。今為其天子，
而闕然無祭於天，天何必善之？所聞曰：天下和平，則災害不生。今災害生，見
天下未和平也。天下所未和平者，天子之教化不行也」[194]。

天子即是天的兒子，就人倫常理而言，為父之心總冀望其子能盡孝道禮
節；然、何竟天子卻闕然無祭於天父，「絕地天通」、天人乖離，天子之教化不
行，是以災害生，天下未和平。

「臣湯問仲舒：『天子祭天，諸侯祭土，魯何緣以祭郊？』臣仲舒對曰：『周公傅
成王，成王遂及聖，功莫大於此。周公，聖人也，有祭於天道。故成王令魯郊

---

189 蘇輿之見、當補「聖」字；見《春秋繁露義證》，頁390。
190《春秋繁露》、〈郊語〉；參【清】蘇輿：《春秋繁露義證》，頁390。
191《春秋繁露》、〈郊語〉云：「舊章：先聖人之故文章也」。蘇輿引《漢書》、〈郊祀志〉：劉向對「舊章」
的詮釋「先王法度，文王以之交神於祀」。見【清】蘇輿：《春秋繁露義證》，頁392。
192《春秋繁露》、〈郊語〉；參【清】蘇輿：《春秋繁露義證》，頁391。又[其]字係依蘇輿注本加之。
193 蘇輿：《春秋繁露義證》，頁391。
194《春秋繁露》、〈郊語〉；參【清】蘇輿：《春秋繁露義證》，頁393-395。

也』」[195]

　　周室衰微，天子當專務的「郊祭、事天」已然旁落於周公後代～諸侯國魯，顯見郊祭以「事天、逮天、察天、際天」的奧義已然生疏淡漠。

　　歷經秦火，時至漢代，君臣上下陌然無知於對封禪的真意：「王者易姓而起封於泰山、報告之義也。始受命之日，改制應天，天下太平功成，封禪以告太平也；所以必於泰山、乃因萬物之始，交代之處也；必於其上者、蓋因高告高，順其類也，故升封者，增高也」。「下禪梁父」、「下禪梁甫之基、廣厚也；梁甫者、泰山旁山名，三王禪於梁甫之山。梁者信，甫者輔，信輔天地之道而行也」：

> 「群儒既已不能辨明封禪事，又牽拘於詩書古文而不能騁。上為封禪祠器示群儒，群儒或曰「不與古同」，徐偃又曰「太常諸生行禮不如魯善」，周霸屬圖封禪事，於是上絀偃、霸，而盡罷諸儒不用[196]。

　　《史記》、《漢書》對封禪記事、記言頗為詳盡，然從上列引文記述，可以窺探其時光景，「天子」祭祀盡為其一己之私，他對封禪的意義及祭典禮儀一無所知，而當代儒生也罪無可逭。

> 「公觀魚於棠，何？惡也」…「夫處位動風化者，徒言利之名爾，猶惡之，況求利乎？故天王使人求賵求金，皆為大惡而書。今非直使人也，親自求之，是為甚惡。譏何故言觀魚？猶言觀社也，皆譏大惡之辭也」[197]。

　　魯隱公貪利而身自漁濟上以此化於國人[隱、三年]，國人上行下效、懈於義而縱於欲。又、「周天子使家父、毛伯求金於諸侯」[文、九年；198]。於此敗德之行徑《春秋》極盡譏刺、大力貶抑。猶有甚者，就《春秋》、〈魯莊王〉、二十三年～「祭叔來聘。夏，公如齊觀社」、《公羊傳》曰：「諸侯越境觀社，非禮也」；注曰「觀祭社諱淫，言觀社者，與親納幣同義」。於此、《墨子》亦有所訾議曰：「燕有祖、齊有社、宋有桑社、楚有雲夢，此男女之所屬而觀也。觀社者志不在社

195《春秋繁露》、〈郊事對〉；參【清】蘇輿：《春秋繁露義證》，頁411。
196《史記》、〈封禪書〉；參 郝志達、楊忠賢：《史記全譯本》冊二、頁377。
197《春秋繁露》、〈玉英〉；參【清】蘇輿：《春秋繁露義證》，頁70-71。
198蘇輿、引《說苑》、〈貴德〉注《春秋繁露》、〈玉英〉；參【清】蘇輿：《春秋繁露義證》，頁71

也，志在女而已」[199]。春秋戰國時代諸侯王者已然懵懂偏頗於「社」之祭義極矣，《春秋》記述「觀魚」、「觀社」皆諱彼等大惡之辭也。

> 「周衰，天子微弱，諸侯力政，大夫專國，士專邑，不能行度制法文之禮。諸侯背叛，莫修貢聘，奉獻天子。臣弒其君，子弒其父，孽殺其宗，不能統理，更相伐銼以廣地」[200]。

春秋之際，諸侯自立為人君，臣不臣、子不子，法度廢弛，各據山頭，爭相意欲王天下、「臣子強，到弒其君父。法度廢而不複用，威武絕而不複行。故鄭魯易地，晉文再致天子。齊桓會王世子，擅封邢、衛、杞，橫行中國，意欲王天下」。魯君自恃周公之胤、僭越而為，逕代天子，郊天祀地、「魯舞八佾，北祭泰山，郊天祀地，如天子之為」[201]，以此之故，弒君三十二，細惡不絕；考諸於〈王道篇〉奌義，春秋世代政情頹敗如此，實肇基於其「偏離正道、棄元忘本」，未能鑒察依恃天之所為，而以正其所為而有以致之；在「祭祀」的持守應對上可以探得其基本原由～「《春秋》立義：天了祭天地，諸侯祭社稷，諸山川不在封內不祭」[202]，原初攸關「祭祀」的基本準則規範已徹底崩壞、蕩然無以執守。

結語

「祭、際也」～「人與天對遇」；獻祭者得以會見那無以得見者～[天、帝]的路徑即是「祭祀」。受造的人是因「自由意志」選擇自己作主、以一己為中心，而棄絕、背離上帝，成為偏行己路的迷羊。「自由意志」是上帝賜與人類極大的恩典，但它被誤用了；上帝預備了挽回祭～「神的羔羊」[203]，讓世人得以「重生」～以自由意志「抉擇順服」上帝「絕對主權」而得以重新找到自我正確的

---

199 蘇輿、引《墨子》注《春秋繁露》、〈玉英〉；《春秋繁露義證》，頁71。
200《春秋繁露》、〈王道〉；參【清】蘇輿：《春秋繁露義證》，頁103。
201《春秋繁露》、〈王道〉；參【清】蘇輿：《春秋繁露義證》，頁107-108。
202《春秋繁露》、〈王道〉；參【清】蘇輿：《春秋繁露義證》，頁109。
203「耶和華　神為亞」和他妻用皮子作衣服、給他們穿」（《聖經》、〈創世記〉3:21）。其實在亞當和夏娃悖逆上帝之後，當下上帝就預備了救贖：用（犧牲流血的）皮子作衣服、給他們穿，預表道成肉身的耶穌在世顯現成為「上帝的羔羊」的救贖。神子～道成肉身的天之子耶穌被釘死在十字架上成為「犧牲」，成全了以色列古代以以牛、羊為祭物獻祭的意義。

地位~^義，從而在上帝的護守中安身立命。基督在「最後的晚餐」設立了新約的「祭禮」即「聖體祭禮」[204]。基督是太初既存的道，也是本體的上帝，成為人的樣式，其神性與人性俱足、成就「天人合一」；凡接受基督者，也得以在基督內分享了上帝的生命，從而實現世人夢寐以求的「天人際遇」以上帝為中心的新生活。

---

204 信徒在聚會中，以信心領受喻表主的血和身體的的杯和餅，具實表明接受耶穌在十字架上成為無瑕疵的犧牲所成就的救贖。

Ⅲ.3 《史記》「究天人之際」之探索～ 從「脩仁行義」視角綜覽「際天」之踐履～

司馬遷在〈報任安書〉中有謂，其撰述《史記》之目的是「究天人之際、通古今之變、立一家之言」。展讀《史記》遂生發以「究天人之際」為軸心的視角探究、論述之。

全文首論司馬遷列述史實、透過不同的人物、事蹟所表述的「天觀」，並其於「六家、六藝」古籍的相關聯屬；其次、透過其所記述諸多史實所映現斑斑血跡的悲慘世界以觀察人性困限和其表徵。再次、乃從司馬遷苦心孤詣對「仁與義」的渴求為切入點，擷取「天人之際」具實體現的記言記事。最後嘗試以《聖經》啟示、相屬聯綴於司馬遷關乎「天人之際」之論述，庶幾得以「究竟」天人之際。

壹、本體「天」的探究

司馬遷~前145~78、董仲舒~前183~115 二人同時在世時段約計三十年（其期間大略為前 145～115 年），彼等或有同朝於漢武帝時代~前160~87。

《史記》、〈禮書〉曰「天地者、生之本也；先祖者、類之本也」[205]。

《春秋繁露》、〈德觀〉亦謂「天地者，萬物之本，先祖之所出也」[206]。

董仲舒陳明「萬物與人類」均源出於「天地」。中國古典經籍屢屢「天地」並稱，乃行文之便，其意實指「天」，所謂「天地」實即指「天」；依董仲舒之見，「天」乃萬物和人類之所由生者，或可謂其為「造物主、物物者」。司馬遷有相似的表述～「天地者、生之本也」。人類生命源出於天，不同的族類則各源自其先祖。「先祖者、類之本也」。《史記》、〈三代世表〉首記「黃帝」；依司馬遷之見「黃帝」（姬姓、名軒轅、號有熊氏）是中原華夏族類的共同祖先；

205 郝志達、楊忠賢譯注：《史記》、卷 23、〈禮書〉；冊二、頁 133。
206《春秋繁露》、〈觀德〉；參【清】蘇興：《春秋繁露義證》，頁 263-264。

相傳他戰敗炎帝、被尊為各部落聯盟的首領。

　　概言之、司馬遷確信夐然自在的「天」乃一切「存有」之元初。黃帝乃華夏民族的先祖。司馬遷正本溯源，確立華夏民族歷史肇基。

> 「或曰：『天道無親、常與善人』。若伯夷、叔齊，可謂善人者非邪？積仁絜行如此而餓死！且七十子之徒，仲尼獨薦顏淵為好學。然回也屢空，糟糠不厭，而卒蚤夭。天之報施善人，其何如哉？盜蹠日殺不辜，肝人之肉，暴戾恣睢，聚黨數千人橫行天下，竟以壽終。是遵何德哉？此其尤大彰明較著者也。若至近世，操行不軌，專犯忌諱，而終身逸樂，富厚累世不絕。或擇地而蹈之，時然後出言，行不由徑，非公正不發憤，而遇禍災者，不可勝數也。余甚惑焉，儻所謂天道，是邪非邪？」[207]

　　司馬遷因常言所謂「天道無親、常與善人」，但徵諸歷史人物、事件，卻發現其實不然，因之喟嘆曰「余甚惑焉，儻所謂天道，是邪非邪？」。若是質疑，敢情其亦或為司馬遷對一己多舛命運、慘痛際遇之投射。縱然如此，在「致仁安書」中，司馬遷確切挑明其撰著《史記》的目的之首要者乃在於「究天人之際」；顯然他對「天」體悟深切，對於「人」如何與「天」對遇，更是縈繞於心、念茲在茲的成為其撰著《史記》的基底旋律。顯見司馬遷所體悟的「天道」有異於常人的信念～「天道無親、常與善人」，意即司馬遷以為世人總能與天際遇、「天」也無須按照世間常人所認定的規律、法則行事。其深切體悟可謂是十分契合於《聖經》啟示：耶和華～名為「祂是」者說：「我的意念非同你們的意念，我的道路非同你們的道路。天怎樣高過地，照樣，我的道路高過你們的道路，我的意念高過你們的意念」～〈以賽亞書〉55:8-9。「天」、夐然「自是、自在」，其「所是、所作」非世人所能盡參理會。

一.「天」～超越者

（一）其為「使之然者」

> 太史公曰：「吾適故大梁之墟，墟中人曰：『秦之破梁，引河溝而灌大梁，三月城壞，王請降，遂滅魏』。說者皆曰魏以不用信陵君故，國削弱至於亡，余以為不

---

207 郝志達、楊忠賢譯注：《史記》、卷61、〈伯夷列傳〉；冊三、頁590。

然。<u>天方令秦平海內，其業未成，魏雖得阿衡</u>~^{商賢臣伊尹}之佐，<u>曷益乎</u>？」²⁰⁸。

太史公曰：「學者多言無鬼神，然言有物~^{說得卻也活靈活現煞有介事}。至如留侯~^{張良}所見老父~^{耆老}予書，亦可怪矣。高祖離~^遇困者數矣，而留侯常有功力焉，豈可謂非天乎？」²⁰⁹。

秦軍得以破梁滅魏，時人以為是因魏王未重用信陵君，但司馬遷卻不以為然；他引述留侯張良得耆老智者賜予書卷的神怪際遇，並能多次替漢高祖紓解危難為佐證，以抒發他的信念~^{太史公曰}：「天」是歷史的主宰～「天令之」^{～天方令秦平海內}，「天」是「命定者」～「使之然者」^{～豈可謂非天乎？}。

(二)「占、卜」所倚恃的對象

占卦者所以替人「佈卦、占卜」實因當事者面臨抉擇、舉棋不定，對其前程發展惶惑不安，在困限中要尋求更高明的「超越者」指點迷津以濟渡其困限關隘，從而依循卜卦所顯示「兆祥」以定奪去路、趨吉避凶。

> 太史公曰：「蓋孔子晚而喜《易》。《易》之為術，幽明遠矣，非通人達才孰能注意焉！故周太史之卦~^{所卜}得之卦田敬仲完²¹⁰，占至十世之後；及完~^{田完}奔齊，懿仲卜之亦云。田乞及^[田]常所以比~^{接連犯}~^{弑殺}二^[齊]君，專齊國之政，非必事勢之漸然也，蓋若遵厭~^合兆祥云」²¹¹。

如引文所述，卜卦所示之「兆祥」更能遙指前程，叶謂「高瞻遠矚」能穿透時空遠及於十代之後。衡諸齊國史實發展，司馬遷以為那並不是事勢之逐漸發展所致，而是依循符合占卜之預定徵兆。從太史公所作結論來看，司馬遷深信主導歷史進程的是顯現徵兆的「那位」^{～祂、使之然者、超越者}。

(三)「龜策」^{～稽神求問決疑、推歸之至微}所面向的終極者

〈龜策列傳〉專記卜筮活動，「龜策」指「龜甲、蓍草」，《禮記》、〈曲禮〉有謂「龜為卜、策為筮」；龜策、卜筮也。人生際遇多變無常，危機困限所在

---

208 郝志達、楊忠賢譯注：《史記》、卷44、〈魏世家〉；冊三、頁279。
209 郝志達、楊忠賢譯注：《史記》、卷55、〈留侯世家〉；冊三、頁494。
210「田敬仲完」即「田完」、敬仲為其謚號；田完之後人田和、取代了齊國姜姓國君、史稱田齊。
211 郝志達、楊忠賢譯注：《史記》、卷46、〈田敬仲完世家〉；冊三、頁326。

多有，不論族類，世人在惶惑疑難間總會以不同方式尋求更高層次、超越時空的高明點撥以趨吉避凶。司馬遷就世人對「超越者」的倚恃多所著墨：

> 「蠻夷氐羌雖無君臣之序，亦有決疑之卜」；「決疑之卜。或以金石，或以草木，國不同俗。然皆可以戰伐攻擊，推兵求勝，各信其神，以知來事」[212]。

> 「或以為聖王遭事無不定，決疑無不見。其設稽神求問之道者，以為後世衰微，愚不師智，人各自安，化分為百室，道散而無垠，故推歸之至微」[213]。

> 「撹策~執持蓍草定數，灼龜觀兆，變化無窮，是以擇賢而用占焉，可謂聖人重事者乎」[214]。

（四）「日者」卜筮服膺於天

司馬遷特為「日者」專記列傳~卷一百二十七、〈日者列傳〉。所謂「日者」即古代占候卜筮者。「自古受命而王，王者之興何嘗不以卜筮決於天命哉！其於周尤甚，及秦可見。代王~漢文帝、劉恆之入，任~倚恃於卜者。太卜之起，由漢興而有」[215]。古者受命為王乃透過卜筮而倚恃於天命之定奪、服膺於天。占卜者素樸直截、無所偏私地表述「高層」天意、天心，恰如君子「述而不作」：「述而不作，君子義也。今夫卜者，必法天地，象四時，順於仁義，分策定卦，旋式~旋轉栻盤、以占卜正棋~排比筮策、以作卦，然後言天地之利害，事之成敗。昔先王之定國家，必先龜策日月，而後乃敢代~代天治理；正時日，乃后入家~定都治理；產子必先占吉凶，后乃有之。自伏羲作八卦，周文王演三百八十四爻而天下治。越王句踐放文王八卦以破敵國，霸天下。由是言之，卜筮有何負~憂慮哉」[216]。

二．天、其有意~天命之（天命定、主宰歷史）

（一）太史公確信王朝天命

司馬遷確信漢高祖建立帝祚，孝文帝承繼王位都是「天命」所立：

---

212 郝志達、楊忠賢譯注：《史記》、卷 128、〈龜策列傳〉；冊五、頁 560。
213 郝志達、楊忠賢譯注：《史記》、卷 128、〈龜策列傳〉；冊五、頁 561。
214 郝志達、楊忠賢譯注：《史記》、卷 128、〈龜策列傳〉；冊五、頁 562。
215 郝志達、楊忠賢譯注：《史記》、卷 127、〈日者列傳〉；冊五、頁 541。
216 郝志達、楊忠賢譯注：《史記》、卷 127、〈日者列傳〉；冊五、頁 549。

「太史公讀秦楚之際，曰：『初作難，發於陳涉；虐戾滅秦，自項氏；[漢高祖]撥亂誅暴，平定海內，卒踐帝祚，成於漢家。五年之閒，號令 三嬗 ~變遷、更替：三即稱陳涉、項氏、漢高祖。自生民以來，未始有受命若斯之亟』[217]。

「[高祖]故憤發其所為天下雄，安在無土不王。此乃傳之所謂大聖乎？豈非天哉，豈非天哉！非大聖孰能當此受命而帝者乎？」[218]。

「高后崩，合葬長陵。[呂]祿、[呂]產等懼誅，謀作亂。大臣征之，天誘 ~導其統，卒滅呂氏。唯獨置孝惠皇后居北宮。迎立代王，是為孝文帝，奉漢宗廟。此豈非天邪？非天命孰能當之？」[219]。

（二）留侯張良確信王朝天命

張良原擬追隨景駒，在道途中遇見劉邦轉而歸附了他，張良講述兵法，頗為劉邦所賞識，張良直覺聲稱「沛公殆天授」，從此就隨從之劉邦：

「後十年，陳涉等起兵，良亦聚少年百餘人。景駒自立為楚假王，在留。良欲往從之，道還沛公。沛公將數千人，略地下邳西，遂屬焉。沛公拜良為廄將。良數以太公兵法說沛公，沛公善之，常用其策。良為他人者，皆不省。良曰：「沛公殆天授」故遂從之，不去見景駒」[220]。

劉邦立國後，論功行賞，對張良讚譽有加並擬賞賜以優厚：「漢~高祖六年~前201正月，封功臣。良未嘗有戰鬥功，高帝曰：『運籌策帷帳中，決勝千里外，子房功也。自擇齊三萬戶』」；張良推崇上天的作為、以為自己只是上天給君上的賞賜，並敬謝謙辭而曰：「始臣起下邳，與上會留，此天以臣授陛下。陛下用臣計，幸而時中，臣願封留足矣，不敢當三萬戶」；其後「乃封張良為留侯、與蕭何等俱封」[221]。

（三）天子、天命、福瑞、封禪

太史公曰：「漢興以來，至明天子，獲符瑞，封禪，改正朔，易服色，受命於穆清~天」[222]。

---

217 郝志達、楊忠賢譯注：《史記》、卷16、〈月表、秦楚之際〉；冊一、頁599。
218 郝志達、楊忠賢譯注：《史記》、卷16、〈月表、秦楚之際〉；冊一、頁600。
219 郝志達、楊忠賢譯注：《史記》、卷49、〈外戚世家〉；冊三、頁402。
220 郝志達、楊忠賢譯注：《史記》、卷55、〈留侯世家〉；冊三、頁478。
221 郝志達、楊忠賢譯注：《史記》、卷55、〈留侯世家〉；冊三、頁486。
222 郝志達、楊忠賢譯注：《史記》、卷130、〈太史公自序〉；冊五、頁661。

　　司馬遷對漢代從高祖以迄武帝當朝為天子，勾勒其重要朝代更迭大事～「獲見符記祥瑞、封禪祭祀天地、改訂新朝正朔、更易朝服色系」，並確信這一切都源出於「天命」。

（四）命數、命定

> 「冉耕字伯牛。孔子以為有德行。伯牛有惡疾，孔子往問之，自牖執其手，曰：『命也夫！斯人也而有斯疾，命也夫！』」[223]。

　　「死生有命」、孔子豁達看待「病、死」，氣數由命～賞賜生命氣息的創造主。孔子所見契合《聖經》所啟示：「創造宇宙和其中萬物的神，既是天地的主，就不住人手所造的殿，也不用人手服侍，好像缺少什麼，自己倒將生命、氣息、萬物賜給萬人。 他從一本 造出萬族的人，住在全地上，並且預先定準他們的年限和所住的疆界， 要叫他們尋求神，或者可以揣摩而得；其實他離我們各人不遠。 我們生活、動作、存留，都在乎他」~使徒行傳、17:24～28。

> 「周~公伯寮訴~愬、進讒言、背後說人壞話子路於季孫。
>
> 子服景伯以告孔子、曰：『夫子~指季孫固有惑志；繚~即指周（公伯寮）也，吾~子服景伯力猶能肆~殺而陳屍諸市朝』。
>
> 孔子曰：『道之將行、命也；道之將廢、命也。公伯寮其如命何！』」[224]。

　　人際間愛恨情仇、錯綜複雜！這是攸關子路的一段敘事，孔子作了超然的論斷：話說周（公伯寮）在當政者季孫面前進讒言～背後說子路（季孫的屬下）的壞話。季孫對子路本有疑心，聽了公伯寮讒言，難免將有禍患及身。

　　子服景伯向孔子彙報了這件事，並自詡說他有能力讓進讒言的公伯寮死的很慘～死後陳屍市井；如此這般、也算是能替孔子弟子子路討回公道。於此孔子理當心存感激其「見義勇為」。不意孔子卻淡然以對：「道之將行、命也；道之將廢、命也。公伯寮其如命何！」。孔子篤定確信，人生步履由天命定、不由世人自主沈浮，即如《聖經》所謂「籤放在懷裡，定事由耶和華」~箴言 16:33。

---

223 郝志達、楊忠賢譯注：《史記》、卷67、〈仲尼弟子列傳〉；冊三、頁665。

224 郝志達、楊忠賢譯注：《史記》、卷67、〈仲尼弟子列傳〉；冊三、頁693。

三.天、其有知^{～明鑑世情、糾察錯謬}

　　周公死後，周天下蒙受天災，舉國恐慌。周成王與大夫朝服以開金縢書，才發現一樁歷史真相：周公曾立願要以己身替代武王受死。周成王體察「天威」並深自內省，祭祀上天，於是災變停息，年成豐收。其後魯君享有特權、破格蒙允得以祭祀文王，得享用天子禮樂：

> 「周公卒後，秋未穫，暴風雷雨，禾盡偃，大木盡拔。周國大恐。成王與大夫朝服以開金縢書，王乃得周公所自以為功代武王之說。二公^{～太公、召公}及王乃問史百執事，史百執事曰：「信有、昔周公命我勿敢言」。成王執書以泣，曰：「自今後其無繆卜乎^{～無須再篤占卜}！昔周公勤勞王家，惟予幼人弗及知。今天動威以彰周公之德，惟朕小子其迎，我國家禮亦宜之」。王出郊，天乃雨，反風，禾盡起。二公命國人，凡大木所偃，盡起而築之。歲則大孰。於是成王乃命魯得郊祭文王。魯有天子禮樂者，以褒周公之德也」[225]。

四.天、其有情

　　「諸宿將所將士馬兵亦不如驃騎，驃騎所將常選，然亦敢深入，常與壯騎先其大軍，軍亦有<u>天幸</u>，未嘗困絕也」[226]。兵凶戰危，驃騎先其大軍出死入生，危殆倍至，恃賴<u>天幸</u>，而未嘗困絕。司馬遷記述衛青、霍去病蒙天澤履險而免於難。

> 「荊軻遂見太子，言田光已死，致^{～轉述}光之言。太子再拜而跪，膝行流涕，有頃而後言曰：『丹所以誡田先生毋言者，欲以成大事之謀也。今田先生以死明不言，豈丹之心哉！』荊軻坐定，太子避席頓首曰：『田先生不知丹之不肖，使得至前，敢有所道，此<u>天之所以哀燕而不棄其孤也</u>』」[227]。

　　「荊軻刺秦王」是家喻戶曉的經典之作。荊軻告知燕太子田光自刎而死以表其志節，燕公子哀戚不能自已。太子對荊軻表述能夠得到節俠助一臂之力，冒死難前刺秦王，實亦「<u>天之所以哀燕而不棄其孤也</u>」。在司馬遷筆下，諸多記事但見「天」的作為，具體明確顯現他對「<u>究天人之際</u>」苦心孤詣的用心。

---

225 郝志達、楊忠賢譯注：《史記》、卷33、〈魯周公世家〉；冊二、頁518。
226 郝志達、楊忠賢譯注：《史記》、卷111、〈衛將軍驃騎列傳〉；冊五、頁187。
227 郝志達、楊忠賢譯注：《史記》、卷86、〈刺客列傳〉；冊四、頁379。

貳、《史記》著述「宗經、徵聖」

　　司馬遷在〈太史公自序〉概言其撰述《史記》之依託、首在其「宗經」之旨趣與路徑～「厥協六經異傳，整齊百家雜語」[228]。在〈伯夷列傳〉亦強調「夫學者載籍極博、猶考信於六藝」[229]。清人、劉熙載於《史記》之兼容並蓄亦有云「太史公文，兼括六藝百家之旨」[230]。顯見司馬遷著作之所本～「六經、六藝」；綜觀其窔義乃在於「尊天為大」～「共嚴天威」、「敬畏天命」～「惟命不于常」。其次司馬遷潛心於「徵聖」，格外推崇孔子「倚天恃命」之風範：「余讀孔氏書，想見其為人…孔子布衣，傳十餘世，學者宗之。自天子王侯，中國言六藝者折中於夫子，可謂至聖矣」。

一．宗經～唯天為大

（一）法治～甫刑的基礎：共嚴天威～敬畏、倚恃於天

　　司馬遷引述《尚書》、〈呂刑〉的訂定過程，強調政務治理得依據嚴明公正的法治；刑法的崇高法源乃是「天威」，在自由心證、拿捏量刑時，「共嚴天威」是終極澄明、無可差池的最高規範、根本原則。

　　「諸侯有不睦者，甫侯 言於 [周穆] 王，作修刑辟～法度、法律。

　　王曰：『吁、來！[爾等諸侯、封臣] 有國有土，告汝祥刑。在今爾安百姓，何擇、非其人 [歟] ～要選取怎樣的人以安百姓？難道不是要啟用賢德者乎？，何敬～所當嚴肅對待者、非其刑 [歟] ，何居～處理各樣事務、非其宜～法治得當 [歟] ？兩造具備，師聽五辭。五辭簡信，正於五刑。五刑不簡，正於五罰。五罰不服，正於五過。

　　[鑑於] 五過之疵～因於主觀判斷而發生弊端，官獄～倚仗官勢定讞內獄～透過宮內人情請託，[則需] 閱實其罪，惟鈞其過。五刑之疑有赦，五罰之疑有赦，其審克～徹底審核之。簡信～核實確鑿有眾，惟訊有稽。無簡不疑～「無罪推定」的原則，共嚴天威…。命曰〈甫刑〉～即《尚書》、〈呂刑〉；甫侯即呂侯」[231]。

---

228 郝志達、楊忠賢譯注：《史記》、卷130、〈太史公自序〉；冊五、頁702。

229 郝志達、楊忠賢譯注：《史記》、卷61、〈伯夷列傳〉；冊三、頁587。

230 郝志達、楊忠賢譯注：《史記》、冊四、頁327

231 郝志達、楊忠賢譯注：《史記》、卷4、〈周本紀〉；冊一、頁100。

（二）援引《周書》尊崇「天、命」以為鑒戒

　　秦昭王三十二年~^{前275年}，魏~^梁大夫須賈，成功遊說秦昭王之相國穰侯，撤離圍攻大梁秦軍。司馬遷刻意記述其中須賈援引《周書》「惟命不于常」，蓋在於挑明須賈所以能成功完成遊說使命的關鍵，乃因於他能觸動穰侯尊崇「天、命」：

> 「《周書》曰『惟命不于常』，此言幸之不可數也。夫戰勝暴子，割八縣，此非兵力之精也，又非計之工也，天幸為多矣。今~^{現下秦國}又走~^{打敗}芒卯，入北宅，以攻大梁，是以天幸自為常也，智者不然」²³²。

二．「徵聖」～推崇孔子「倚天恃命」之風範

　　《史記》卷47、〈孔子世家〉，司馬遷記述至聖孔子事蹟連篇累牘、但見其「徵聖」於孔之周全細緻，本段擷取其要概述如次：

> 「故孔子不仕，退而脩詩書禮樂，弟子彌眾，至自遠方，莫不受業焉」²³³。

> 「將適陳，過匡，顏刻為僕，以其策指之曰：『昔吾入此，由彼缺也』。匡人聞之，以為魯之陽虎。陽虎嘗暴匡人，匡人於是遂止孔子。孔子狀類陽虎，拘焉五日，顏淵後，子曰：『吾以汝為死矣』；顏淵曰：『子在、回何敢死！』。

> 「匡人拘孔子益急，弟子懼。孔子曰：『文王既沒，文不在茲乎？天之將喪斯文也，後死者不得與于斯文也。天之未喪斯文也，匡人其如予何』」²³⁴。

> 「孔子去曹適宋，與弟子習禮大樹下。宋司馬桓魋欲殺孔子，拔其樹。孔子去。弟子曰：『可以速矣』。孔子曰：『天生德於予，桓魋其如予何！』」²³⁵。

> 「過蒲，會公叔氏以蒲畔，蒲人止孔子。弟子有公良孺者，以私車五乘從孔子。其為人長賢，有勇力，謂曰：『吾昔從夫子遇難於匡，今又遇難於此，命也已。吾與夫子再罹難，寧鬥而死』。鬥甚疾。蒲人懼，謂孔子曰：『苟毋適衛，吾出子』，與之盟，出孔子東門。孔子遂適衛。子貢曰：『盟可負耶？』，孔子曰：『要~^{脅迫}盟也、神不聽』。²³⁶

> 「孔子既不得用於衛，將西見趙簡子。至於河而聞竇鳴犢、舜華之死也，臨河而

232 郝志達、楊忠賢譯注：《史記》、卷72、〈穰侯列傳〉；冊四、頁116。
233 郝志達、楊忠賢譯注：《史記》、卷47、〈孔子世家〉；冊三、頁336。
234 郝志達、楊忠賢譯注：《史記》、卷47、〈孔子世家〉；冊四、頁344。
235 郝志達、楊忠賢譯注：《史記》、卷47、〈孔子世家〉；冊四、頁346。
236 郝志達、楊忠賢譯注：《史記》、卷47、〈孔子世家〉；冊四、頁348。

嘆曰：『美哉水，洋洋乎！丘之不濟此，<u>命也夫</u>』；子貢趨而進曰：『敢問何謂也？』孔子曰：『<u>竇鳴犢</u>，<u>舜華</u>，晉國之賢大夫也。趙簡子未得志之時，須此兩人而后從政；及其已得志，殺之乃從政。丘聞之也：刳胎殺夭，則麒麟不至郊；竭澤涸漁，則蛟龍不合陰陽；覆巢毀卵，則鳳皇不翔。何則？君子諱傷其類也。夫鳥獸之於不義也尚知辟之，而況乎丘哉！』，乃還息乎陬鄉，作為〈陬操〉以哀之。而反乎衛，入主蓮伯玉家」[237]。

「他日，靈公問兵陳。孔子曰：『<u>俎豆</u>之事則嘗聞之，軍旅之事未之學也』；明日，與孔子語，見蜚鴈，仰視之，色不在孔子。孔子遂行，復如陳」[238]。

「古者詩三千餘篇，及至孔子，去其重，取可施於禮義，上采契后稷，中述殷周之盛，至幽厲之缺，始於衽席，故曰『關雎之亂以為風始，鹿鳴為小雅始，文王為大雅始，清廟為頌始』。三百五篇孔子皆弦歌之，以求合韶武雅頌之音。禮樂自此可得而述，以<u>備王道，成六藝</u>」[239]。

「孔子語魯大師：『樂其可知也。始作翕如，縱之純如，皦如，繹如也，以成』；『吾自衛反魯，然後樂正，雅頌各得其所』」[240]。

「孔子晚而喜易，序象、繫、象、說卦、文言。讀易，韋編三絕、曰：『假我數年，若是，我於易則彬彬矣』」[241]。

「孔子以詩書禮樂教，弟子蓋三千焉，身通六藝者七十有二人。如顏濁鄒之徒，頗受業者甚眾」[242]。

「子曰：『弗乎弗乎，君子病沒世而名不稱焉。吾道不行矣，吾何以自見於後世哉？』；乃因史記作春秋，上至隱公~前722，下訖哀公十四年~前481、十二公。據魯，親周，故殷，運之三代。約其文辭而指博。故吳楚之君自稱王，而春秋貶之曰『子』；踐土之會實召周天子，而春秋諱之曰『天王狩於河陽』：推此類以繩當世。貶損之義，後有王者舉而開之。春秋之義行，則天下亂臣賊子懼焉」[243]。

「魯哀公十四年春，狩大野。叔孫氏 <u>車子</u>~駕車者鉏商獲獸，以為不祥。仲尼視之，曰：『麟也』。取之、曰：『河不出圖，雒不出書，吾已矣夫』。顏淵死，孔子曰：『<u>天喪予</u>』。及西狩見麟、曰：『吾道窮矣』。喟然嘆曰：『莫知我夫』。子貢曰：

237 郝志達、楊忠賢譯注：《史記》、卷47、〈孔子世家〉；冊四、頁351。
238 郝志達、楊忠賢譯注：《史記》、卷47、〈孔子世家〉；冊四、頁352。
239 郝志達、楊忠賢譯注：《史記》、卷47、〈孔子世家〉；冊四、頁365～366。
240 郝志達、楊忠賢譯注：《史記》、卷47、〈孔子世家〉；冊四、頁365。
241 郝志達、楊忠賢譯注：《史記》、卷47、〈孔子世家〉；冊四、頁366。
242 郝志達、楊忠賢譯注：《史記》、卷47、〈孔子世家〉；冊四、頁366。
243 郝志達、楊忠賢譯注：《史記》、卷47、〈孔子世家〉；冊四、頁371。

『何為莫知子？』、子曰：『不怨天，不尤人，下學而上達，知我者其天乎』[244]。

「太史公曰：《詩》有之：『高山仰止、景行行止』雖不能至，然心鄉往之。余讀孔氏書，想見其為人。適魯，觀仲尼廟堂車服禮器，諸生以時習禮其家，余祗回留之不能去云。天下君王至於賢人眾矣，當時則榮，沒則已焉。孔子布衣，傳十餘世，學者宗之。自天子王侯，中國言六藝者折中於夫子，可謂至聖矣」[245]。

「子罕言利與命與仁」[246]。

孔子很少談到「利」；設若談到、就會把「利益」和「天命」與「仁德」聯結起來一起論述。引申言之，順命於天意、理會於天心方為利得；當立意以仁心顧全大局而不在於一己之私的得利獲取。

參、《史記》「人觀」一瞥

一．人的元初～「天者、人之始也」、華夏民族由天而生

關於於「人之所由生」～「其有父、抑或無父」，「張生」題問曰：

「詩言契、后稷皆無父而生。今案諸傳記咸言有父，父皆黃帝子也，得無與詩謬乎？」

「褚先生」[247]應曰：「不然」。褚少孫先簡單回應說：詩之所謂：「契、稷生而無父」與傳注曰：「契、稷咸言有父」兩者並不相抵觸、並申述曰：

《詩》言 { 契生於卵，后稷人跡者，欲見其有天命精誠 ~其來有自、元初於天之意耳 }~無父而生=由天而生.

{ 鬼神不能自成，須人而生，奈何無父而生乎 }~蓋謂：人須父而生！

{ 一言有父 }、{ 一言無父 }，信以傳信，疑以傳疑，故兩言之」。~分述如次：

---

244 郝志達、楊忠賢譯注：《史記》、卷47、〈孔子世家〉；冊四、頁370。

245 郝志達、楊忠賢譯注：《史記》、卷47、〈孔子世家〉；冊四、頁376。

246 郝志達、楊忠賢譯注：《史記》、卷47、〈孔子世家〉；冊四、頁367。

247 褚先生～褚少孫，東漢元帝、成帝年間博士，於《史記》之刪削、缺失有所綴補。關於《史記》之「刪、補」史學家有不同的觀點，今之史記研究者多採南宋呂祖謙的看法：除了〈武帝本紀〉確已亡佚、雖班固《漢書》、〈司馬遷傳〉言及《史記》「十篇缺、有錄無書」，其實諸十俱在。清代王鳴盛認同其說並有謂：「世言褚先生補史記，其實記史唯亡〈武帝本紀〉一篇，餘間有缺，無全亡者，而褚所補，亦唯〈武帝本紀〉，其餘特附益各篇中，如贅疣耳」參〈十七史商榷〉。

（一）以下「三段標記以 ★ 號」的引文都在述說「殷商始祖契」、「周文先祖稷」俱為「天之所生、無父而生」：

★堯知契、稷皆賢人、天之所生。故封之契七十里，後十餘世至湯，王天下。堯知后稷子孫之後王也，故益封之百里，其後世且千歲，至文王而有天下。

★詩、傳曰：湯之先為契，無父而生。契母與姊妹浴於玄丘水，有燕銜卵墮之，契母得，故含之，誤吞之，即生契。契生而賢，堯立為司徒，姓之曰子氏。子者茲；茲、益大也。

→詩人美而頌之曰「殷社芒芒，天命玄鳥，降而生商」。商者質，殷號也。

文王之先為后稷，后稷亦無父而生。后稷母為姜嫄，出見大人蹟而履踐之，知於身，則生后稷。姜嫄以為無父，賤而棄之道中，牛羊避不踐也。抱之山中，山者養之。又捐之大澤，鳥覆席食之。姜嫄怪之，於是知其天子，乃取長之。堯知其賢才，立以為大農，姓之曰姬氏。姬者、本也。

→詩人美而頌之曰「厥初生民」，深修益成，而道后稷之始也。

★孔子曰：『昔者堯命契為子氏，為有湯也。命后稷為姬氏，為有文王也』[248]。

（二）然而、下段引文卻在闡述：所謂的「天之所生」貴為「天子」者~堯、舜、契、稷皆源出於黃帝（意即「其皆有父、黃帝子孫」）：

> 「天命難言，非聖人莫能見。舜、禹、契、后稷皆黃帝子孫也。黃帝策天命而治天下，德澤深後世，故其子孫皆復立為「天子」，是天之報有德也。人不知，以為聞從布衣匹夫起耳。夫布衣匹夫安能無故而起王天下乎？其有天命然」[249]。

以上關乎「華夏民族源出」之論述，縱或是褚少孫所補綴者，但其論述底蘊仍依託於司馬遷於「人之元初」~生命之所由與「人之衍生」~人類的代代相傳的洞見：

---

[248] 此段引文之後、接著記載周文王的「祖、父」輩：「大王（周大王古公亶父～周文王之祖父）命季歷（周文王之父），明天瑞也。又、太伯（周文王之伯父）之吳，遂生源也」。

[249] 郝志達、楊忠賢譯注：《史記》，卷13、〈三代世表〉；冊一、頁478。

「天地者、生之本也；先祖者、類之本也」[250]。

> 「天者、人之始也；父母者、人之本也。人窮則反本、故勞苦倦極，未嘗不呼天
> 也；疾痛慘怛、未嘗不呼父母也」[251]。

司馬遷確切體悟「天」是生命的元初，人源出於「天」；固然人的生命是由肉身之「父」所生、代代相傳而來，但探究「生命」之「元初」其為「天」也～「無父而生」。即如褚先生論及「商湯、周文」之先祖「契、稷」，並以神話般敘寫其生母「契母、姜嫄～江源、有趣的諧音」、其云「天命玄鳥、降而生商；見大人蹟而履踐之、知於身～知其有孕」。此外也推溯華夏民族乃源於「黃帝」，其乃「天子」～天之子、是謂：「黃帝策天命而治天下，德澤深後世，故其子孫皆復立為天子」。華夏民族源出黃帝，然其「元初」其乃「天」也，顯然其非由猿人演進，更不是因緣胎生而自。

人之所由是「無父而生」抑或「咸言有父」～一言有父、一言無父，或亦可參酌於董仲舒之剔透洞察～「人生於天」[252]、「為生[253]不能為人，為人者天也。人之為人本於天，{「天」亦人之『曾祖父』也}[254]，人之所以乃上類天也」[255]。為「生」者，父母、其不能「為人」～創生人類，「為人者天也」、「人之為人本於天」，人的生命源自於「天」；「人之所以、乃上類天也」。董仲舒所見對「張生之問」：「詩言 契、后稷皆無父而生。今案諸傳記咸言有父，父皆黃帝子也，得無與詩謬乎？」作了透析答辯。

董仲舒蒙受天啟、確信「人由天生」契合《聖經》啟示：「神說，我們要照著我們的形像、按著我們的樣式造人神就照著自己的形像造人、乃是照著他的形像造男造女」[256]。

---

250 郝志達、楊忠賢譯注：《史記》、卷 23、〈禮書〉；冊二、頁 133。
251 郝志達、楊忠賢譯注：《史記》、卷 84、〈屈原賈生列傳〉；冊四、頁 328。
252《春秋繁露》、〈王道通三〉；參【清】蘇輿：《春秋繁露義證》，頁 322。
253 蘇輿注曰：為生者、父母。其不能為人、父母非生命之源，人乃源「天」而自。
254「天亦人之曾祖父」這句話饒富意涵。一般所謂「五代同堂」是在敘述以自己的上輩兩代和後輩兩代合共為「五代。人熟知自己的父親，最多對祖父也能有機會概略認識，但對曾祖父的印象就模糊不清了。「天」像是「人之曾祖父」～那位必然存在的、祖父生命之所由者。
255《春秋繁露》、〈為人者天〉；參【清】蘇輿：《春秋繁露義證》，頁 310。
256《創世記》1:26-27。

二．「天之所生的人」^{～天之子}亟盼聯結於「天」

「自伏羲作八卦，周文王演三百八十四爻而天下治。越王句踐放文王八卦以破敵國，霸天下。由是言之，卜筮有何負哉」[257]。世人^{～如前所述之「天之子」}，意欲透過特殊管道～卜筮，得以能與生命之源～「天」有所聯結，並冀望從而獲取能力以治天下、破敵國、霸天下。

對於「三皇」諸家有不同的認定，其稱大致其或「燧人、伏羲、神農」、或「伏羲、女媧、神農」、或「伏羲、祝融、神農」、或「伏羲、神農、共工」、或「伏羲、神農、黃帝」，最後一種說法由於《尚書》的影響力而得到推廣，「伏羲、神農、黃帝」成為中國最古的三位帝王。值得一提的是，各種組成中必然有「伏羲」～俯伏羲下，感恩犧牲^{～郊祭之犧牛；258}的替代免於罪罰一死。就此、推論得知，華夏族裔洞悉自己有愧於「天」需要「犧牲」的替代，才敢於面對賦予生命的「天」；顯然對中國人來說，「獻祭」是一條明晰確切的通天之路。

（一）受命而王者祭「天」

在本書Ⅲ.2章、「古籍經典～『金甲古文、三禮、墨子、董子』論『祭義』」述及華夏民族透過「祭祀」冀求與天對遇、聯結於「天」^{～超乎六合之外的「天」、無形不見}^{之終極存有}，即如董仲舒所謂的「祭之為言際也與？祭然後能見不見」[259]。「已受命而王，必先祭天，乃行王事」[260]。既已受天命而為王^{～成為全民的統領、同時也是代表全民}^{與天際會者}，其當務之急就是隨即「祭天」^{～郊祭}以確立其在「天、帝」面前的地位，同時也向全民宣告其崇高地位，其後才開始尊崇天命，依循天心、以仁為本治國理政。

「太史公讀秦記，至犬戎敗幽王，周東徙洛邑，秦襄公始封為諸侯^{～前770年}，作西畤用事上帝^{～白帝；261}，僭端見矣。《禮》曰：『天子祭天地，諸侯祭其域內名山大

---

257 郝志達、楊忠賢譯注：《史記》、卷127、〈日者列傳〉；冊五、頁549。
258 郝志達、楊忠賢譯注：《史記》、卷63、〈老子、韓非列傳〉；冊三、頁608。
259 《春秋繁露》、〈祭義〉；參【清】蘇輿：《春秋繁露義證》，頁434。
260 《春秋繁露》、〈四祭〉；參【清】蘇輿：《春秋繁露義證》，頁402。
261 秦襄公是秦國正式列為諸侯的第一代君主；他居住於西垂宮，認為嬴秦家族是白帝少昊氏的後代，遂於前770年建西畤，用黑鬃赤身的小馬、黃牛、公羊各一匹祭祀「白帝」；但司馬遷卻稱其為「上帝」

川』」[262]。

司馬遷展讀〈秦記〉發現秦襄公封為諸侯，其後就建造西時用事~^{祭祀}上帝。依《禮記》、〈禮運〉的規範～『天子祭天地，諸侯祭其域內名山大川』，司馬遷指秦襄公「用事上帝」乃為僭越的舉措，但卻清楚表述為王者亟盼透過「祭天」以取得上天的肯認~^{有源天而至的王者地位（稱義、有正確的地位）}，從而得以名正言順統御百姓。

(二)「封禪用希曠絕、莫知其禮儀」[263]

> 「自得寶鼎，上~^{漢武帝}與公卿諸生議封禪。封禪用希曠絕、莫知其儀禮，而群儒采封禪尚書、周官、王制之望祀射牛事。齊人丁公年九十餘，曰：『封者、合不死之名也。秦皇帝不得上封。陛下必欲上，稍上即無風雨，遂上封矣』。上~^{武帝}於是乃令諸儒習射牛，草封禪儀。數年，至且行。天子既聞公孫卿及方士之言，黃帝以上封禪，皆致怪物與神通，欲放~^{仿效}黃帝以嘗接神僊人蓬萊士，高世比德於九皇，而頗采儒術以文之。群儒既以不能辯明封禪事，又牽拘於詩書古文而不敢騁。上~^{武帝}為封祠器示群儒，群儒或曰『不與古同』，徐偃又曰『太常諸生行禮不如魯善』，周霸屬圖封事，於是上~^{武帝}絀偃、霸，盡罷諸儒弗用」[264]。

自從登基為王，武帝即與公卿大臣及眾儒生商議「封禪」事宜。鑑於封禪大典過去很少舉行，歷經久遠歲月、朝廷對封禪真義已然模糊不清，其具體儀禮如何操持更是不知所以。眾儒生主張採用《尚書》、《周官》、《王制》中所記攸關「天子射牛」、「望祀」的禮儀來進行；此外也參酌不同的建言與意見，並採擷優化儒術之見。無奈、總體而論，群儒既以不能辯明封禪事，又牽拘於詩書古文而難於施展發揮他們的見地；縱有時人徐偃、周霸具體參與其施行，對於舉行「封禪」要義和禮儀規範的理解終歸無所進竟，於是武帝乃罷絀徐偃、周霸，諸儒弗用。

原本天子「祭天以際天」的根本奧義，既已撲朔迷離，「封禪」禮儀自然就全然不知所以，在漢武帝時更成為勞民傷財的政治活動了。

等同於「天」故曰「僭端見矣」；若稽考其所祭乃人皇「五帝」中的「白帝」則其說有所偏頗矣。

262 郝志達、楊忠賢譯注：《史記》、卷15、〈六國年表〉；冊一、頁560。

263《史記》、〈孝武本紀〉具體詳實記述漢武帝於「封禪」的認知與舉措。

264 郝志達、楊忠賢譯注：《史記》、卷12、〈本紀、孝武〉；冊一、頁451。

（三）　漢廷力諫武帝「封禪」

「於是大司馬進曰：『陛下~君上、漢武帝仁育群生，義征不憓~順，諸夏樂貢，百蠻執贄~貢禮，德侔~同等於往初，功無與二，休烈~美好功業浹洽~普及融洽，符瑞眾變，期應~符瑞應驗的日期紹至~相繼而至，不特~不僅僅是創~初次見~呈現。意者泰山、梁父設壇場望幸，蓋~加號以況~相比於前代聖君榮，上帝垂恩儲祉，將以薦~敬獻於天成~圓滿成就，陛下謙讓而弗發~不舉行封禪也。挈~斷絕三神~上帝、泰山、梁父之驩~歡，缺王道之儀，群臣惡~音怒、慚愧焉。或謂且天為質闇~質樸無華，珍符固不可辭；若然辭之，是泰山靡記~沒有被表記而梁父靡幾~沒有被祭祀的機會也。〔說者古代帝王〕亦各并時~僅只是在各自的時代而榮，咸濟世而屈~而都在其當代即滅絕，說者尚何稱於後，而云七十二君乎？夫修德以錫符~天賜祥瑞，奉符以行事，不為進越。故聖王弗替~不廢除封禪禮儀，而修禮地祇，謁款天神，勒功~刻石記功中岳~嵩山，以彰至尊，舒盛德，發號榮，受厚福，以浸黎民也。皇皇哉斯事！天下之壯觀，王者之丕業，不可貶也。願陛下全之。而後因雜~綜合薦紳先生之略術，使獲燿~一幺ヽ、照也日月之末~餘光絕~造炎，以展采~施展錯~措事，猶兼正~正天時列~序列人事其義~闡述大義，校飭厥文，作春秋一藝，將襲舊六~六經為七，攎~音書、傳布之無窮，俾萬世得激清流，揚微波，蜚英聲，騰~傳揚茂實。前聖之所以永保鴻名而常為稱首者用此，宜命掌故悉奏其義~封禪大義而覽焉』」[265]。

對「天、上帝、天神、地祇」的體悟在漢初已然渾沌，漢廷迷茫於「封禪」。大司馬「不揣淺陋」對君上「曉以大義」、力諫漢武帝舉行封禪於泰山、梁父。

本當以祭祀的對象～「天」為中心的「封禪」敬虔禮儀，卻被朝臣引申推衍為以「天子」為中心建立功名的舉措：「俾萬世得激清流，揚微波，蜚英聲，騰~傳揚茂實。前聖之所以永保鴻名而常為稱首者用此~封禪，宜命掌故悉奏其義~封禪大義而覽焉」。好大喜功的漢武帝也樂於高台自己，於是以「天」為本的虔敬祭祀，卻成了天子自我吹捧，臣下諂媚誇耀討好君上，勞民傷財、顯擺張揚的政治活動。

---

265 郝志達、楊忠賢譯注：《史記》、卷117、〈司馬相如列傳〉；冊五、頁340～342。

三. 天人乖離

(一) 人～帝舜被神化的迷離

「於是夔[266] 行樂～擔任樂師、制定樂理，祖考～祖靈至，群后～諸侯國君相讓，鳥獸翔舞，〈簫韶〉九成～演奏九通，鳳皇來儀，百獸率舞，百官信諧。帝～舜帝用此作歌曰：『陟天之命～奉行天命，維時維幾～順應天時、謹微慎行』、乃歌曰：『股肱～輔佐大臣喜～歡欣盡忠哉，元首～天子起哉，百工熙～光彩興盛哉』；皋陶拜手～古跪拜禮儀～既跪、兩手拱合、俯首至手與心平稽首～繼而叩頭至地揚言曰：『念哉，率為興事～率先垂範戮力以赴，慎乃憲～憲章法度，敬哉』，乃更為歌曰：『元首明哉，股肱良哉，庶事康哉』，[舜] 又歌曰：『元首叢脞～細碎、胸無大略哉，股肱惰哉，萬事墮哉』。[舜] 帝拜曰：『然、往欽～恭敬努力攜手同心全力以赴邁向前程哉』。於是天下皆宗～推崇禹之明度數～精於尺度聲樂，為山川神主～大禹被尊奉為山川的神主」[267]。

司馬遷以史學家追本溯源的史觀，探究華夏民族之所由，確切宣告：「天者、人之始也；父母者，人之本也」[268]。源出於「天」的世人，本應了悟天心、洞徹天意，順天理、循天道而行。然、在〈夏本紀〉卻驚見，當代臣民已然高抬了統治的帝王～舜帝：「宗～推崇禹為山川神主」；顯見當代世人已然逐漸迷離於「天」～生命之主。

(二) 一般情況

1. 〈平津侯主父列傳〉～戰國時代、戰亂經年的表述

嚴安奏摺記述戰國時代「彊國務攻，弱國備守」，戰亂經年、民不聊生：

齊人嚴安上書曰：「五伯～霸既沒，賢聖莫續，天子孤弱，號令不行。諸侯恣行，彊陵弱，眾暴寡，田常篡齊，六卿分晉，并為戰國，此民之始苦也。於是彊國務攻，弱國備守，合從連橫，馳車擊轂，介冑生蟣蝨～鎧甲和頭盔上生出了蝨子和蝨卵、喻戰亂經年，民無所告愬」[269]。

---

266 關於「夔」〈五帝本紀〉有謂：天下歸舜，而禹、皋陶、契、后稷、伯夷、夔、龍、倕、益、彭祖自堯時而皆舉用，未有分職。於是舜乃至於文祖，謀于四嶽，辟四門，明通四方耳目，命十二牧論帝德，行厚德，遠佞人，則蠻夷率服...伯夷讓夔、龍。舜曰：「然，以夔為典樂，教稚子，直而溫，寬而栗，剛而毋虐，簡而毋傲；詩言意，歌長言，聲依永，律和聲，八音能諧，毋相奪倫，神人以和」；夔曰：「於，予擊石拊石、百獸率舞」。
267 郝志達、楊忠賢譯注：《史記》、卷 2、〈夏本紀〉；冊一、頁 47～48。
268 郝志達、楊忠賢譯注：《史記》、卷 84、〈屈原賈生列傳〉；冊四、頁 328。
269 郝志達、楊忠賢譯注：《史記》、卷 112、〈平津侯主父列傳〉；冊五、頁 225。平津侯公孫弘以布衣而

2.〈司馬相如列傳〉～極樂世界、民不聊生的比對

〈虛賦賦〉、〈上林賦〉勾畫奢華鋪張、窮奢極侈「極樂世界」；由是致使尋常百姓蒙受凌虐迫害，深受其苦。秉此、司馬相如有諫諷君上當「戒奢持儉」之用心：

> 若夫終日暴露馳騁，勞神苦形，罷~疲憊~車馬之用，抏~玩、耗損~士卒之精，費府庫之財，而無德厚之恩，務在獨樂，不顧眾庶，忘國家之政，而貪雉兔之獲，則仁者不由也。從此觀之，齊楚~上林苑、雲夢澤~之事~奢華鋪張窮奢極侈~，豈不哀哉！地方不過千里，而囿居九百，是草木不得墾辟，而民無所食也。夫以諸侯之細，而樂萬乘之所侈，僕恐百姓之被~披、蒙受~其尤~毒苦~也[270]。

3.〈平準書〉～貴詐力而賤仁義，先富有而後推讓的社會寫實

司馬遷在總結戰國時代和秦併天下時期～貧富不均、貨幣制度破壞殆盡、民生凋敝、民不聊生：

> 太史公曰：「魏用李克，盡地力，為彊~強~君。自是以後，天下爭於「戰國」，貴詐力而<u>賤仁義</u>，先富有而後推讓。故庶人之富者或累巨萬，而貧者或不厭~足~糟糠；有國彊者或并群小以臣諸侯，而弱國或絕祀而滅世。以至於秦，卒并海內…珠玉、龜貝、銀錫之屬為器飾寶藏，不為幣，然各隨時而<u>輕重無常</u>。於是外攘夷狄，內興功業，海內之士力耕不足糧饟，女子紡績不足衣服。古者嘗竭天下之資財以奉其上，猶自以為不足也。無異故，<u>云事勢之流，相激使然</u>，曷足怪焉」[271]。

（三）政治情況

1.戰國時代群雄併起相征

秦國與燕韓趙魏齊楚並立，其他各個諸侯國彼此以武力征伐、相互吞併：

> 「[秦]孝公元年~前361~，河~黃河~山~崤山~以東彊~強~國六，與齊威、楚宣、魏惠、燕悼、韓哀、趙成侯并~並立~。淮泗之閒小國十餘。楚、魏與秦接界。魏築長城，自鄭~鄭縣~濱洛~沿洛水~以北~北上~，有~擁有~上郡。楚自漢中，南有巴、黔中。周室微，諸侯力~動用武力~政~征伐~，爭相并~吞併~」[272]。

封侯、官至丞相，官高戒奢、躬行簡約、推崇儒學，諫止征伐匈奴，關心民間疾苦，唯其曲學阿世，為人意忌、猜疑成性。

270 郝志達、楊忠賢譯注：《史記》、卷117、〈司馬相如列傳〉；冊五、頁314。
271 郝志達、楊忠賢譯注：《史記》、卷30、〈平準書〉；冊二、頁434。
272 郝志達、楊忠賢譯注：《史記》、卷5、〈秦本紀〉、冊一、頁160。

2. 秦始皇兼併天下

秦始皇焚書坑儒、勞師動眾修築長城，窮兵黷武征伐殺戮、陳屍遍野血流漂杵；為求一己長生不死、罔顧三千童男童女性命：

「昔秦絕聖人之道，殺術士~^坑殺儒生，燔詩書，棄禮義，尚詐力，任刑罰，轉負海之粟致之西河。當是之時，男子疾耕不足於糟糠，女子紡績不足於蓋形。

[秦皇]遣蒙恬築長城，東西數千里；暴兵露師~^風餐露宿之軍旅常數十萬，死者不可勝數，僵尸千里，流血頃畝，百姓力竭，欲為亂~^想造反者十家而五。

又使徐福入海求神異物，還為偽辭曰：『臣見海中大神、[其]言曰：「汝西皇之使邪？」；臣答曰：「然」。「汝何求？」、曰：「願請延年益壽藥」；神曰：「汝秦王之禮薄，得觀而不得取」。即從臣東南至蓬萊山，見芝成宮闕，有使者銅色而龍形，光上照天。於是臣再拜問曰：「宜何資以獻？」，海神曰：「以 令名男子~^良家男童若~^和振女~^無家、童女與百工之事~^技藝，即得之矣」』。秦皇帝大說~^悅，遣振男女三千人，資之五穀種種百工而行。徐福得平原廣澤，止王不來。於是百姓悲痛相思，欲為亂者十家而六 」^273。

3. 漢興擴張帝國～下敝百姓、甘心於外國

漢初高祖興師討伐匈奴～「興師十萬、日費千金」；受困平城、蓋悔之甚：

「及至高皇帝定天下，略地於邊，聞匈奴聚於代谷之外而欲擊之。御史成進諫曰：『不可、夫匈奴之性，獸聚而鳥散，從之如搏影。今以陛下盛德攻匈奴，臣竊危之』；高帝不聽，遂北至於代谷，果有平城之圍。高皇帝蓋悔之甚，乃使劉敬往結和親之約，然後天下忘干戈之事。故兵法曰「興師十萬、日費千金」。夫秦常積眾暴兵數十萬人，雖有覆軍殺將系虜單于之功，亦適足以結怨深讎，不足以償天下之費。夫上虛府庫，下敝百姓，甘心於外國，非完事也」^274。

4. 酷吏冷血治政

獄政顛頂，司法凌亂，獄吏殘忍苛刻、恣意妄為、酷烈濫刑：

「至周~^杜周為廷尉，詔獄亦益多矣。二千石~^級別官員繫者~^被拘捕者新故相因，不減百餘人。郡吏大府舉~^舉報查察之廷尉，一歲至千餘章~^案件。章大者連逮證案數百，小者數十人；遠者數千，近者數百里。會獄，吏因責~^責成如章告劾~^像奏章上說的那樣如實招供；不服以笞掠定之~^用刑具拷打以求定案。於是聞有逮皆亡匿。獄久者至更數赦十有餘

---

273 郝志達、楊忠賢譯注：《史記》、卷118、〈淮南王衡山列傳〉；冊五、頁363。
274 郝志達、楊忠賢譯注：《史記》、卷112、〈平津侯主父列傳〉；冊五、頁219。

歲而相告言，大抵盡詆以不道以上。廷尉及中都官詔獄逮至六七萬人，吏所增加十萬餘人」[275]。

太史公細數「雖慘酷、斯稱其位」之酷烈官吏：「太史公曰：自郅都、杜周十人者，此皆以酷烈為聲。然郅都 伉直~堅毅率直，引是非，爭天下大體。張湯 以知陰陽，人主與俱上下，時數辯當否，國家賴其便。趙禹 時據法守正。杜周從諛，以少言為重。自張湯死后，網密，多詆~詆毀嚴~苛，官事寖~漸進以耗=耗廢。九卿碌碌奉其官，<u>救過不贍</u>~防止發生過錯還來不及，何暇論<u>繩墨</u>~法律相關之外乎！然此十人中，其廉者足以為儀表，其污者足以為戒，方略教導，禁姦止邪，一切亦皆彬彬質有其文武焉。<u>雖慘酷，斯稱其位矣</u>。

司馬遷亦例數彼等慘無人道、劣跡斑斑之酷吏：至若蜀守馮當<u>暴挫</u>~殘暴摧折，廣漢李貞擅<u>礫人</u>~肢解人體，東郡彌僕<u>鋸項</u>~鋸斷脖子，天水駱璧<u>推咸</u>~當為椎咸：椎擊之以成獄，河東褚廣妄殺，京兆無忌、馮翊、殷周<u>蝮</u>~復<u>鷙</u>~蝮鷙喻極為兇殘狠毒，水衡閻奉<u>樸擊</u>~以木棒擊打、即拷打<u>賣請</u>~逼人拿錢以求得寬貸，何足數哉！何足數哉」[276]。

四．慘絕人寰的殺伐鬥爭

（一）秦國一統天下、四處攻略殺伐

1. 爭戰斬首數以「萬」記、殺人如麻、血跡斑斑、血流漂杵

「[秦惠文]七年~前331，公子卬與魏戰，虜其將龍賈，<u>斬首八萬</u>」[277]。

「[秦惠文君後元]七年~前318 樂池相秦。韓、趙、魏、燕、齊帥匈奴共攻秦。秦使庶長疾與戰修魚，虜其將申差，敗趙公子渴、韓太子奐，<u>斬首八萬二千</u>」[278]。

「[秦惠文君後元]十一年~前314 摎裏疾[279]攻 魏焦，降之。敗韓岸門，<u>斬首萬</u>，其~韓將~將領<u>犀首</u>公孫衍曾仕魏，任犀首之官（軍官名），人因以犀首稱之、縱橫家，和張儀同期 走」[280]。

---

275 郝志達、楊忠賢譯注：《史記》、卷 122、〈酷吏列傳〉；冊五、頁 459。

276 郝志達、楊忠賢譯注：《史記》、卷 122、〈酷吏列傳〉；冊五、頁 461。

277 郝志達、楊忠賢譯注：《史記》、卷 5、〈秦本紀〉；冊一、頁 164。

278 郝志達、楊忠賢譯注：《史記》、卷 5、〈秦本紀〉；冊一、頁 165。

279「摎裏疾」（即「摎~ㄗ ㄨ裏子」、嬴姓，名疾），秦國宗室、大臣，秦孝公之子，惠文王弟，母親為韓國人，乃戰國時代著名軍事家及政治家，曾輔佐秦惠王、秦武王、秦昭王等秦國君主。統一中國打下穩固根基。秦昭王元年，樗里子仍任為丞相。

280 郝志達、楊忠賢譯注：《史記》、卷 5、〈秦本紀〉；冊一、頁 166。

「[秦惠文君後元]十三年~前312 庶長章擊楚於丹陽，虜其將屈丐，斬首八萬；又攻楚漢中，取地六百里，置漢中郡」[281]。

「[韓]宣惠王二十一年~前312，與秦共攻楚，敗楚將屈丐，斬首八萬於丹陽」~參〈魏世家〉；[282]。

「[秦武王]四年~前307 拔宜陽，斬首六萬。涉河，城武遂。魏太子來朝。武王有力好戲，力士任鄙、烏獲、孟說皆至大官」[283]。

「[韓]襄王四年~前308，與秦武王會臨晉。其秋，秦使甘茂攻我宜陽。五年，秦拔我宜陽，斬首六萬」~參〈韓世家〉；[284]。

「[秦召襄王]六年~前301 蜀侯煇反，司馬錯定蜀。庶長奐伐楚，斬首二萬」[285]。

「[秦召襄王]十四年~前293 左更白起攻韓、魏於伊闕，斬首二十四萬，虜公孫喜，拔五城」[286]。

2. 連年征戰 ~〈秦本紀〉、秦召襄王 15 年~ 50 年、前 292-257

十五年~前292，大良造白起攻魏，取垣，復予之。攻楚，取宛。

十六年~前291，左更錯取軹及鄧。冉免，封公子市宛，公子悝鄧，魏冉陶，為諸侯。

十七年~前290，城陽君入朝，及東周君來朝。秦以垣為蒲阪、皮氏。王之宜陽。

十八年~前289，錯攻垣、河雍，決橋取之。

十九年~前288，王為西帝，齊為東帝，皆復去之。呂禮來自歸。齊破宋，宋王在魏，死溫。

二十年~前287，王之漢中，又之上郡、北河。

二十一年~前286，錯攻魏河內。魏獻安邑，秦出其人，募徙河東賜爵，赦罪人遷之。涇陽君封宛。

二十二年~前285，蒙武伐齊。河東為九縣。與楚王會宛。與趙王會中陽。

二十三年~前284，尉斯離與三晉、燕伐齊，破之濟西。王與魏王會宜陽，與韓王會

---

281 郝志達、楊忠賢譯注：《史記》、卷 5、〈秦本紀〉；冊一、頁 166。
282 郝志達、楊忠賢譯注：《史記》、卷 15、〈韓世家〉；冊三、頁 287。
283 郝志達、楊忠賢譯注：《史記》、卷 5、〈秦本紀〉；冊一、頁 167。
284 郝志達、楊忠賢譯注：《史記》、卷 15、〈韓世家〉。冊三、頁 288。
285 郝志達、楊忠賢譯注：《史記》、卷 5、〈秦本紀〉；冊一、頁 168。
286 郝志達、楊忠賢譯注：《史記》、卷 5、〈秦本紀〉；冊一、頁 169。

新城。

二十四年~^{前283}，與楚王會鄢，又會穰。秦取魏安城，至大梁，燕、趙救之，秦軍去。魏冉免相。

二十五年~^{前282}，拔趙二城。與韓王會新城，與魏王會新明邑。

二十六年~^{前281}，赦罪人遷之穰。侯冉復相。

二十七年~^{前280}，錯攻楚。赦罪人遷之南陽。白起攻趙，取代光狼城。

二十八年~^{前279}，大良造白起攻楚，取鄢、鄧，赦罪人遷之。

二十九年~^{前278}，大良造白起攻楚，取郢為南郡，楚王走。周君來。王與楚王會襄陵。白起為武安君。

三十年~^{前276}，蜀守若伐楚，取巫郡，及江南為黔中郡。

「（魏）安釐王元年~^{前276}、秦拔我兩城」~^{參〈魏世家〉;287}。

三十一年~^{前275}，白起伐魏，取兩城，楚人反我江南。

「（魏）安釐王二年~^{前275}，秦又拔我兩城，軍~^{陳兵}大梁下，韓來救，予秦溫以和」~^{參〈魏世家〉;288}。

三十二年~^{前274}，相穰侯攻魏，至大梁，破暴鳶，<u>斬首四萬</u>，鳶走，魏入三縣請和。

「[魏]安釐王三年~^{前274}，秦拔我四城，<u>斬首四萬</u>」~^{參〈魏世家〉;289}。

三十三年~^{前273}，客卿胡攻魏卷、蔡陽、長社，取之。擊芒卯華陽，破之，<u>斬首十五萬</u>。魏入南陽以和。

「（魏）安釐王四年，秦破我及韓、趙，殺十五萬人，走我將芒卯」~^{參〈魏世家〉;290}。

三十四年~^{前272}，秦與魏、韓上庸地為一郡，南陽免臣還居之。

三十五年~^{前271}，佐韓、魏、楚伐燕。初置南陽郡。

三十六年~^{前270}，客卿灶攻齊，取剛、壽，予穰侯。

三十八年~^{前268}，中更胡陽攻趙閼與，不能取。

287郝志達、楊忠賢譯注：《史記》、卷14、〈魏世家〉；冊三、頁267。
288郝志達、楊忠賢譯注：《史記》、卷14、〈魏世家〉；冊三、頁267。
289郝志達、楊忠賢譯注：《史記》、卷14、〈魏世家〉；冊三、頁267。
290郝志達、楊忠賢譯注：《史記》、卷14、〈魏世家〉；冊三、頁267。

四十年～^{前266}，悼太子死魏，歸葬芷陽。

四十一年～^{前265}夏，攻魏，取邢丘、懷。

四十二年～^{前264}，安國君為太子。十月，宣太后薨，葬芷陽酈山。九月，穰侯出之陶。

四十三年～^{前263}，武安君白起攻韓，拔九城，<u>斬首五萬</u>。

四十四年～^{前262}，攻韓南陽取之。

四十五年～^{前261}，五大夫賁攻韓，取十城。葉陽君悝出之國，未至而死。

四十七年～^{前260}，秦攻韓上黨，上黨降趙，秦因攻趙，趙發兵擊秦，相距。秦使武安君白起擊，大破趙於長平，<u>四十餘萬盡殺之</u>。

四十八年～^{前259}十月，韓獻垣雍。秦軍分為三軍。武安君歸。王將伐趙（武安）皮牢，拔之。司馬梗北定太原，盡有韓上黨。正月，兵罷，復守上黨。其十月，五大夫陵攻趙邯鄲。

四十九年～^{前258}正月，益發卒佐陵。陵戰不善，免，王齕代將。其十月，將軍張唐攻魏，為蔡尉捐弗守，還斬之。

五十年～^{前257}十月，武安君白起有罪，為士伍，遷陰密。張唐攻鄭，拔之。十二月，益發卒軍汾城旁。武安君白起有罪，死。攻邯鄲，不拔，去，還奔汾軍。二月餘攻晉軍，斬首六千，<u>晉楚流死河二萬人</u>。攻汾城，即從唐拔寧新中，寧新中更名安陽。初作河橋。

(二) 其他記述～秦、三晉之戰

「秦趙戰於河漳之上，再戰而趙再勝秦；戰於番吾之下，再戰又勝秦。

四戰之後，<u>趙之亡卒數十萬</u>，邯鄲僅存，雖有戰勝之名而國已破矣」²⁹¹。

「龍賈之戰，岸門之戰，封陵之戰，高商之戰，趙莊之戰，秦之所殺三晉之民數百萬，今其生者皆死秦之孤也。西河之外，上雒之地，三川晉國之禍，三晉之半，秦禍如此其大也」²⁹²。

「秦昭王使白起攻韓、魏，敗之服而事秦。秦昭王方令白起與韓、魏共伐楚，未行，而楚使春申君黃歇適至於秦，聞秦之計～^{令白起與韓、魏共伐楚}、遂上書盡述<u>戰爭慘絕人寰境況</u>、勸阻秦昭王聯合韓、魏共伐楚國。其曰：「…夫韓、魏

291 郝志達、楊忠賢譯注：《史記》、卷70、〈張儀列傳〉；冊四、頁81。
292 郝志達、楊忠賢譯注：《史記》、卷69、〈蘇秦列傳〉；冊四、頁55。

父子兄弟接踵而死於秦者將十世矣。本國殘，社稷壞，宗廟毀。刳腹絕腸，折頸摺頤，首身分離，暴骸骨於草澤，頭顱僵仆，相望於境，父子老弱系脰~^{頸項}束手為群虜者相及於路。鬼神孤傷，無所血食。人民不聊生，族類離散，流亡為仆妾者，盈滿海內矣。故韓、魏之不亡，秦社稷之憂也，今王資之與攻楚，不亦過乎…」[293]。

1. 白起特寫

白起者，郿人也。善用兵，事秦昭王。昭王十三年，而白起為左庶長，將而擊韓之新城。是歲，穰侯相秦，舉任鄙以為漢中守。其明年，白起為左更，攻韓、魏於伊闕，斬首二十四萬，又虜其將公孫喜，拔五城。起遷為國尉。涉河取韓安邑以東，到乾河。明年，白起為大良造。攻魏，拔之，取城小大六十一。明年，起與客卿錯攻垣城，拔之。後五年，白起攻趙，拔光狼城。後七年，白起攻楚，拔鄢、鄧五城。其明年，攻楚，拔郢，燒夷陵，遂東至竟陵。楚王亡去郢，東走徙陳。秦以郢為南郡。白起遷為武安君。武安君因取楚，定巫、黔中郡。昭王三十四年，白起攻魏，拔華陽，走芒卯，而虜三晉將，斬首十三萬。與趙將賈偃戰，沈其卒二萬人於河中。昭王四十三年，白起攻韓陘城，拔五城，斬首五萬。四十四年，白起攻南陽太行道，絕之」[294]。

「至九月，趙卒不得食四十六日，皆內陰相殺食。來攻秦壘，欲出。為四隊，四五復之，不能出。其將軍趙括出銳卒自搏戰，秦軍射殺趙括。括軍敗，卒四十萬人降武安君。武安君計曰：『前秦已拔上黨，上黨民不樂為秦而歸趙。趙卒反覆。非盡殺之，恐為亂』。乃挾詐而盡阬殺之，遺其小者二百四十人歸趙。前後斬首虜四十五萬人。趙人大震」[295]。

「[韓]桓惠王元年~^{前272}，伐燕。九年，秦拔我陘，城汾旁。十年，秦擊我於太行，我上黨郡守以上黨郡降趙。十四年，秦拔趙上黨，殺馬服子卒四十餘萬於長平。十七年，秦拔我陽城、負黍。二十二年，秦昭王卒。二十四年，秦拔我城皋、滎陽。二十六年，秦悉拔我上黨。二十九年，秦拔我十三城」~^{參〈魏世家〉；}[296]。

2. 楚漢相爭

(1) 殺人如麻的狠角色黥布

---

293 郝志達、楊忠賢譯注：《史記》、卷78、〈春申君列傳〉；冊四、頁208。
294 郝志達、楊忠賢譯注：《史記》、卷73、〈白起、王翦列傳〉；冊四、頁123。
295 郝志達、楊忠賢譯注：《史記》、卷73、〈白起、王翦列傳〉；冊四、頁126。
296 郝志達、楊忠賢譯注：《史記》、卷15、〈韓世家〉；冊三、頁292。

「項籍之引兵西至新安，又使布等夜擊阬章邯秦卒二十餘萬人。至關，不得入，又使布等先從閒道破關下軍，遂得入，至咸陽。布常為軍鋒。項王封諸將，立布為九江王，都六」[297]。

「項羽乃召黥布、蒲將軍計曰：「秦吏卒尚眾，其心不服，至關中不聽，事必危，不如擊殺之，而獨與章邯、長史欣、都尉翳入秦」。於是楚軍夜擊阬秦卒二十餘萬人新安城南」[298]。

(2) 項王大破漢軍

「春，漢王部五諸侯兵，凡五十六萬人，東伐楚。項王聞之，即令諸將擊齊，而自以精兵三萬人南從魯出胡陵。四月，漢皆已入彭城，收其貨寶美人，日置酒高會。項王乃西從蕭，晨擊漢軍而東，至彭城，日中，大破漢軍。漢軍皆走，相隨入穀、泗水，殺漢卒十餘萬人。漢卒皆南走山，楚又追擊至靈壁東睢水上。漢軍卻，為楚所擠，多殺，漢卒十餘萬人皆入睢水，睢水為之不流。圍漢王三匝」[299]。

五．其他人性的記述敘寫

(一) 夫子慨嘆曰：「吾何為於此？」

「由、賜、回」分別回答了夫子的感慨：「吾道非邪？吾何為於此？」；夫子也分別回應作了點評，其實其內容也算是夫子自己有感於「黃鐘毀棄、瓦釜雷鳴的不平而顯露其潛藏「個性」的剖析。這段記述、其何嘗非司馬遷抑鬱難安而低鳴迴盪的心曲耶！

孔子知弟子有慍心～因夫子不達受困陳蔡，乃召子路而問曰：《詩》～小雅、何草不黃云『匪兕匪虎，率～行走、徘徊彼曠野』～蓋謂：不入流的貨色尚且混得風生水起。吾道非邪？吾何為於此？」

子路曰：「意者～臆、猜想，大概是吾未仁邪？人之不我信也。意者吾未知邪？人之不我行也」。

---

297 郝志達、楊忠賢譯注：《史記》、卷73、〈黥布列傳〉；冊四、頁474。
298 郝志達、楊忠賢譯注：《史記》、卷7、〈項羽本紀〉；冊一、頁269。
299 郝志達、楊忠賢譯注：《史記》、卷7、〈項羽本紀〉；冊一、頁283。

孔子曰：「有是乎！由，譬使 仁者而必信，安有伯夷、叔齊？使^{~假如}知者而必行，安有王子比干？」。子路出，子貢入見。孔子曰：「賜、《詩》云『匪兕匪虎，率彼曠野』。吾道非邪？吾何為於此？」

子貢曰：「夫子之道至大也，故天下莫能容夫子。夫子蓋少貶^{~微調、降低格調}焉？」

孔子曰：「賜，良農能稼而不能為穡，良工能巧而不能為順。君子能脩其道，綱而紀之，統而理之，而不能為容。今爾不脩爾道而求為容^{~降格以求苟合取容}。賜，而志不遠矣！」

子貢出，顏回入見。孔子曰：「回，《詩》云『匪兕匪虎，率彼曠野』。吾道非邪？吾何為於此？」

顏回曰：「夫子之道至大，故天下莫能容。雖然，夫子推而行之，不容何病，不容然後見君子！夫道之不修也，是吾醜也。夫道既已大修而不用，是有國者之醜也。不容何病，不容然後見君子！」

孔子欣然而笑曰：「有是哉顏氏之子！使^{~假如}爾多財，吾為爾宰」[300]。

（二）「百年之後」的倚偎～慘無人道的「殉葬」

「二十年^{~前678、〔秦〕}武公卒，葬雍平陽。初以人從死，從死者六十六人。有子一人，名曰白，白不立，封平陽。立其弟德公」[301]。

從秦武公「以人從死」的舉措來看，其所體現的乃是：人心意識到「死亡」並非生命的終結，也看見人心對「永恆、不死」的可望。

肆、天人之際

「披^{~展讀}藝^{~六藝經書}觀之，天人之際已交，上下相發允答。聖王之德，兢兢翼翼也。故曰『興必慮衰，安必思危』。是以湯武至尊嚴，不失肅祇；舜在假典，顧省厥遺：此之謂也」[302]。

鑒察依循於三代治道、因由於六藝「天觀、祭義」，「天人之際」可謂昭然若揭。然而、如前「第參段」述及戰國社會及慘絕人寰的殺伐鬥爭，但見人性困限並陷入慘絕人寰的泥淖中。司馬遷觀諸史實、必然感慨萬千：從天而生的

300 郝志達、楊忠賢譯注：《史記》、卷47、〈孔子世家〉；冊三、頁358～359。
301 郝志達、楊忠賢譯注：《史記》、卷5、〈秦本紀〉；冊一、頁139。
302 郝志達、楊忠賢譯注：《史記》、卷117、〈司馬相如列傳〉；冊五、頁344。

人，何如從「天人睽違」的深淵中歸向於天耶？蓋因於此、司馬遷在〈報任安書〉中表述，其撰著《史記》之目的是「究天人之際、通古今之變、立一家之言」。謹就其「究天人之際」之立意，徵引〈屈原賈生列傳〉、〈司馬相如列傳〉、〈太史公自序〉三段引文以窺其立意於一般：

屈平體悟「天」、其為「人之始、窮極之本」、勞苦倦極而呼天；〈離騷〉述志～其文約、辭微、志潔、行廉，生命晶瑩透亮順天而行與日月同光：

「屈平疾王聽之不聰也，讒諂之蔽明也，邪曲之害公也，方正之不容也，故憂愁幽思而作離騷。離騷者，猶離憂也。夫天者、人之始也；父母者，人之本也。人窮則反本，故勞苦倦極，未嘗不呼天也；疾痛慘怛，未嘗不呼父母也。屈平正道直行，竭忠盡智以事其君，讒人閒之，可謂窮矣。信而見疑，忠而被謗，能無怨乎？屈平之作離騷，蓋自怨生也。國風好色而不淫，小雅怨誹而不亂。若離騷者，可謂兼之矣。上稱帝嚳，下道齊桓，中述湯武，以刺世事。明道德之廣崇，治亂之條貫，靡不畢見。其文約、其辭微、其志絜、其行廉，其稱文小而其指極大，舉類邇而見義遠。其志絜，故其稱物芳。其行廉，故死而不容自疏。濯淖汙泥之中，蟬蛻於濁穢，以浮游塵埃之外，不獲世之滋垢，皭然泥而不滓者也。推此志也，雖與日月爭光可也」[303]。

司馬長卿作〈子虛賦〉文采「出神」、漢武帝「入化」：體會天心～「聖王之德，兢兢翼翼也」；了悟相如用心～「歸引之節儉」。若然、或即司馬遷所謂「天人之際已交，君上臣下相發允答」：相如雖為臣下但以歌賦裏挾天心懿旨，武帝雖貴為天子卻也樂意接納諫言、順服天意，致至「天人之際」。

「披藝觀之，天人之際已交，上下相發允答。聖王之德，兢兢翼翼也。故曰「興必慮衰，安必思危」。是以湯武至尊嚴，不失肅祗；舜在假典，顧省厥遺：此之謂也」。

「太史公曰：春秋推見至隱，易本隱之以顯，大雅言王公大人而德逮黎庶，小雅譏小己之得失，其流及上。所以言雖外殊，其合德一也。相如雖多虛辭濫說，然其要歸引之節儉，此與詩之風諫何異」[304]。

司馬遷撰著《史記》期以「究天人之際」，特於〈太史公自序〉中挑明〈八書〉尤為其用心所在：

303 郝志達、楊忠賢譯注：《史記》、卷 84、〈屈原賈生列傳〉；冊四、頁 328、。
304 郝志達、楊忠賢譯注：《史記》、卷 117、〈司馬相如列傳〉；冊五、頁 344。

「罔羅天下放失舊聞，王跡所興，原始察終，見盛觀衰，論考之行事，略推三代，錄秦漢，上記軒轅，下至于茲，著<u>十二本紀</u>，既科條之矣。并時異世，年差不明，作<u>十表</u>。禮樂損益，律歷改易，兵權山川鬼神，<u>天人之際</u>，承敝通變，作<u>八書</u>。二十八宿環北辰，三十輻共一轂，運行無窮，輔拂股肱之臣配焉，忠信行道，以奉主上，作<u>三十世家</u>。扶義俶儻，不令己失時，立功名於天下，作<u>七十列傳</u>。凡百三十篇，五十二萬六千五百字，為太史公書。序略，以拾遺補闕，成一家之言，厥協六經異傳，整齊百家雜語，藏之名山，副在京師，俟後世聖人君子」[305]。

一. 輯擷《史記》「識天、體道」的人與事

「披~展讀~藝~六藝經書觀之，<u>天人之際</u>已交，上下相發允答。聖王之德，兢兢翼翼也。故曰『興必慮衰，安必思危』。是以湯武至尊嚴，不失肅祗~音知、敬也；舜在 假~大典，顧省厥遺~缺失：此之謂也」[306]。

稽考六藝經書古籍，「天人之際」之記述斑斑可考，仁君聖王當借鑑、兢兢翼翼以成全「聖王之德」。茲輯擷《史記》「識天、體道」的人事記述與相關記言，以概觀總覽司馬遷撰著《史記》旨在「究天人之際」之實。

1. 范蠡「識天體道」

「三年~前494、句踐聞吳王夫差日夜勒兵，且以報越，越欲先吳未發往伐之。范蠡諫曰：「不可，臣聞兵者凶器也，戰者逆德也，爭者事之末也。陰謀逆德，好用凶器，試身於所末，<u>上帝禁之、行者不利</u>」。越王曰：「吾已決之矣」。遂興師。吳王聞之，悉發精兵擊越，敗之夫椒。越王乃以餘兵五千人保棲於會稽。吳王追而圍之」…

越王謂范蠡曰：「以不聽子故至於此，為之柰何？」

蠡對曰：「<u>持滿者與天</u>~得以圓滿保住功業者乃是那些能效法天道盈而不溢者」[307]。

范蠡曰：「會稽之事，<u>天以越賜吳</u>，吳不取。今<u>天以吳賜越</u>，越其可逆天乎？且夫君王蚤朝晏罷，非為吳邪？謀之二十二年，一旦而棄之，可乎？且夫<u>天與弗取，反受其咎</u>」。

305 郝志達、楊忠賢譯注：《史記》、卷130、〈太史公自序〉；冊五、頁600。
306 郝志達、楊忠賢譯注：《史記》、卷117、〈司馬相如列傳〉；冊五、頁344。
307 郝志達、楊忠賢譯注：《史記》、卷41、〈越王勾踐世家〉；冊三、頁143～144、149。

2. 田文~孟嘗君和其父~田嬰的對話：受「命」於「天」

「田嬰有子四十餘人。其賤妾有子名 文~田文、即孟嘗君，文以五月五日生。嬰告其母曰：『勿舉~養育他也』。其母竊舉生之。及長，其母因兄弟而見~引見其子文於田嬰。

田嬰怒其母曰：『吾令若去此子，而敢生之，何也？』，

文 頓首，因曰：『君所以不舉五月子者，何故？』；

嬰曰：『五月子者，長與戶齊，將不利其父母』；

文曰：『人生受命於天乎？將受命於戶邪？』；嬰默然。

文曰：『必受命於天，君何憂焉。必受命於戶，則可高其戶耳，誰能至者！』」[308]。

3. 秦昭王對范睢的告白：感謝「天恩」垂憐

秦王~秦昭王跽~音如記、長跪曰：「先生~范睢是何言也！夫秦國辟遠，寡人愚不肖，先生乃幸辱至於此，是天以寡人恩~音如混、勞煩先生而存先王之宗廟也。寡人得受命於先生，是天所以幸先王，而不棄其孤也。先生奈何而言若是！事無小大，上及太后~大王，下至大臣，願先生悉以教寡人，無疑寡人也」。范睢拜，秦王亦拜[309]。

4. 趙高雖罪惡滿盈仍「明鑑天心」而「服膺於天」

「留三日~二世在望夷宮裡住了三天，趙高詐詔~假託二世詔令衛士，令士皆素服持兵內鄉~向，入告二世曰：『山東群盜兵大至！』二世上觀而見之，恐懼，高既因劫令自殺。引璽而佩之，左右百官莫從；上殿，殿欲壞~坍塌者三~三次。高自知天弗與，群臣弗許，乃召始皇弟，授之璽」[310]。

5. 蒙恬面對秦二世詔令自義自是、其後自省深思「有罪於天」

蒙恬喟然太息曰：『我何罪於天，無過而死乎？』；良久，徐曰：『恬罪固當死矣。起臨洮屬之遼東，城塹萬餘里，此其中不能無絕地脈哉？此乃恬之罪也』、乃吞藥自殺」[311]。

6. 韓信~淮陰侯於死前雖悔恨未聽從蒯通的建言、仍默然「服膺於天」

齊人蒯通～他洞徹天下大勢、瞭然楚漢相爭、堅持不下，以相術得知韓信

---

308 郝志達、楊忠賢譯注：《史記》、卷75、〈孟嘗君列傳〉；冊四、頁149。
309 郝志達、楊忠賢譯注：《史記》、卷79、〈范睢蔡澤列傳〉；冊四、頁230。
310 郝志達、楊忠賢譯注：《史記》、卷87、〈李斯列傳〉；冊四、頁426。
311 郝志達、楊忠賢譯注：《史記》、卷88、〈蒙恬列傳〉；冊四、頁437。

其人能突破形成三足鼎立局面，並以齊國為腹地漸進籠絡人心，統合天下。他亟盼韓信能把握天賜良機，並作出嚴厲警告：

「齊人蒯通知天下權在韓信，欲為奇策而感動之」…

「今楚漢分爭，使天下無罪之人肝膽涂地，父子暴骸骨於中野，不可勝數。楚人起彭城，轉鬥逐北，至於滎陽，乘利席卷，威震天下。然兵困於京、索之間，迫西山而不能進者，三年於此矣。漢王將數十萬之眾，距鞏、雒，阻山河之險，一日數戰，無尺寸之功，折北不救，敗滎陽，傷成臯，遂走宛、葉之間，此所謂智勇俱困者也。夫銳氣挫於險塞，而糧食竭於內府，百姓罷極怨望、容容無所倚。以臣料之，其勢非天下之賢聖固不能息天下之禍。

當今兩主之命縣於足下。足下為漢則漢勝，與楚則楚勝。臣願披腹心，輸肝膽，效愚計，恐足下不能用也。誠能聽臣之計，莫若兩利而俱存之，參分天下、鼎足而居，其勢莫敢先動。夫以足下之賢聖，有甲兵之眾，據彊齊，從燕、趙，出空虛之地而制其後，因民之欲，西鄉為百姓請命，則天下風走而響應矣，孰敢不聽！邦大弱彊，以立諸侯，諸侯已立，天下服聽而歸德於齊。案齊之故，有膠、泗之地，懷諸侯以德，深拱揖讓，則天下之君王相率而朝於齊矣。蓋聞天與弗取，反受其咎；時至不行，反受其殃。願足下孰慮之」[312]。

然、韓信不用蒯通之計，終喪命於呂后所設圈套之下：

「呂后欲召，恐其黨不就，乃與蕭相國謀，詐令人從上所來，言豨已得死，列侯群臣皆賀。相國紿~欺騙信曰：『雖疾，彊入賀』；信入，呂后使武士縛信、斬之長樂鐘室。信方斬、曰：『吾悔不用蒯通之計，乃為兒女子所詐，豈非天哉』，遂夷信三族」[313]。

韓信誤信呂后假詐昭令入宮，為武士所縛，臨斬前方了悟其受咎遭殃實因「天與弗取、時至不行，喟嘆曰：『吾悔不用蒯通之計，乃為兒女子所詐，豈非天哉』。

7. 漢高祖謀士酈生[314]強調治政為王者當知「天之天」

「酈生因曰：『臣聞 知天之天者，王事可成；不知天之天者，王事不可成。王者

312 郝志達、楊忠賢譯注：《史記》、卷92、〈淮陰侯列傳〉；冊四、頁507～509。
313 郝志達、楊忠賢譯注：《史記》、卷92、〈淮陰侯列傳〉；冊四、頁515～516。
314 〈酈生陸賈列傳〉乃酈生（酈食其）、陸賈、朱建三人之合傳；此三人之共通特點是：伶牙俐齒、能言善辯、噓枯吹生，彼等頗具戰國時代縱橫家遺風。酈生深切體悟為政當「知天以「天」為本，以民人為念，顧及其生活的基本需求～不虞糧食匱乏。他亦洞察當代天下大勢，成為劉邦的重要謀士。

以民人為天，而民人以食為天。夫 敖倉，天下轉輸久矣，臣聞其下乃有藏粟甚多。楚人拔滎陽，不堅守敖倉，乃引而東，令適卒分守 成皋，此乃天所以資漢也』」[315]。

　　酈生深切體悟為政者當覺知「天之天」 ～天外天～青天之上的「天」、形上的本體天；或謂「天之所以為天者」，又當心繫百姓，顧及其生活的基本需求～不虞糧食匱乏；此外、並對漢王劉邦提出具體作法：要全心護守糧倉所在～敖倉，其乃蒙天所資助者。

8. 李廣～李將軍 遠征失利自責、「服膺於天」

「至莫府～大將軍幕府，廣謂其麾下曰；『廣結髮與匈奴大小七十餘戰，今幸從大將軍出接單于兵，而大將軍又徙～調動（李廣部隊）勁行回遠～捨近求遠繞行遠路，而又迷失道，豈非天哉！且廣年六十餘矣，終不能復對刀筆之吏』、遂引刀自剄」[316]。

9. 匈奴單于感知於「天」

「其明年，單于遺漢書曰：『天所立匈奴大單于敬問皇帝無恙。前時皇帝言和親事，稱書意，合歡。漢邊吏侵侮右賢王，右賢王不請，聽後義盧侯難氏等計，與漢吏相距，絕二主之約，離兄弟之親。皇帝讓書再至，發使以書報，不來，漢使不至，漢以其故不和，鄰國不附。今以小吏之敗約故，罰右賢王，使之西求月氏擊之。以天之福，吏卒良，馬彊力，以夷滅月氏，盡斬殺降下之。定樓蘭、烏孫、呼揭及其旁二十六國，皆以為匈奴』」[317]。

10. 漢文帝修書意欲與單于諦和～順天恤民

「聖人者日新，改作更始，使者得息，幼者得長，各保其首領而終其天年。朕與單于俱由此道，順天恤民，世世相傳，施之無窮，天下莫不咸便」[318]

11. 謀士伍被諫淮南王：因天心以動作

「臣聞聽者聽於無聲，明者見於未形，故聖人萬舉萬全。昔文王一動而功顯于千世，列為三代，此所謂因天心以動作者也，故海內不期而隨。此千歲之可見者」[319]…

「夫以吳越之眾不能成功者何？誠逆天道而不知時也」[320]。

---

315 郝志達、楊忠賢譯注：《史記》、卷 97、〈酈生陸賈列傳〉；冊四、頁 592 ～ 593。
316 郝志達、楊忠賢譯注：《史記》、卷 109、〈李將軍列傳〉；冊五、頁 124。
317 郝志達、楊忠賢譯注：《史記》、卷 110、〈匈奴列傳〉；冊五、頁 143。
318 郝志達、楊忠賢譯注：《史記》、卷 110、〈匈奴列傳〉；冊五、頁 143。
319 郝志達、楊忠賢譯注：《史記》、卷 118、〈淮南衡山列傳〉；冊五、頁 362。
320 郝志達、楊忠賢譯注：《史記》、卷 118、〈淮南衡山列傳〉；冊五、頁 365

12. 白起~武安君死前自省、良心覺知、降伏於天

「秦昭王與應侯群臣議曰：「白起之遷，其意尚怏怏不服，有餘言」。秦王乃使使者賜之劍，自裁。

武安君引劍將自剄，曰：「我何罪于<u>天</u>而至此哉？」

良久，曰：「我固當死。<u>長平之戰</u>，趙卒降者數十萬人，我詐而盡阬之，是足以死」；遂自殺；武安君之死也，以秦昭王五十年~前257十一月」[321]。

二. 司馬遷徹悟「天人之際」之踐履~「脩仁行義」

「立人之道曰仁與義」[322]

「[晉悼公]十五年~前558，悼公問治國於師曠。師曠曰：『惟仁義為本』」[323]。

「臣遷謹記高祖以來至太初諸侯，譜其下益損之時，令時世得覽。形勢雖彊，要之以仁義為本」[324]。

「向使秦緩其刑罰，薄賦斂，省繇役，<u>貴仁義</u>，賤權利，上篤厚，下智巧，變風易俗，化於海內，則世世必安矣」[325]。

「於是歷吉日以齊戒，襲朝衣，乘法駕，建華旗，鳴玉鸞，游乎六藝之囿，騖~驅馳乎仁義之涂~道途，覽觀春秋之林，射貍首，兼~守兼護佑騶虞[326]，弋玄鶴，建干戚，載雲罕，揜~取群雅，悲伐檀，樂樂胥，修容乎禮園，　翔乎書圃，述易道，放怪獸，登明堂，坐清廟，恣群臣，奏得失，四海之內，靡不受獲。於斯之時，天下大說，向風而聽，隨流而化，喟然興道而遷義，刑錯~措置而不用，德隆乎三皇，功羨於五帝。若此，故獵乃可喜也」[327]。

「<u>垂仁義之統</u>。將博恩廣施，遠撫長駕，使疏逖不閉，阻深闇昧得耀乎光明，以偃甲兵於此，而息誅伐於彼。遐邇一體，中外提福，不亦康乎？夫拯民於沈溺，奉至尊之休德，反衰世之陵遲，繼周氏之絕業，斯乃天子之急務也。百姓雖勞，又惡可以已哉？」[328]。

---

321 郝志達、楊忠賢譯注：《史記》、卷 73、〈白起王翦列傳〉；冊四、頁 129。
322《周易》、〈說卦傳〉；參 郭建勳《易經讀本》、頁 560。
323 郝志達、楊忠賢譯注：《史記》、卷 39、〈晉世家〉；冊三、頁 80。
324 郝志達、楊忠賢譯注：《史記》、卷 17、〈漢興以來諸侯王、年表〉；冊一、頁 618。
325 郝志達、楊忠賢譯注：《史記》、卷 112、〈平津侯主父列傳〉；冊五、頁 226。
326 傳說是一種虎軀貌首，白毛黑紋，尾巴很長的動物。據說生性仁慈，連青草也不忍心踐踏，不是自然死亡的生物不吃。
327 郝志達、楊忠賢譯注：《史記》、卷 117、〈司馬相如列傳〉；冊五、頁 226。
328 郝志達、楊忠賢譯注：《史記》、卷 117、〈司馬相如列傳〉；冊五、頁 325、卷 117。

「陸生時時前說稱詩書。高帝罵之曰:「乃公居馬上而得之,安事詩書!」陸生曰;「居馬上得之,寧可以馬上治之乎?且湯武逆取而以順守之,文武并用,長久之術也。昔者吳王夫差、智伯極武而亡;秦任刑法不變,卒滅趙氏。鄉使秦已并天下,行仁義,法先聖,陛下安得而有之?」 高帝不懌而有慚色,乃謂陸生曰:「試為我著秦所以失天下,吾所以得之者何,及古成敗之國」陸生乃粗述存亡之徵,凡著十二篇。每奏一篇,高帝未嘗不稱善,左右呼萬歲,號其書曰《新語》」[329]。

「昔虞、夏之興,積善累功數十年,德洽百姓,攝行政事,考之于天,然後在位。湯、武之王,乃由契、后稷脩仁行義十餘世,不期而會孟津八百諸侯,猶以為未可,其后乃放弒。秦起襄公,章於文、繆,獻、孝之後,稍以蠶食六國,百有餘載,至始皇乃能并冠帶之倫。以德若彼,用力如此,蓋一統若斯之難也」[330]。

「尚書有唐虞之侯伯,歷三代千有餘載,自全以蕃衛天子,豈非篤於仁義,奉上法哉?」[331]。

「及孝惠訖孝景閒五十載,追修高祖時遺功臣,及從代來,吳楚之勞,諸侯子弟若肺腑,外國歸義,封者九十有餘。咸表始終,當世仁義成功之著者也」[332]。

「人道 ~「立人之道曰仁與義」~《易、說卦》 經緯萬端, 規矩無所不貫, 誘進以仁義,束縛以刑罰,故德厚者位尊,祿重者寵榮,所以總一海內而整齊萬民也」[333]。

「仁以愛之,義以正之,如此則民治行矣」[334]。

「春作夏長,仁也;秋斂冬藏, 義也。仁近於樂,義近於禮。樂者敦和,率神而從天;禮者辨宜,居鬼而從地」[335]。

「夫淫佚生於無禮,故聖王使人耳聞雅頌之音,目視威儀之禮,足行恭敬之容,口言仁義之道。故君子終日言而邪辟無由入也」[336]。

司馬遷挑明治國之本～曰仁與義:

---

329 郝志達、楊忠賢譯注:《史記》、卷97、〈酈生陸賈列傳〉;冊四、頁600。
330 郝志達、楊忠賢譯注:《史記》、卷16、〈秦楚之際、月表〉;冊一、頁599～600。
331 郝志達、楊忠賢譯注:《史記》、卷18、〈高祖功臣侯者、年表〉;冊二、頁2。
332 郝志達、楊忠賢譯注:《史記》、卷19、〈惠景閒侯者、年表〉;冊二、頁41。
333 郝志達、楊忠賢譯注:《史記》、卷23、〈禮書〉;冊二、頁121。
334 郝志達、楊忠賢譯注:《史記》、卷24、〈樂書〉;冊二、頁165。
335 郝志達、楊忠賢譯注:《史記》、卷24、〈樂書〉;冊二、頁165。
336 郝志達、楊忠賢譯注:《史記》、卷24、〈樂書〉;冊二、頁206。

「與之為取、政之寶也」[337]「樊遲問『仁』子曰：『愛人』」[338]。

「[晉悼公]十五年~前558，悼公問『治國』於師曠。師曠曰：『惟仁義為本』」[339]。

褚先生曰：

(1)「地形險阻，所以為固也；兵革刑法，所以為治也。猶未足恃也。夫先王以仁義為本，而以固塞文法為枝葉，豈不然哉！」[340]。

(2) 褚先生引述賈誼之見：「一夫作難而七廟墮，身死人手，為天下笑者，何也？仁義不施，而攻守之勢異也」[341]。

三 . 《史記》於「脩仁行義」之具體記述表彰

「脩仁行義」即為「天人之際」之具實體現，茲以「本紀帝王、世家王族、列傳將相」等段落輯其大要略述如次：

(一)「本紀帝王」

1. 敬畏天命、無不配天～殷商明王、垂為典範

「周公歸，恐成王壯~年輕氣盛，治有所淫佚，乃作多士，作毋逸。

毋逸稱：『為人父母，為業至長久，子孫驕奢忘之，以亡其家，為人子可不慎乎！昔在殷王中宗，嚴恭敬畏天命，自度治民，震懼不敢荒寧，故中宗饗國七十五年。其在高宗，久勞于外，為與小人，作其即位，乃有亮闇，三年不言，言乃讙，不敢荒寧，密靖殷國，至于小大無怨，故高宗饗國五十五年。其在祖甲，不義惟王，久為小人于外，知小人之依，能保施小民，不侮寡，故祖甲饗國三十三年』。

多士稱曰：『自湯至于帝乙，無不率祀明德，帝無不配天者。在今後嗣王紂，誕淫厥佚，不顧天及民之從也，其民皆可誅』。

『文王日中昃不暇食，饗國五十年』。作此以誡成王」[342]。

---

337 郝志達、楊忠賢譯注：《史記》、卷62、〈管晏列傳〉；冊三、頁598。
338 郝志達、楊忠賢譯注：《史記》、卷67、〈仲尼弟子列傳〉；冊三、頁694。
339 郝志達、楊忠賢譯注：《史記》、卷39、〈晉世家〉；冊三、頁80。
340 郝志達、楊忠賢譯注：《史記》、卷48、〈陳涉世家〉；冊三、頁391。
341 郝志達、楊忠賢譯注：《史記》、卷48、〈陳涉世家〉；冊三、頁397。
342 郝志達、楊忠賢譯注：《史記》、卷33、〈魯周公世家〉；冊二、頁515～516。

2. 四叟建言於漢高祖：勿輕易仁孝太子

漢十二年～^{前195}，上～^{漢高祖}從擊破布軍歸，疾益甚，愈欲易太子。留侯諫，不聽，因疾不視事。叔孫太傅稱說引古今，以死爭太子。上詳許之，猶欲易之。及燕，置酒，太子侍。四人從太子，年皆八十有餘，鬚眉皓白，衣冠甚偉。上怪之，問曰：『彼何為者？』。四人前對，各言名姓，曰東園公，角里先生，綺里季，夏黃公。上乃大驚，曰：『吾求公數歲，公辟逃我，今公何自從吾兒游乎？』；四人皆曰：『陛下輕士善罵，臣等義不受辱，故恐而亡匿。竊聞太子為人仁孝，恭敬愛士，天下莫不延頸欲為太子死者，故臣等來耳』。上曰：『煩公幸卒調護太子』」³⁴³。

3. 漢武帝略悟「天心」、冊封勖勉其子劉閎為齊王

「維^[元狩]六年～^{前117}四月乙巳，皇帝使御史大夫湯廟立子^[劉]閎為齊王。曰：

於戲～^{嗚呼}、小子閎，受茲青社！朕承祖考，維稽古建爾國家，封于東土，世為漢藩輔。

於戲～^{嗚呼}、念哉！抱朕之詔，惟命不于常。人之好德，克明顯光。義之不圖，俾君子息。悉爾心，允執其中，天祿永終。厥～^{發語詞}有愆～^{罪過}不臧～^善，乃凶于而國，害于爾躬。

於戲～^{嗚呼}、保國艾～^{養護民}，可不敬與！王其戒之」³⁴⁴。

(二)「世家王侯」

1. 周公旦垂範～敬天仁孝、盡心竭力輔佐武王

「周公旦者，周武王弟也。自文王在時，旦為子孝，篤仁，異於群子。及武王即位，旦常輔翼武王，用事居多。武王九年，東伐至盟津，周公輔行。十一年，伐紂，至牧野，周公佐武王，作牧誓。破殷，入商宮。已殺紂，周公把大鉞，召公把小鉞，以夾武王，釁～^{殺牲血祭}社，告紂之罪于天、及殷民。釋箕子之囚。封紂子武庚祿父，使管叔、蔡叔傅之，以續殷祀。遍封功臣同姓戚者。封周公旦於少昊之虛曲阜，是為魯公。周公不就封，留佐武王」³⁴⁵。

343 郝志達、楊忠賢譯注：《史記》、卷55、〈留侯世家〉；冊三、頁491。
344 郝志達、楊忠賢譯注：《史記》、卷60、〈三王世家〉；冊三、頁572。
345 郝志達、楊忠賢譯注：《史記》、卷33、〈魯周公世家〉；冊二、頁509。

(三)「列傳將相」

1. 仁義君子～季子

太史公曰：孔子言「太伯可謂至德矣，三以天下讓，民無得而稱焉」。余讀春秋古文，乃知中國之虞與 荊蠻 句吳 兄弟也。延陵季子~季札之仁心、慕義無窮，見微而知清濁。嗚呼，又何其閎覽~見多識廣博物君子也」[346]。

2. 仁人子產

嘗謂韓宣子曰：「為政必以德、勿忘所以立」；子產者，鄭成公少子也。為人仁愛人~素仁愛人事君忠厚。孔子嘗過鄭，與子產如兄弟云。及聞子產死，孔子為泣曰：「古之遺愛~子產的仁愛乃古代的遺風也」[347]。

3. 趙國 宰相大戊午體恤生民

「趙肅侯十六年~前333，肅侯游 大陵，出於 鹿門，[宰相]大戊午扣馬曰：『耕事方急，一日不作，百日不食』。肅侯下車謝」[348]。

4. 孔子嘉許楚莊王 ～悅納建言、明辨義利～復立陳國

[陳]成公元年~前598 冬，楚莊王為 夏徵舒 殺[陳]靈公，率諸侯伐陳。謂陳曰：「無驚，吾誅 徵舒 而已」。已誅徵舒，因縣陳而有之~順勢就把陳國收編成為楚國的一個縣，群臣畢賀。申叔時使於齊來還，獨不賀。莊王問其故，對曰：「鄙語有之，牽牛徑人田，田主奪之牛。徑則有罪矣，奪之牛，不亦甚乎？今王以徵舒為賊弒君，故徵兵諸侯，以義伐之，已而取之，以利其地，則後何以令於天下！是以不賀」；莊王曰：「善」。乃迎陳靈公太子午於晉而立之，復君陳如故，是為成公。孔子讀史記至楚復陳，曰：「賢哉楚莊王！輕千乘之國而重一言」[349]。

5. 孟子對梁惠王的建言

惠王數被~遭受、困頓於軍旅，卑禮厚幣以招賢者。鄒衍、淳于髡、孟軻皆至梁。

梁惠王曰：「寡人不佞，兵三折於外，太子虜，上將死，國以空虛，以羞先君宗廟社稷，寡人甚丑之，叟不遠千里，辱幸至敝邑之廷，將何利吾國？」

孟軻曰：「君不可以言利若是。夫君欲利則大夫欲利，大夫欲利則庶人欲利，

---

346 郝志達、楊忠賢譯注：《史記》、卷31、〈吳太伯世家〉；冊二、頁463。
347 郝志達、楊忠賢譯注：《史記》、卷42、〈鄭世家〉；冊三、頁185。
348 郝志達、楊忠賢譯注：《史記》、卷43、〈趙世家〉；冊三、頁214。
349 郝志達、楊忠賢譯注：《史記》、卷36、〈陳杞世家〉；冊二、頁589～590。

上下爭利，國則危矣。為人君，仁義而已矣，何以利為」[350]。

6. 吳起慨論仁義於魏武侯

魏文侯既卒，起~吳起事其子[魏]武侯。武侯浮西河而下，中流，顧而謂吳起曰：「美哉乎山河之固，此魏國之寶也」。起對曰：「在德不在險。昔三苗氏左洞庭，右彭蠡，德義不修，禹滅之。夏桀之居，左河濟，右泰華，伊闕在其南，羊腸在其北，修政不仁，湯放之。殷紂之國，左孟門，右太行，常山在其北，大河經其南，修政不德，武王殺之。由此觀之，在德不在險。若君不修德，舟中之人盡為敵國也」。武侯曰：「善」[351]。

7. 騶衍陰陽等立論的終極訴求～仁義節儉

騶衍，後~年代晚於孟子。騶衍睹有國者益淫侈，不能尚德，若大雅整之於身，施及黎庶矣。乃深觀陰陽消息而作怪迂之變，〈終始〉、〈大聖〉之篇十餘萬言。其語閎大~宏大廣闊、不經~荒誕不合情理，必先驗小物，推而大之，至於無垠。先序今以上至黃帝，學者所共術，大并世盛衰，因載其禨祥度制，推而遠之，至天地未生，窈冥不可考而原也。先列中國名山大川，通谷禽獸，水土所殖，物類所珍，因而推之，及海外人之所不能睹。稱引天地剖判以來，五德轉移，治各有宜，而符應若茲。以為儒者所謂中國者，於天下乃八十一分居其一分耳。中國名曰赤縣神州。赤縣神州內自有九州，禹之序九州是也，不得為州數。中國外如赤縣神州者九，乃所謂九州也。於是有裨海環之，人民禽獸莫能相通者，如一區中者，乃為一州。如此者九，乃有大瀛海環其外，天地之際焉。其術皆此類也。然要其歸，必止乎仁義節儉，君臣上下六親之施，始也濫耳。王公大人初見其術，懼然顧化，其後不能行之」[352]。

8. 信陵君仁者風範

「[魏]公子~即信陵君為人仁而下士，士無賢不肖皆謙而禮交之，不敢以其富貴驕士。士以此方數千里爭往歸之，致食客三千人。當是時，諸侯以公子賢，多客，不敢加兵謀魏十餘年」。

「太史公曰：吾過大梁之墟，求問其所謂夷門。夷門者，城之東門也。天下諸公子亦有喜士者矣，然信陵君之接巖穴隱者，不恥下交，有以也。名冠諸侯，不虛耳。高祖每過之而令民奉祠不絕也」[353]。

---

350 郝志達、楊忠賢譯注：《史記》、卷44、〈魏世家〉；冊三、頁261。
351 郝志達、楊忠賢譯注：《史記》、卷65、〈孫子、吳起列傳〉；冊三、頁635～636。
352 郝志達、楊忠賢譯注：《史記》、卷74、〈孟子、荀卿列傳〉；冊四、頁138。
353 郝志達、楊忠賢譯注：《史記》、卷77、〈魏公子列傳〉；冊四、頁189、202。

9. 春申君為楚使、上書奏告秦昭王

「王若能持功守威，紲攻取之心而肥<u>仁義之地</u>，使無後患，三王不足四，五伯不足六也。王若負人徒之眾，仗兵革之彊，乘毀魏之威，而欲以力臣天下之主，臣恐其有後患也」[354]。

10. 蔡澤懟秦相范睢~^{應侯}

〔蔡澤〕將見〔秦〕昭王，使<u>人</u>宣言以感怒應侯曰：『燕客蔡澤，天下雄俊弘辯智士也。彼一見秦王，秦王必困君而奪君之位』。應侯聞、曰：『五帝三代之事，百家之說，吾既知之，眾口之辯，吾皆摧之，是惡能困我而奪我位乎？』。使人召蔡澤。蔡澤入，則揖應侯。應侯固不快，及見之，又倨，應侯因讓之曰：『子嘗宣言欲代我相秦，寧有之乎？』，對曰：『然』；應侯曰：『請聞其說』。蔡澤曰：『吁、君何見之晚也！夫四時之序，成功者去。夫人生百體堅彊，手足便利，耳目聰明而心聖智，豈非士之願與？』；應侯曰：『然』。蔡澤曰：『質仁秉義，行道施德，得志於天下，天下懷樂敬愛而尊慕之，皆願以為君王，豈不辯智之期與？』。應侯曰：『然』。蔡澤復曰：『富貴顯榮，成理萬物，使各得其所；性命壽長，終其天年而不夭傷；天下繼其統，守其業，傳之無窮；名實純粹，澤流千里，世世稱之而無絕，與天地終始：豈道德之符而聖人所謂吉祥善事者與？』；應侯曰：『然』」[355]。

11. 屈原重仁襲義

〈懷沙〉「任重載盛兮，陷滯而不濟；懷瑾握瑜兮，窮不得余所示。邑犬群吠兮，吠所怪也；誹駿疑桀~^{誹謗猜忌俊傑}兮，<u>固庸態</u>~^{小人醜態}也。<u>文質疏內</u>~^{外表疏遠內心質樸}兮，眾不知吾之異采；材樸委積~^{棄置堆積一旁}兮，莫知余之所有。<u>重仁襲義</u>兮，謹厚以為豐；重華~^{虞舜}<u>不可悟</u>~^{音晤、會晤、相逢}兮，孰知余之從容~^{優閒自在}」[356]。

12. 荊軻刺秦王義舉

「太史公曰：世言荊軻，其稱太子丹之命，『天雨粟，馬生角』也，太過。又言荊軻傷秦王，皆非也。始 公孫季功、董生 與 夏無且 遊，具知其事，為余道之如是~^{彼等告訴我的即是我所記載的}。自曹沫至荊軻五人，此<u>其義</u>或成或不成，然其立意較然，不欺其志，名垂後世，豈妄也哉！」[357]。

---

354 郝志達、楊忠賢譯注：《史記》、卷 78、〈春申君列傳〉；冊四、頁 206。
355 郝志達、楊忠賢譯注：《史記》、卷 79、〈范睢、蔡澤列傳〉；冊四、頁 246～248。
356 郝志達、楊忠賢譯注：《史記》、卷 84、〈屈原、賈生列傳〉；冊四、頁 335。
357 郝志達、楊忠賢譯注：《史記》、卷 86、〈刺客列傳〉；冊四、頁 389。

13. 陸賈對漢高祖的建言

「陸賈者、楚人也。以客從高祖定天下,名為有口辯士,居左右,常使諸侯。陸生時時前說稱詩書。高帝罵之曰:『乃公居馬上而得之,安事詩書!』;陸生曰:『居馬上得之,寧可以馬上治之乎?且湯武逆取而以順守之,文武并用,長久之術也。昔者吳王夫差、智伯極武而亡;秦任刑法不變,卒滅趙氏。鄉使秦已并天下,行仁義,法先聖,陛下安得而有之?』。高帝不懌而有慚色,乃謂陸生曰:『試為我著秦所以失天下,吾所以得之者何,及古成敗之國』。陸生乃粗述存亡之徵,凡著十二篇。每奏一篇,高帝未嘗不稱善,左右呼萬歲,號其書曰《新語》」[358]。

14. 諫臣袁盎

「袁盎者,楚人也,字絲。父故為群盜,徙處安陵。高后時,盎嘗為呂祿舍人。及孝文帝即位,盎兄噲任盎為中郎。然袁盎亦以數直諫,不得久居中,調為隴西都尉。仁愛士卒,士卒皆爭為死。還為齊相。徙為吳相,辭行,種謂盎曰:『吳王驕日久,國多姦。今苟欲劾治,彼不上書告君,即利劍刺君矣。南方卑溼,君能日飲,毋何,時說王曰毋反而已。如此幸得脫』盎用種之計,吳王厚遇盎」[359]。

太史公曰:「袁盎雖不好學,亦善傅會,仁心為質、引義慨。遭孝文初立,資適逢世」[360]。

15. 徐樂上書奏告漢高祖

趙人徐樂上書高祖:

「名何必湯武,俗何必成康!雖然,臣竊以為陛下天然之聖,寬仁之資,而誠以天下為務,則湯武之名不難侔,而成康之俗可復興也。此二體者立,然後處尊安之實,揚名廣譽於當世,親天下而服四夷,餘恩遺德為數世隆,南面~而王~負~背靠屏~音倚、屏風~攝袂~捲起衣~袖而揖王公,此陛下之所服~如著衣著、即日常之所為也」[361]。

16. 東方朔力陳「處士之道」

漢武帝時、齊人東方朔應對漢廷學宮諸博士生曰:

「…苟能修身,何患不榮![齊]太公躬行仁義七十二年,逢文王,得行其說,封於齊,七百歲而不絕。此士之所以日夜孜孜,修學行道,不敢止也。今世之處士~

---

358 郝志達、楊忠賢譯注:《史記》、卷97、〈酈生、陸賈列傳〉;冊四、頁600。
359 郝志達、楊忠賢譯注:《史記》、卷101、〈袁盎晁錯列傳〉;冊四、頁652。
360 郝志達、楊忠賢譯注:《史記》、卷101、〈袁盎晁錯列傳〉;冊四、頁662。
361 郝志達、楊忠賢譯注:《史記》、卷112、〈平津侯主父列傳〉;冊五、頁221。

^{隱士}，時雖不用，崛然^{~超然}獨立，塊然獨處，上觀許由，下察接輿，策同范蠡，忠合子胥，天下和平，與義相扶，寡偶少徒，固其常也。子何疑於余哉。於是諸先生默然無以應也³⁶²。

17. 司馬相如撰文闡述其奉命出使西蜀之原由

「…創道德之涂，垂仁義之統。將博恩廣施，遠撫長駕，使疏逖不閉，阻深闇昧得耀乎光明，以偃甲兵於此，而息誅伐於彼。遐邇一體，中外禔福，不亦康乎？夫拯民於沈溺，奉至尊之休德，反衰世之陵遲，繼周氏之絕業，斯乃天子之急務也。百姓雖勞，又惡可以已哉？」³⁶³。

18. 有道仁人 ^{~不愛其軀、赴士之困厄}；俠客之義^{~專趣人之急、屢見不鮮}

「愛施者、仁之端也，取予者、義之符也」³⁶⁴。

「太史公曰：『昔者虞舜窘於井廩^{~淘水井修倉廩}，伊尹負於鼎俎^{~喻身為廚}師，傅說匿於傅險^{~傅巖服苦役}，呂尚^{~姜尚（齊太公）}困於 棘 津^{~河渡口}，夷吾桎梏，百里飯牛，仲尼畏匡，菜色陳、蔡。此皆學士所謂有道仁人也，猶然遭此菑^{~災、意指困厄}，況以中材而涉亂世之末流乎？其遇害何可勝道哉！』」³⁶⁵。

「今游俠，其行雖不軌於正義，然 其言必信、其行必果，已諾必誠、不愛其軀，赴士之阸^{~＝隘困}困，既已^{~已然經歷}存亡死生矣，而不矜其能，羞伐其德，蓋亦有足^{~足以}以多^{~美言者}者焉」³⁶⁶。

(1) 施教導民、仁心治政

「孫叔敖者，楚之處士也。虞丘相進之於楚莊王，以自代也。三月為楚相，施教導民，上下和合，世俗盛美，政緩禁止，吏無姦邪，盜賊不起。秋冬則勸民山採，春夏以水，各得其所便，民皆樂其生」³⁶⁷。

「子產者，鄭之列大夫也。鄭昭君之時，以所愛徐摯為相，國亂，上下不親，父子不和。大宮子期言之君，以子產為相。為相一年，豎子不戲狎，斑白不提挈，僮子不犁畔。二年，市不豫賈。三年，門不夜關，道不拾遺。四年，田器不歸。五年，士無尺籍，喪期不令而治。治鄭二十六年而死，丁壯號哭，老人兒啼，

362 郝志達、楊忠賢譯注：《史記》、卷126、〈滑稽列傳〉；冊五、頁527。
363 郝志達、楊忠賢譯注：《史記》、卷117、〈司馬相如列傳〉；冊五、頁325（320～326）。
364 郝志達、楊忠賢譯注：《史記》冊五、頁705〈報任安書〉。
365 郝志達、楊忠賢譯注：《史記》、卷124、〈遊俠列傳〉；冊五、頁492。
366 郝志達、楊忠賢譯注：《史記》、卷124、〈遊俠列傳〉；冊五、頁492。
367 郝志達、楊忠賢譯注：《史記》、卷124、〈循吏列傳〉；冊五、頁385。

曰：「子產去我死乎！民將安歸？」[368]。

(2) 以身殉法、護守綱紀

「淮南王謀反，憚~[長孺]汲黯，曰：「好直諫，守節死義，難惑以非」[369]。

「公儀休者，魯博士也。以 高弟為魯相。奉法循理，無所變更，百官自正。使食祿者不得與下民爭利，受大者不得取小」[370]。

「石奢者，楚昭王相也。堅直廉正，無所阿避。行縣，道有殺人者，相追之，乃其父也。縱其父而還自系焉。使人言之王曰：「殺人者，臣之父也。夫以父立政，不孝也；廢法縱罪，非忠也；臣罪當死。」王曰：「追而不及，不當伏罪，子其治事矣。」石奢曰：「不私其父，非孝子也；不奉主法，非忠臣也。王赦其罪，上惠也；伏誅而死，臣職也」。遂不受令，自刎而死」[371]。

「李離者，晉文公之理也。過聽殺人，自拘當死。文公曰：「官有貴賤，罰有輕重。下吏有過，非子之罪也」。李離曰：「臣居官為長，不與吏讓位；受祿為多，不與下分利。今過聽殺人，傅其罪下吏，非所聞也」；辭不受令。文公曰：「子則自以為有罪，寡人亦有罪邪？」李離曰：「理有法，失刑則刑，失死則死。公以臣能聽微決疑，故使為理。今過聽殺人，罪當死」。遂不受令，伏劍而死」[372]。

四. 漢文帝的範式

(一) 倚據聖王垂範

「[周]武王以仁義伐紂而王」[373]。

(二) 仁善母后懿德風範

「代王立十七年，高后崩。大臣議立後，疾外家呂氏彊，皆稱薄氏仁善，故迎代王，立為孝文皇帝」[374]。

---

368 郝志達、楊忠賢譯注：《史記》、卷124、〈循吏列傳〉；冊五、頁386。
369 郝志達、楊忠賢譯注：《史記》、卷120、〈汲（黯）、鄭（當時）傳〉；冊五、頁398。
370 郝志達、楊忠賢譯注：《史記》、卷124、〈循吏列傳〉；冊五、頁387。
371 郝志達、楊忠賢譯注：《史記》、卷124、〈循吏列傳〉；冊五、頁388。
372 郝志達、楊忠賢譯注：《史記》、卷124、〈循吏列傳〉；冊五、頁389。
373 郝志達、楊忠賢譯注：《史記》、卷74、〈孟子、荀卿列傳〉；冊四、頁140。
374 郝志達、楊忠賢譯注：《史記》、卷49、〈外戚列傳〉；冊三、頁404。

（三）祭祀之用心與奉行～「郊祀昊天上帝、郊見人皇五帝」有所分殊

「十五年~前165，於是上~孝文帝乃下詔曰：『…朕親郊祀上帝~昊天上帝諸神…』」。

有司禮官皆曰：「古者天子夏躬親禮祀上帝~昊天上帝於郊，故曰郊」；

「於是天子始幸[於]雍，郊見五帝，以孟夏四月答禮~禮敬五帝焉」375。

「十六年~前164 上~孝文帝 親郊見於渭陽五帝廟，亦以夏答禮~禮敬五帝」376。

（四）夙興夜寐、勤勞天下

「後二年~十八年、前162，上~孝文帝曰：『朕既不明，不能遠德，是以使方外之國或不寧息。夫四荒之外不安其生，封畿之內勤勞不處，二者之咎，皆自於朕之德薄而不能遠達也。閒者~近來累年~連年，匈奴并暴邊境，多殺吏民，邊臣兵吏又不能諭~明白吾內志，以重吾不德也。夫久結難連兵，中外之國將何以自寧？今朕夙興夜寐，勤勞天下，憂苦萬民，為之怛惕不安，未嘗一日忘於心，故遣使者冠蓋相望，結~連結軼~車轍於道，以諭朕意於單于。今單于反~返古之道，計社稷之安，便萬民之利，親與朕俱棄細過，偕之大道，結兄弟之義，以全天下元元之民。和親已定，始于今年』」377。

（五）體恤百姓、以德化民

「孝文帝從代~代國來，即位二十三年，宮室苑囿狗馬服御無所增益，有不便，輒弛以利民。嘗欲作露臺，召匠計之，直百金。上~孝文帝曰：「百金中民十家之產，吾奉先帝宮室，常恐羞之，何以臺為！」上常衣綈衣~質地粗厚的絲質衣服，所幸慎夫人，令衣不得曳地，幃帳不得文繡，以示敦樸，為天下先。霸陵~陵墓皆以瓦器，不得以金銀銅錫為飾，不治墳，欲為省，毋煩民。南越王尉佗自立為武帝，然上召貴~召來並使之顯貴尉佗兄弟，以德報之，佗遂去帝稱臣。與匈奴和親，匈奴背約入盜，然令邊備守，不發兵深入，惡煩苦百姓。吳王詐病不朝，就賜几杖。群臣如袁盎等稱說雖切，常假借用之。群臣如張武等受賂遺金錢，覺~被發掘，上乃發御府金錢賜之，以愧其心，弗下吏~不下交執法官辦案。專務以德化民，是以海內殷富，興於禮義」378。

---

375 郝志達、楊忠賢譯注：《史記》、卷10、〈孝文本紀〉；冊一、頁406。
376 郝志達、楊忠賢譯注：《史記》、卷10、〈孝文本紀〉；冊一、頁407。
377 郝志達、楊忠賢譯注：《史記》、卷10、〈孝文本紀〉；冊一、頁407。
378 郝志達、楊忠賢譯注：《史記》、卷10、〈孝文本紀〉；冊一、頁409。

（六）　謙沖自抑、郊祀上帝；與民共享天恩、徹底絕除迷信、

「其後十八年，孝文帝即位。即位十三年，下詔曰：「今祕祝移過于下、朕甚不取。自今除之」[379]。「是歲，制曰：『朕即位十三年于今，賴宗廟之靈，社稷之福，方內艾~音易、和適~安，民人靡疾。間者~此期間比年登，朕之不德，何以饗此？皆上帝諸神之賜也』[380]。

「蓋聞古者饗其德必報其功，欲有增諸神祠。有司議增雍五時路車各一乘，駕被具；西時畦時禺~木偶車各一乘，禺馬四匹，駕被具；其河、湫、漢水加玉各二；及諸祠，各增廣壇場，珪幣俎豆以差~按等級加之。而祝祕者歸福於朕、百姓不與焉。自今祝致敬、毋有所祈~不得單單為我祈福」[381]。

「其夏、下詔曰：『異物之神見於成紀，無害於民，歲以有年。朕祈郊上帝諸神，禮官議，無諱以勞朕』。有司皆曰「古者天子夏親郊，祀上帝於郊、故曰郊」」[382]。

「人有上書告新垣平所言 氣~望氣神事皆詐~騙局也。下 平~新垣平吏治，誅夷新垣平。自是之後，文帝怠於 改正朔、服色、神明之事，而渭陽、長門五帝使祠官領，以時致禮，不往焉」[383]。

五.《聖經》論「天人合一」

司馬遷冀求「天人之際」、是亦世人苦心孤詣所尋覓者。《聖經》啟示了明確的道路：當從「自是、自我、自義、自利」的迷思中「迴轉」、以信心接受「道成肉身」的耶穌~上帝救贖的羔羊，蒙受天恩、與神和好，坦然「與天對遇」成為「神的兒女」臻至確切的「天人合一」。

（一）太初有道~本體天

「太初有道，道與神同在，道就是神。這道太初與神同在。萬物是藉著他造的；凡被造的，沒有一樣不是藉著他造的。生命在他裡頭，這生命就是人的光。光照在黑暗裡，黑暗卻不接受光。有一個人，是從神那裡差來的，名叫約

---

379 郝志達、楊忠賢譯注：《史記》、卷28、〈封禪書〉；冊二、頁352。
380 郝志達、楊忠賢譯注：《史記》、卷28、〈封禪書〉；冊二、頁352。
381 郝志達、楊忠賢譯注：《史記》、卷28、〈封禪書〉；冊二、頁352。
382 郝志達、楊忠賢譯注：《史記》、卷28、〈封禪書〉；冊二、頁353。
383 郝志達、楊忠賢譯注：《史記》、卷28、〈封禪書〉；冊二、頁355。

翰~施洗約翰。這人來，為要作見證，就是為光～成了肉身的道（即神子耶穌，祂如光般，引領如走迷的世人歸向上帝）作見證，叫眾人因他可以信。他不是那光，乃是要為光作見證。那光是真光，照亮一切生在世上的人。他在世界，世界也是藉著他造的，世界卻不認識他。他到自己的地方來，自己的人倒不接待他」~約翰福音 1：1～11。

（二）道成肉身~神的羔羊

★讓世人看見不能看見的神

「道成了肉身，住在我們中間，充充滿滿地有恩典有真理。

我們~曾目睹眼神子耶穌的見證者、門徒們也見過他的榮光，正是父獨生子的榮光」~約翰福音 1：14。

「愛子~神子耶穌、成了肉身的道是那 不能看見之神 的 像~εἰκών、ikon、光標」~歌羅西書 1：15；384。

★成為神救贖的羔羊、讓世人因信稱義與神和好

「次日，約翰看見耶穌來到他那裡，就說：

『看哪、神的羔羊，除去 世人罪孽的！』」~約翰福音 1：29。

「你們從前遠離神的人，如今卻在基督耶穌裡，靠著他的血，已經得親近了。因他使我們和睦，將兩下合而為一，拆毀了中間隔斷的牆；

而且以自己的身體廢掉冤仇，就是那記在律法上的規條，為要將兩下藉著自己造成一個新人，如此便成就了和睦。 既在十字架上滅了冤仇，便藉這十字架，使 兩下歸為一體，與神和好了」~以弗所書 2:13～16。

「我們既因信稱義，就藉著我們的主耶穌基督得與神相和」~羅馬書 5:1。

384「像」希臘原文為 εἰκών、中文翻譯為「像」英譯為「likeness」都無以貼切表述其義。英文音譯「ikon」則較為容易引申其奧義，將「ikon」中譯為「光標」則能深切體會其真義。「光標」是使用電腦時，使用的人與電腦的「聯結點」，是人進入電腦之切入點。有限世人要與無限上帝聯結，乃是透過耶穌為聯結點，透過上帝的兒子道成肉身，世人才得以看見那看不見的上帝，從而與上帝聯結，支取上帝的生命，成為神的兒女。

（三）神的兒女 ～天人際遇、天人合一的極致體現

「耶穌在門徒面前另外行了許多神蹟，沒有記在這書上。

但記這些事要叫你們信 耶穌是基督，是神的兒子，

並且叫你們信了他、就可以因他的名得生命」 ～約翰福音 20：30～31 。

「凡接待他的，就是信他名的人，他就賜他們權柄作 神的兒女。這等人不是從血氣生的，不是從情慾生的，也不是從人意生的，乃是從神生的」 ～約翰福音 1：12～13 。

「聖靈與我們的心 同證 我們是神的兒女」 ～羅 8:16 。

結語

　　就史學觀點，對世事的探究必究查其元初。司馬遷於華夏民族的源起謂曰：「天者、人之始也」。並定稱先祖「黃帝」為華夏民族的始祖。

　　《史記》記載了華夏民族從黃帝到漢武帝的歷史，一則記述了此期間「天人乖離」斑斑血淚的歷史進程，另則記載了諸多「脩仁行義」的行跡，從而表述了司馬遷撰著《史記》苦心孤詣、念茲在茲「究天人之際」的用心。

　　司馬遷闡述「天人際遇」契合於《舊約》先知彌迦 ～前 8 世紀、與以賽亞同時代 所表明的上帝的心意：「世人哪、耶和華已指示你何為善。他向你所要的是甚麼呢。只要你行公義、好憐憫 ～仁、存謙卑的心、與你的神同行 ～天人之際」 ～彌迦書 6:8。

　　「神是不偏待人，原來各國中那敬畏主、行義的人都為主所悅納」 ～使徒行傳 10:34～35 。「因仁由義、與神同行」，世人都能就近上帝。「原來在神面前，不是聽 律法～上帝給其子民的誡命 的為義，乃是行律法的稱義。沒有律法的外邦人，若順著本性行律法上的事，他們雖然沒有律法，自己就是自己的律法。這是顯出律法的功用刻在他們心裡，他們是非之心同作見證，並且他們的思念互相較量，或以為是，或以為非。就在神藉耶穌基督審判人隱祕事的日子，照著我的福音所言」 ～羅馬書 2:13～16 。

　　世人都在追尋與天際遇的路徑～「生命之道」，不但華夏民族如此，希臘人亦然。約在西元 50 年，使徒保羅到了希臘雅典，他在亞略巴古～雷神山、當時為議會所在地，保羅受邀、對議員說了一段話：「眾位雅典人哪，我看你們凡事很敬畏鬼神。我遊行的時候，觀看你們所敬拜的，遇見一座壇，上面寫著『未識之神』。你們所不認識而敬拜的，我現在告訴你們。創造宇宙和其中萬物的神，既是天地的主，就不住人手所造的殿，也不用人手服侍，好像缺少什麼，自己倒將生命、氣息、萬物賜給萬人。他從一本造出萬族的人，住在全地上，並且預先定準他們的年限和所住的疆界，要叫他們尋求神，或者可以揣摩而得；其實他離我們各人不遠。我們生活、動作、存留，都在乎他，就如你們作詩的有人說：『我們也是他所生的』。我們既是神所生的，就不當以為神的神性像人用手藝、心思所雕刻的金、銀、石。世人蒙昧無知～以自己的心思、方法、路逕尋求神的時候，神並不監察～嚴厲糾察，如今卻盼咐各處的人都要悔改～從自以為是的思慮中迴轉。因為他已經定了日子，要藉著他所設立的人～道成肉身的耶穌、救贖的羔羊按公義～絕然無所偏私的救贖之道審判天下，並且叫祂從死裡復活，給萬人作可信的憑據」～使徒行傳 17:22 ～ 31。道成肉身的耶穌、救贖的羔羊，受死而成就救贖、復活而釋解罪惡的權勢並誇勝死亡，讓世人能信靠祂而有新造的生命，不再受罪惡權勢的綑綁、也能有末日復活的盼望[385]。

385《聖經》攸關「復活」的啟示另參：約 11:25 ～ 26、林前 15 章、帖前 4:13 ～ 18，來 2:9 ～ 15。

Ⅲ.4《說文解字》「達神恉」窔義探究～掘發會天之意的漢字併觀照其與《聖經》啟示之或有聯結～

前言

在《說文解字》、〈序〉中，許慎挑明其撰著《說文解字》之目的：「理群類[386]、解謬誤、曉學子、達神恉」。顯然許慎字解的終極目的其一乃在「達神恉」。

「六書」～「象形、指事、會意、形聲、轉注、假借」是「文、字」之形成與其「著、作」的類別，而不是機械式定規造字的範式、規則。

就「會意」的形成，自然無須僅僅框限在人情事理的知見、自然萬象的觀察之中，意即「文、字、著、作」之原由及其詮釋可以會通於更超越的、六合之外的聯想～得意於「天心」、通達於「神恉」。

西漢董仲舒對於漢字字義常有其獨到的見解，即如蘇輿所云「董好以字形說義，如性之名為生，二畫連中為王，二中為患之類」[387]。《說文解字》中亦見許慎嘗引董仲舒的字解以釋字義[388]。「天不言，使人發其意；弗為，使人行其中。名則聖人所發天意，不可不深觀也」，於此蘇輿注曰：「名起於字，積字為名，故名亦訓字。字所以別事物，明上下，其造作本於天意，故造書者謂之聖人」[389]。宜哉斯謂：「字之造作本於天意」。

386「方以類聚，物以群分」，「方法」為無形道體、類比聚合；「物體」乃具象之器、群集區分。「道、器」之別，「形上、形下」之分，「有形、無形」之意識乃許慎字解的機要訴求。

387【清】蘇輿：《春秋繁露義證》；頁 244。

388《春秋繁露》、〈仁義法〉有謂「故仁之為言人也，義之為言我也」；《說文》「誼、人所宜也。」「義、己之威儀也、從我從羊。己之威儀，即正我 意。」於此，蘇輿以為「漢人多以仁義作誼，威儀作義。細繹許說，則義字實參董訓」。參 蘇輿：《春秋繁露義證》，頁 244。又《六書精蘊》「一中為中、二中為患」用董說「心止於一中者、謂之中，持二中者、謂之患」。「說文解字」、古之人「物而書文」蹊徑獨到、有別六書法式，別具富饒義趣。在〈天道無二〉篇更聯綴於《詩經》「上帝臨汝、無二爾心」闡述天道：當矢志專一、忠心敬事上帝。見【清】蘇輿《春秋繁露義證》，頁 339。

389【清】蘇輿：《春秋繁露義證》；頁 278～279。

　　漢字有「意象」，《聖經》中好些攸關「創造」、「救贖」的漢字，仔細推敲其造字意涵和《聖經》記述或有關聯，這些字很可能是淵源於該隱聽聞亞當講述的故事而衍生，或是該隱之後裔聽聞傳說，於焉、聖人遂有「別事物，明上下」～超越於物像、靈通於形上的造作。因此這些字或可謂是「會於天意」的「會意」字。如此理解的字義，對許慎《說文解字》的字解、詮釋或可提供另類說法，甚或能掘發更深層的字辭意涵和其象形意表。

　　本文特就《說文解字》以「一、宀、示、祭」開篇論起；其次從《聖經》啟示「創造與救贖」的重要面向和與之相關的漢字作聯結探索，以查究許慎撰著《說文解字》以「達神恉」的用心。

　　又、本文論述參用文本：【清】段玉裁《說文解字注》～台北、頂淵文化；在引用時於引文後標記其頁碼、以資查考。

壹、《說文解字》～〈序〉擷要

　　許慎在《說文解字》、〈序〉之伊始，概述中國「文、字」的源起，和「文字」具體的表記方法～「著於竹帛」曰「作書」；此外、也勾勒「書」之類別～「六書」。其曰：

> 古者庖羲氏之王天下也，仰則觀象於天，俯則觀法於地，視鳥獸之文與地之宜，近取諸身，遠取諸物；於是始作《易》八卦，以垂憲象。
>
> 及神農氏，結繩為治，而統其事。庶業其繁，飾偽萌生。
>
> 黃帝史官倉頡，見鳥獸蹄迒之跡，知分理之可相別異也，初造書契。百工以乂，萬品以察，蓋取諸夬。「夬，揚於王庭」，言文者，宣教明化於王者朝庭，「君子所以施祿及下，居德則忌」也。
>
> 倉頡之初作書，蓋依類象形，故謂之文。其後形聲相益，即謂之字。
>
> 文者，物象之本；字者，言孳乳而寖多也。著於竹帛謂之書。書者，如也。
>
> 以迄五帝三王之世，改易殊體，封於泰山者七十有二代，靡有同焉。

　　「文、字」之「著、作」從三王、五帝到商周、秦漢、歷代更迭，有其演變～所謂的「改易殊體」。「文、字」的分類依《周禮》所記、則有所謂之「六

書」：

> 《周禮》：八歲入小學，保氏教國子，先以六書。
>
> 一曰指事。指事者，視而可識，察而見意，「上、下」是也。
>
> 二曰象形。象形者，畫成其物，隨體詰詘，「日、月」是也。
>
> 三曰形聲。形聲者，以事為名，取譬相成，「江、河」是也。
>
> 四曰會意。會意者，比類合誼，以見指撝，「武、信」是也。
>
> 五曰轉注。轉注者，建類一首，同意相受，「考、老」是也。
>
> 六曰假借。假借者，本無其事，依聲託事，「令、長」是也。

貳、《說文解字》以「一、示」開篇

　　《說文解字》字解從「一、示」開篇；緊隨於「一」者乃「元、兀～上、帝」；跟隨在「示」之後的其為「神、祭、祀、祟、禪」。如此這般的鋪陳，可謂許慎於「達神恉」、「會天心」的意圖與用心昭然若揭。

一.論「一」

___ ～（1）；390

────────

> 《說文》「惟初太始，道立於一，造分天地，化成萬物。凡一之屬皆從一」。
>
> 《說文》以「一」為元初太始、道之所立，契合於《聖經》啟示：
>
> 「太初有道，道與神同在，道就是神。 這道太初與神同在。
>
> 萬物是藉著他造的；凡被造的，沒有一樣不是藉著他造的。
>
> 生命在他裡頭，這生命就是人的光」 ～約翰福音 1:1～4
>
> 「起初、上帝創造天與地」 ～創 1:1 ；「萬有都是本於他，倚靠他，歸於他」 ～羅馬書 11:36 。

────────────────────────────────

390【清】段玉裁：《說文解字注》；台北、頂淵文化、括號內的阿拉伯數字乃指該字在《說文解字注》中的
　　頁碼、餘下同。

天⁽¹⁾

《說文》「顚也。至高無上，從一、大」。

「方以類聚，物以群分」，方法乃無形道體、得以類比聚合；物體是具象之器、可以群集區分。「道、器」之別，「形上、形下」之分，「有形、無形」之意識乃許慎字解樞機訴求之一：「理群類」。「一大」為「天」～顚、至高無上。

舊約〈尼希米記〉對奣然自立、無出其右之「顚～極至」，「至高無上～一大之天」稱曰：「我們的神啊，你是至大、至能、至可畏」 ～尼希米記 9:32 。

亠⁽¹⁾

《說文》：「亠：高也。此古文 上，指事也。凡亠之屬皆從 亠」。

帝⁽²⁾

《說文》：「帝：諦也。王天下之號也。從亠、朿～音刺聲」。

「王天下之號也」之意，前中華福音神學院長林道亮稱曰：「謂天上審判者也」，意思是說宇宙中有一位審判者治理萬民，袖高高在上，所以稱其為上帝。

「上帝」～「亠帝」如王者統管萬有、袖是創造萬物的「神」。

二. 論「示」

示⁽²⁾

《說文》「示：天垂象，見吉凶，所以示人也。從亠；三垂、日月星也。

觀乎天文，以察時變。示，神事也。凡示之屬皆從示」。

《說文解字》對「天啟」作了最剔透的析述：「天垂象，所以示神事也」；許慎就「天垂象」、「觀乎天文」，引申解釋「三垂」、其乃「日月星也」，意思是說「天」透過「日、月、星辰」的存有，向世人啟示、表明「使之然者」超然物外的存在。誠如《聖經》諭云：

「自從造天地以來，神的永能和神性是明明可知的，雖是眼不能見，但藉

著所造之物就可以曉得，叫人無可推諉」 ～罗馬書 1:20 。

「諸天述說神的榮耀，穹蒼傳揚他的手段。 這日到那日發出言語，這夜到那夜傳出知識。無言無語，也無聲音可聽。他的量帶通遍天下，他的言語傳到地極」 ～詩篇 19:1～4 。

此外，或有謂「示」是「祭」的簡體象形字，「示」字其上之「一」 ～亦或標記為 「ˋ」是表明祭祀用的「犧牲」～被剖開為兩半的「祭」[391]物，置放在檯面上；「三垂」是檯面下的三根支柱。「獻祭」乃關乎其所祭祀對象「神」的大事，正如許慎所謂的「示，神事也」。因此，所有「示」字旁的字都與「神」有關，「福、禍，祥、祿、禱、祐、神、祇、祈、祐、祝、禮、社」等等。

祭 [(3)]

《說文》「祭：祭祀也。從示，以手持肉」。

「示，神事也」、祭司「以手持肉」敬薦於神，故謂「祭：祭祀也」。從許慎對「祭」的字解，可以推論華夏民族，自古就清楚明白，來到「神」面前必須「祭祀」，意即當獻上血祭～贖罪的犧牲，其原因是自覺愧疚虧欠於天，罪該「一」死，但用犧牲的性命取代了該死的自己。

祀 [(5)]

《說文》「祭無 巳～止、訖；去、棄也。從示巳～似聲」。

柴 [(4)]、尞 [(480)]、禪[(7)]

《說文》「柴 ～上此、下示、燒柴、　祭天也」。「禪：祭天也。從示單聲」。

「尞：柴祭天也。從火從眘。眘、古文慎字。祭天所以慎也」。

關於「柴、尞（燎）、禪」等焚燒犧牲向「天」獻上的馨香之祭禮，茲以《聖經》燔祭的定例相關照，申述如次：

---

391 縱然許慎解「祭」稱「祭：祭祀也。從示、以手持肉」；但若從另一象形視角來觀察「祭」字，則其上半、是由「月」和「反月」所構建而成：月～剖開祭肉之半邊與反月～與「月」聯結為一塊的另半邊的犧牲祭肉被擱置在祭台上，如此，上半的「祭肉」和下半的「祭台」就結而成會天之意的象形字「祭」。

　　「他的供物若以牛為燔祭，就要在會幕門口獻一隻沒有殘疾的公牛，可以在耶和華面前蒙悅納。他要按手在燔祭牲的頭上，燔祭便蒙悅納，為他贖罪。他要在耶和華面前宰公牛。亞倫子孫做祭司的，要奉上血，把血灑在會幕門口壇的周圍。那人要剝去燔祭牲的皮，把燔祭牲切成塊子。祭司亞倫的子孫要把火放在壇上，把柴擺在火上。亞倫子孫作祭司的，要把肉塊和頭並脂油擺在壇上火的柴上。但燔祭的臟腑與腿，要用水洗。祭司就要把一切全燒在壇上，當做燔祭，獻於耶和華為馨香的火祭」^{～利未記 1:3～9}。

　　華夏民族「柴、尞、燎」～柴燒犧牲、祭「天」以慎；以色列百姓透過祭司把犧牲^{～牛、羊}在祭壇上以柴火焚燒、獻於名為「耶和華^{～他是}」的上帝為馨香的火祭。兩者可謂是異曲同工。試問誰能有超越的地位和智慧分辨，武斷評論說他們敬獻的對象，人心溯源的終極超越者～「天」與「耶和華」不同而有所分殊？

參、會意^{～會於天意}的漢字

　　許多漢字，可因於「聖經啟示」而掘發其更深邃絕妙的意涵。

　　謹從「天啟^{～示}」、「創造^{～天神～引出萬物者}」與「救贖^{～祭祀}」的面向切入、探究如次：

一．攸關創造

　　對本體「上、帝」的字解即如前所述，關乎「創造」再就「神、創、造、誠、恍、惚、穹、蒼」等字臚列其字義如次：

神⁽³⁾
———

《說文》「神：天神，引出萬物者也。從示、申」。

「昙（115）：引也。從又昌～^{音申}聲。昌、古文申」。

「示、神事也」。

一切「與神有關的事」皆以「示」字為偏旁；「申」^{～其古文為「昌」}、「引」也。

　　神＝「示＋申」～「神的事情＋引申表述」，神自我「啟示」了祂自己，讓世人可以意識祂、覺知祂、經歷祂。許慎更對「神」作了絕妙詮釋：

　　神：「天神」、挑明了神的夐然自立自是本體「天神」，其自在乃無出其右者。「引出萬物者」、強調萬物乃由神「引申」而至，祂是萬有的原初者。祂也樂於向世人申述自己～「引申表述神的事」。

「深哉，神豐富的智慧和知識！他的判斷何其難測，他的蹤跡何其難尋！」^{～羅馬書} 11:33

「他行大事不可測度，行奇事不可勝數」^{～約伯記 5:9}。

「你考察、就能測透神嗎？你豈能盡情測透全能者嗎？

他的智慧高於天、你還能做什麼？

深於陰間、你還能知道什麼？

其量比地長，比海寬」^{～約伯記 11:7～9}。

　　有限的世人如何能認識那難於測度、無限的神？即如許慎所理解的：<u>「天神、引出萬物」</u>～「神的事被引申」，以致於人能理解祂。他透過不同的方式向世人「啟示」祂自己，讓人可以認識祂：許慎對「神」的體悟多有應和於<u>《聖經》</u>啟示者：

　　1. 神藉著所造之物向世人顯明祂的大能和神性

「自從造天地以來，神的永能和神性是明明可知的，雖是眼不能見，

但藉著所造之物就可以曉得，叫人無可推諉」^{～羅馬書 1：20}。

　　2. 神透過其先知不停歇地向其選召的族類～希伯來民族說話～「記載的道」(the written words) 顯明祂對世人不捨棄的慈愛：

「神既在古時藉著眾先知多次多方地曉諭列祖」^{～希伯來書 1:1}。

　　3. 神的兒子耶穌～成了肉身的道 (the incarnated Word)，啟示了上帝對世人完全的心意與其作為：

「就在這末世藉著他兒子曉諭我們；

又早已立他為承受萬有的～宇宙萬有受造的目的，

也曾藉著他創造諸世界～蓄度宇宙萬有的創造。

他～神子耶穌是神榮耀所發的光輝～看不見的神本體（榮耀）所展現的光輝；

是神本體的真像～看不見的神（本體）所體現、看得見的像。

常用他權能的命令托住萬有～維繫護理全宇宙有序存有。

他洗淨了人的罪～耶穌～神的羔羊除去世人的罪孽，

就坐在高天至大者的右邊～成全所託使命、與高天至大者（天神）同坐～希伯來書 1:2～3。

約言之「神：天神～引出萬物者」：神透過受造萬物可以讓世人感知領悟神的存在～看見祂永能和神性。

神透過歷史～希伯來民族雖不斷悖逆於神、卻也一再蒙受神不捨棄之愛的歷史記述，向世人說話；

上帝～道成為人的樣式～道成肉身表明自己～神引申，「道成肉身」、上帝向世人徹底完全啟示了神自己。林道亮解「神」：從示、從申，神的事情，由天啓而至、三番四次神向世人表明自己：「神既在古時藉著眾先知多次多方地曉諭列祖，就在這末世藉著他兒子曉諭我們」～〈希伯來書〉1:1～2.。

創(183)、造(71)

《說文》：創(183)：「從刀倉聲也；多用創為刱」。

《說文》：刱(216)：「造法刱業也。從井～法也 聲。讀若創」。

《廣韻》：刱：「初也」。

《說文》「造：就也。從辵～彳ㄨㄟˋ、乍行乍止告聲」。

許慎解「造」曰「就」；段玉裁引《廣雅》注曰：「造、詣也」。兩者合成、挑明「造」字的兩個向度：造所以能「成就、達至」乃原出於「言、旨」～具體明確、井然有序的終極「目標」～詣和「言出必成」～就的能力。

括約而言「創、造」之字解：

刱：「讀若創」、「多用創為刱」、「初也」、「造法刱業」、「從井～法也」；

造：「就也」。

如前述及「㓰」即「創」，在時序上「創造」生發於「初始」；既謂「造法㓰業」，自然是「㓰和造」常聯結疊用，即常言所謂的「創造」。《聖經》開卷諭曰「起初上帝創造天與地」，如此絕然宣告，讓人對那施行奇事、「說有就有、命立就立」言出必成，至大至能的造物主心生敬畏，並讓世人在浩瀚宇宙間因知道絕對的源起而得以有堅如磐石般的牢靠倚恃。

誠[92]

《說文》誠：「信也、從言成聲」。「信、誠也、從人言」。

「誠、信」兩字皆「從言」，言之必成，人言為信。所謂「一言九鼎」、「軍令如山」、「一語驚醒夢中人」、「一言興邦」…顯然言語帶著驚人的力量，於人如此，於神自不待言，祂的話語就是能力，「祂說有、就有、命立、就立」，神說即成、言必信、必成，《聖經》諭云：

> 「諸天藉耶和華的命而造，萬象藉他口中的氣而成…願全地都敬畏耶和華，願世上的居民都懼怕他、因為他說有，就有；命立，就立…耶和華的籌算永遠立定，他心中的思念萬代常存」～詩篇 33:3～9。

> 「起初，神創造天地。…神說：「要有光。」就有了光，這是頭一日。

> 神說：「諸水之間要有空氣，將水分為上下」，神就造出空氣，將空氣以下的水、空氣以上的水分開了。事就這樣成了…是第二日。

> 神說：「天下的水要聚在一處，使旱地露出來」。事就這樣成了。

> 神說：「地要發生青草和結種子的菜蔬，並結果子的樹木，各從其類，果子都包著核」。事就這樣成了…是第三日。

> 神說：「天上要有光體，可以分晝夜，做記號，定節令、日子、年歲，並要發光在天空，普照在地上」。事就這樣成了。於是神造了兩個大光，大的管晝，小的管夜，又造眾星…是第四日。

> 神說：「水要多多滋生有生命的物，要有雀鳥飛在地面以上、天空之中」。神就造出大魚和水中所滋生各樣有生命的動物，各從其類；又造出各樣飛鳥，各從其類。…是第五日。

> 神說：「地要生出活物來，各從其類；牲畜、昆蟲、野獸，各從其類。」事就這樣成了。於是神造出野獸，各從其類；牲畜，各從其類；地上一切昆蟲，各從其類。

神說：「我們要照著我們的形象，按著我們的樣式造人，使他們管理海裡的魚、空中的鳥、地上的牲畜和全地，並地上所爬的一切昆蟲」。神就照著自己的形象造人，乃是照著他的形象，造男造女。神就賜福給他們，又對他們說：「要生養眾多，遍滿地面，治理這地，也要管理海裡的魚、空中的鳥和地上各樣行動的活物」。

神說：「看哪，我將遍地上一切結種子的菜蔬和一切樹上所結有核的果子，全賜給你們做食物。 至於地上的走獸和空中的飛鳥，並各樣爬在地上有生命的物，我將青草賜給牠們做食物」。事就這樣成了 ... 是第六日」~創世記 1:1-31。

恍 (510) 惚 (510)

恍：「狂之兒。從心，況省聲」；忽：「忘也。从心勿聲」。

恍~恍：極速心念流轉的描述～狂之兒、迅疾如光。

惚~忽「亡心」、無心也，超越心念之外、不受心念拘限的極速。

「恍、惚」均指涉「時間」的量度～「光、忽」。廣袤寰宇其大難測，即便以光速般的極速前進，要穿越無垠的空間尚得「曠日持久」。古人懂得心念的流轉或堪比於光速的前進，按照上帝形象受造的人，其心念可以縈繞懷抱寰宇，不禁想起詩人對神的感恩讚嘆：「我觀看你指頭所造的天，並你所陳設的月亮星宿，便說：『人算什麼，你竟顧念他？世人算什麼，你竟眷顧他？』」詩篇 8:3～4。

穹 (346)、蒼 (40)

《說文》：穹：窮也。 從穴弓聲。

《說文》蒼：「艸色也。從艸倉聲」。引伸為凡青黑色。

穹：窮、極也。穹＝穴＋弓，在空間界域中，窮極其至大、如張弓極至。穹、指涉「空間」的度量。造字者觀察「天穹」意識到其色似草青黑。穹蒼固然在素描舉頭仰望所見「青天」，但實意指廣袤無際寰宇空間。

二. 攸關救贖

(一) 我、自、己

我（632）

《說文》「我：施身自謂也。或說我，頃頓也。從戈從禾。

禾，或說古垂字。一曰古殺字。凡我之屬皆從我。

「從戈從禾」段注曰：「合二成字，不能定其會意、形聲者，以禾字不定為何字也」[392]。許慎解「禾」曰：「或說古垂字。一曰古殺字」。

從引文可見許慎的字解和段注對於「我」字難依「六書」範式，雖作了些解析，但「我」之字解仍是「義猶未盡」。

近人林道亮對「禾」的見解有獨到之處，他認定「禾」是「戈」之反～「反戈」也，是則可見「我＝禾～反戈＋戈」。從人性來看，「我」的確是個「戰場」：本源於自由意志，人心能作善惡的抉擇，即常言所謂的「天人交戰」。顯然人心就是個戰場～「戈」與「反戈」的決戰所在：或順應「天心」與神同行、或逞一己之私「逆天背道」而行。

自 (136)：

《說文》「皇：大也、從自。

自，始也。始皇者，三皇，大君也。

自，讀若鼻，今俗以始生子為鼻子。

己 (741)

《說文》：「己：中宮也。象萬物闢藏詘形也；己承戊，像人腹。凡己之屬皆從己」。

《說文》字解「自、己」有謂：「自～始；己～起、中宮（象萬物闢藏詘形；己承戊，像人腹）」。其大意是「自己」是「起、始」，是「中心」，如人形之腹部有所承、位居中央、鎮覆四方，這正是人以自我為中心、「闢藏詘形」自我張

揚的形狀、樣貌。[393]

惏（510）、婪（624）

《說文》：「惏：河內之北謂貪曰惏。從心林聲」。

《說文》：「婪：貪也。從女林聲。杜林說：卜者黨相詐驗為婪」。

「惏、婪」音義同，惏、嗜也。婪：貪也，從女；謹就此「女」～「夏娃」為文論述：

《創世記》關乎「伊甸園」的記載或有以為其乃「神話」者。有謂「言不盡意、得意忘言」。的確、言語的表達有其限域而辭不達意，因此更重要的是能攫取弦外之音，洞徹要義。「伊甸園」中所啟示的重點乃在於表述受造者「自由意志」有其限度，並體現造物主的夐然主權。

上帝絕然宣告說：「你吃的日子必定死」，受造的世人，其自由意志的運用得要服膺造物主的絕對主權。於此、借用王船山細微確切體悟表述：

「天曰難諶~音臣、相信、其原因乃是因為天難於讓人參透，匪徒~不僅僅是人之 不可~無以 狃~音扭、拘泥、制約（天）也，（更因）天 無 可狃~可以被制約 之 故常~不變之常態 也；

命曰 不易~不能改變，匪徒 人之不易承（天命）也，（更因）天之因化推移，斟酌而曲成以製命，人無可代其~天工，而相佑者特勤也」[394]。

造物主的主權

「耶和華　神將那人安置在伊甸園、使他修理看守。耶和華　神吩咐他說、園中各樣樹上的果子、你可以隨意喫・只是分別善惡樹上的果子、你不可喫、因為你喫的日子必定死」[395]。

夐然上帝宣告祂的諭命，「你可以隨意…、只是…你不可」，明確表述創造本體對受造者的規範，顯明祂絕對的主權不能逾越：「因為你喫的日子必定

393《禮記》、〈月令〉：季夏之月，其日戊己。《註》己之爲言起也。《後漢・西域傳》元帝置戊己校尉，屯田於車師前王庭。《註》戊己中央，鎮覆四方。

394【清】王夫之：《宋論》〈卷一太祖〉；參 劉韶軍：譯注、中華書局；頁 2。

395《聖經》2:15-17；從經文的後續記述、可以看見「死」並非身體氣息的斷絕亡滅，而是受造的人與造物主間關係的破裂斷絕，人自己作作主為王，無視於上帝主權的引領護佑。

死」[396]。

自由意志

《左傳》中出現的一個古字「惏」（婪），讓人驚覺、華夏初民造字者似乎對夏娃（女人）在「伊甸園」兩棵樹（善惡樹、生命樹）間的前情往事亦略有所聞。先引《左傳》所述及的「惏」字為切入點以聯結於「創世記」的記載。

> 「巫臣自晉遺二子書曰，爾以讒慝貪惏事君，而多殺不辜，余必使爾罷於奔命以死」[397]。

《左傳》、〈成公七年〉[時為前 584]，有一段很長的記事，記載楚共王之臣下，子重、子反與申公巫臣兩家族因財（爭領土）、色（爭女人夏姬）結怨。搶佔美女夏姬的巫臣遠赴晉國。子重和子反伺機復仇，巫臣家族慘遭屠殺、家產亦遭掠奪。巫臣給子重、子反寫信言曰：「爾以讒慝貪惏事君，而多殺不辜，余必使爾罷於奔命以死」。在記事中，「惏」字的表述（貪財、好色）、亦深具其記言窔意。

古字「惏」與「婪」通用，並列「惏、婪」二字，更能意會華夏初民發想創造此字所蘊涵的窔意，或與遠古往昔「伊甸園」中的故事有所相聯～在「兩棵樹旁」，「女」主角夏娃那顆面臨抉擇而七上八下、左右為難的心（惏、豎心於二木間、「走心」）。《聖經》、〈創世記〉陳述「伊甸園」有關於「婪、惏」的記事如下：在伊甸園中、在兩棵樹（木、木）（分別善惡樹與生命樹）旁的夏娃（女），用一個字統合之、其為「婪」也；夏娃的「心在掙扎悸動」、「惏」；她面臨了自由意志的考驗：依循上帝的吩咐、或悖逆以自立自主。

上帝賦予人類有「選擇權」、「你可以隨意…只是…你不可」，上帝賦予人類最為珍貴的禮物為「自由意志」：可以「隨意作」，也可以選擇「不隨意作」。

利以養身、義以養心

「女人見那棵樹的果子好作食物、也悅人的眼目、且是可喜愛的、能使人

396「死」蓋非血肉生命氣息的斷氣，而是與上帝關係的斷絕；人以為掙脫了上帝的束縛，實際上是離開本位、落入了無限的迷茫中。其實順服在造物主的主權中會是「束縛」嗎、值得深思。

397《左傳》、〈成公〉、7 年；參 陳克炯：《左傳譯注》，頁 379。

有智慧」、「就摘下果子來喫了」。

「惏」、夏娃在「走心」～那顆面臨抉擇、七上八下、利義左右擺盪的心：

利以養身：那棵樹的果子好作食物，也悅人的眼目，且是可喜愛的，能使人有智慧。

義以養心：持守受造本位，以自由意志選擇順服於上帝絕對主權。夏娃的「婪」、「惏」是與「創造主」爭「主權」，其「貪愛」非同小可、無以復加。楚共王世代，其臣子「財、色」之貪婪，人際間的爭競只能說是小巫見大巫罷了。

「罪」說、「兩力網羅」間

「女人見那棵樹的果子好作食物、也悅人的眼目、且是可喜愛的、能使人有智慧、就摘下果子來喫了‧又給他丈夫、他丈夫也喫了。他們二人的<u>眼睛就明亮了</u>、纔知道自己是赤身露體、便拿無花果樹的葉子、為自己編作裙子」[398]。

夏娃的迷惘（惏、婪）與其抉擇：在伊甸園中、在兩棵樹（分別善惡樹與生命樹）旁一個女人～夏娃，面臨抉擇～「利以養身、義以養心」，展現了「自我」與「制約」間的掙扎（陷入「兩股對立勢力」～非的「網羅」～网正是「罪」字的形狀、其上為网其下為非[399]～對立勢力也），也就是自由意志所面臨抉擇的處境，其中「自我」強烈意欲佔據管控一切、「貪惏」炙熱熾烈。於是她運用自由意志選擇自己作主，脫離上帝主權下的護守。

其結果是、夏娃和亞當兩人的「<u>眼睛就明亮了</u>」^{～看明白了、意即悔不當初}，不意油然間卻感到一陣涼意來襲～「天起了涼風」（良心覺知、他們知道做錯了事）；他們也意識到上帝的臨在～「耶和華　神在園中行走、那人和他妻子聽見　神的聲音」，清楚覺知自己的過犯、逾越了上帝的吩咐，「就藏在園裡的樹木中、躲避耶和華　神的面」^{～創3:6-8}。因悖逆上帝命令而自我譴責，在愧疚中用自己的方法遮掩：「知道自己是赤身露體、便拿無花果樹的葉子、為自己編作裙

398《聖經》、〈創世記〉3:6-7。
399《釋名》、〈釋言語〉「非、排也」，衍申之意其乃左右對立、相互排斥也。

子」。「不順天道、謂之不義」～《春秋繁露》、〈天道施〉，亞當和夏娃的「不義」，並不在乎他們「吃了善惡樹果子的行為，而在乎不順天命的「悖逆」，背離造物主～上帝，這就是人類的根本問題。

「《詩》下民之罪，匪降自天，僔沓背憎，職競由人」[400]。

災孽所然，咎由自取，非由天降。出於自己自由意志的抉擇，自己得要付代價，或自己得承擔其結果；災病不必然是上天刑罰所致。

「好惡無節於內，知誘於外，不能反躬，天理滅矣」[401]。哀哉、「首先的人亞當」[402]、「一失足成千古恨」～「罪是從一人入了世界」[403]。據此、所謂「原罪」的大帽子，就被扣在亞當頭上；「因一人的悖逆，眾人成為罪人」[404]。人類緣是成為「罪」人，深陷自我為中心網羅而無以自拔的人[405]。

「原罪」是神學的名詞，是神學家對人之本性的一個定稱，確切的說、《聖經》文本內容中並沒有「原罪」這兩個字。筆者以為、神學家看定人具有「原罪」的見解，很容易人被誤解：好像是上帝將「罪性」安置鑄就於按著上帝形象受造的人；就此疑義，本文試從「自由意志」切入，略作「深察名號」之梳理，總意在表述人是按者上帝的形象與樣式受造，有上帝的屬性，其根本問題在於人運用其自由意志選擇自己作主，未能順服於造物主的諭令、悖逆上帝的主權。

辛[(741)]、皋[(340)]、罪[(355)]

《說文》「辛：秋時萬物成而孰；金剛，味辛，辛痛即泣出。從一從辛。

400《春秋》、〈左傳、僖〉；參 陳克炯：《左傳譯注》，頁 157；引《詩經》、〈小雅、祈父之什、十月之交〉。
401秦煥澤、李順成：「獻王性靜論和董子的性三品論」；魏彥紅 主編：《董仲舒與儒學研究》；成都：巴蜀書社，2015 年，頁 563。
402《聖經》、〈哥林多前書〉15:45。
403《聖經》、〈羅馬書〉5:12。
404《聖經》、〈羅馬書〉5:19。
405「辭不能及，皆在於指」《春秋繁露》、〈竹林〉；《易傳》、〈繫辭〉亦有謂「書不盡言，言不盡意」；聖人立象以盡意，智者得意而忘象，猶如獵人得兔而忘蹄、漁夫得魚而忘筌。伊甸園成為失樂園的記述或有被看成「神話」者，即或如此，其「符號」（Symbolic）意義在於陳明受造的人如何背離造物主（上帝）的實境。此外，每個人也都可以試問「若處於當時的情境、我會和亞當夏娃做出不一樣的抉擇嗎？亞當為受造之第一人，背離上帝成為「罪人」、而我無與其罪焉？

辛，辠也。辛承庚，像人股。凡辛之屬皆從辛」。

《說文》「宰：辠人在屋下執事者。從宀從辛。辛，辠也」。

《說文》「罪：捕魚竹網。從網、非。秦以罪為辠字」。

陷入「兩股對立勢力～非[406]」的「網羅～网」～「网＋非」、其上為网其下為非，正是「罪」字的形狀。

關於「兩股對立勢力～非」《聖經》諭示：

「沒有 律法~上帝的懿旨諭令、上帝透過摩西向希伯來民族所頒布者的外邦人~希伯來族外的各族百姓，若順著本性行律法上的事，他們雖然沒有律法，自己就是自己的律法。這是顯出律法的功用刻在他們心裡，他們是非之心同作見證，並且他們的思念互相較量，或以為是，或以為非」~羅馬書2:14～15。從這個向度來看，「罪」顯然不是某一特定動作或行為，而是內心一種爭戰鬥爭的狀態～「或以為是、或以為非」的糾結～如網羅般的牢籠裡。對這種爭戰，及其抉擇的結果《聖經》如此描述：

「不要自欺，神是輕慢不得的。人種的是什麼，收的也是什麼。

順著情慾撒種的，必從情慾收敗壞；順著聖靈撒種的，必從聖靈收永生~與神同行」。

惡 (334)

《說文》「凶：惡也。像地穿交陷其中也。凡凶之屬皆從凶」。

《說文》「亞：醜也。像人局背之形。賈侍中說：以為次弟也。凡亞之屬皆從亞」。

「惡＝亞＋心」~次第之心，意即將某事物置於次要地位。受造的人把造物主擺在次要地位，未能尊主為大即是最大的惡~至醜。

（二）救贖

「祭祀」與「救贖」有關：「其香始升、上帝居歆、庶無罪悔」，除如前析述之「示、祭、祀、柴、尞、禪」等字外，謹就「蔡、察、犧、牲、牷、船」等，聯結《說文》字解於《聖經》相關啟示如次：

406《釋名》、〈釋言語〉「非、排也」，衍申之意其乃左右對立、相互排斥也。

蔡[(40)]

《說文》「蔡：艸~草丰~音介也。從艸祭聲」。

「蔡」「從艸祭聲」，其字解專注於「草」；僅將「祭」字聯結於字音；其說有二：

1.「蔡艸丰也」、段注曰：草生之散亂也」；

2.「蔡艸也」、 段注曰：蔡、草名也。

本文對「蔡」則著重於「祭」，釋其為於祭祀相關的「祭物」～從以農產品為「祭物」之習性的觀察切入：

「卬盛于豆，于豆于登。其香始升、上帝居歆。

胡臭亶時，后稷肇祀、庶無罪悔，以迄于今」[407]。

「該隱是種地的。有一日、該隱拿地裡的出產為供物獻給耶和華…

耶和華看不中該隱和他的供物」~《創世記》4:2-5（節錄）[408]。

華夏民族祭祀的對象是「上帝」，祭祀的目的是讓獻祭者 罪得赦免～庶無罪悔。「后稷肇祀」~華夏初民祭祀的起始，其祭物與該隱所獻祭物如出一轍：獻上土產，「蔡」~以艹為祭，這個字或可標明華夏先民以農作物獻祭之實，蛛絲馬跡顯露華夏民族與該隱後裔聯結的可能性。

察[(339)]

《說文》「察：覆也。從宀、祭」。

段注曰：「察與覆同意」、釋訓曰：「明明斤斤察也」。

察～在「一定界域中」~宀「明明斤斤」之祭~際也，意即是「獻祭者」與「受祭者」之「無間對遇」。《聖經》諭曰：

「神的羔羊、除去世人罪孽」~約翰福音1：29。

「你們從前遠離神的人，如今卻在基督耶穌裡，靠著他的血，已經得親近了。因他使我們和睦，將兩下合而為一，拆毀了中間隔斷的牆；而且以自己的身體廢掉

407《詩經》、參【宋】朱熹：《詩經集註》～「生民之十、生民」；頁150。
408《創世記》4:2-5（節錄）。

冤仇，就是那記在律法上的規條，為要將兩下藉著自己造成一個新人，如此便成就了和睦。既在十字架上滅了冤仇，便藉這十字架，使兩下歸為一體，與神和好了」~以弗所書 2:13～16。

犧⁽⁵³⁾、牲⁽⁵¹⁾、牷⁽⁵¹⁾、愛⁽²³³⁾

《說文》「犧：宗廟之牲也。從牛羲聲」。

《說文》「牲：牛完全。從牛生」。

《說文》「牷：牛純色。從牛全聲」。

《說文》「愛～行皃。從夂 ~音綏、行遲、曳夂夂也，引伸有綿延不斷之意 悉 ~悉=愛:惠也、仁、親。從心先聲 聲」。

「道成肉身」的耶穌成為「神的羔羊」是上帝「愛」的屬性之極至體現。〈希伯來書〉第九章 11～26 節對「犧牲～耶穌～神的羔羊」作了全備剔透的闡述：

「但現在基督已經來到，作了將來美事的 大祭司，經過那更大、更全備的帳幕 ~會幕、意表上帝和人際遇處所，不是人手所造，也不是屬乎這世界的。¹² 並且不用山羊和牛犢的血，乃用自己的血，只一次進入聖所 ~祭司際遇上帝的所在，成了 永遠贖罪 的事。¹³ 若山羊和公牛的血並母牛犢的灰灑在不潔的人身上，尚且叫人成聖，身體潔淨，¹⁴ 何況基督藉著永遠的靈，將自己無瑕無疵獻給神，他的血豈不更能洗淨你們的心，除去你們的死行，使你們侍奉那永生神嗎？¹⁵ 為此，他作了新約的中保 ~神、人間的中介者，既然受死贖了人在前約之時所犯的罪過，便叫蒙召之人得著所應許永遠的產業。¹⁶ 凡有遺命 ~遺囑，必須等到留遺命的人死了。¹⁷ 因為人死了，遺命才有效力，若留遺命的尚在，那遺命還有用處嗎？¹⁸ 所以，前約也不是不用血立的。¹⁹ 因為摩西當日照著律法將各樣誡命傳給眾百姓，就拿朱紅色絨和牛膝草，把牛犢、山羊的血和水灑在書上，又灑在眾百姓身上，說：²⁰『這血就是神與你們立約的憑據』。²¹ 他又照樣把血灑在帳幕和各樣器皿上。²² 按著律法，凡物差不多都是用血潔淨的，若不流血，罪就不得赦免了。

²³ 照著天上樣式做的物件必須用這些祭物去潔淨，但那天上的本物自然當用更美的祭物去潔淨。²⁴ 因為基督並不是進了人手所造的聖所 ~這不過是真聖所的影像 乃是進了天堂，如今為我們顯在神面前。²⁵ 也不是多次將自己獻上，像那大祭司每年帶著牛羊的血進入聖所。²⁶ 如果這樣，他從創世以來，就必多次受苦

了。但如今在這末世顯現一次，把自己獻為祭，好除掉罪。

船⁽⁴⁰³⁾、艤

《說文》「船：舟⁽⁴⁰³⁾也。從舟，鉛省聲」。

《宋本、廣韻》「艤：整舟向岸」。

諾亞世代方舟的濟渡^{～進入方舟、保全生命}喻表了上帝對全人類的救贖^{～艤}：

神就對挪亞說：「凡有血氣的人，他的盡頭已經來到我面前，因為地上滿了他們的強暴。我要把他們和地一併毀滅。¹⁴你要用歌斐木造一隻方舟，分一間一間地造，裡外抹上松香。¹⁵方舟的造法乃是這樣：要長三百肘，寬五十肘，高三十肘。¹⁶方舟上邊要留透光處，高一肘。方舟的門要開在旁邊。方舟要分上、中、下三層。¹⁷看哪，我要使洪水氾濫在地上，毀滅天下，凡地上有血肉、有氣息的活物，無一不死。¹⁸我卻要與你立約，你同你的妻，與兒子、兒婦，都要進入方舟。¹⁹凡有血肉的活物，每樣兩個，一公一母，你要帶進方舟，好在你那裡保全生命。²⁰飛鳥各從其類，牲畜各從其類，地上的昆蟲各從其類，每樣兩個，要到你那裡，好保全生命。²¹你要拿各樣食物積蓄起來，好做你和牠們的食物」。22挪亞就這樣行。凡神所吩咐的，他都照樣行了^{～〈創世記〉}9:13～22。

巫⁽²⁰¹⁾、靈⁽¹⁹⁾

《說文》「巫：祝也。女能事無形，以舞降神者也。

像人兩褎^{～褎：ㄒㄧㄡˋ、同袖、袂也}舞形。與工同意」。

《說文》「靈：靈巫。以玉事神。從玉霝聲」。

《說文》對「巫」的字解是「祝也；女能事無形、以舞降神者也」。又以「靈」說明「巫」的具體工作～「以玉事神」。

《禮記》、〈檀弓〉有段記載：歲旱不雨，魯穆公^{～魯哀公的曾孫}想要用曝曬「巫」以覬天哀而雨之，因此垂詢司禮者縣子^{～名瑣}具體的作法：「吾欲暴^{～曝曬、虐待}巫而奚若？」。故魯穆公以為「巫能接神」是透過其受苦害得蒙上天垂憐而下雨。再者、「巫」在〈檀弓〉的敘事中被縣瑣認定為「愚婦」；但《說文》卻以為「女巫」

乃是「能事無形的舞者。《禮記》、〈檀弓〉的記述顯然與《說文》對「巫」的詮釋大相逕庭。

在〈檀弓〉中提及「巫」、其相關的情事與下雨有關，《說文》則聯結「靈」於巫而有謂「靈巫」者，然其事工卻是「以玉事神」，「靈」字於「雨」無關卻和作為祭品的「玉」有關聯。

此外、「靈」字在《聖經》中是個非常重要的字辭；然而在《說文》中對「靈」的解釋卻僅只「點到為止」。

（三）稱義

「稱義」指一個人蒙受恩典而「被肯認接納取得其應有的正確位子」，謹就其「義、羲、祥、聖、美、鬼、歸」等，聯結《說文》字解與《聖經》相關啟示如次：

義 [633]

《說文》「義：己之威儀也。從我、羊」。

依《說文》「義」字大意乃是：一個人「自我」因「羊」而取得「真確得當」的定位。

神的「羔羊」在「我」上〜「義」、難於搞定的我 ～右戈左反戈不斷爭戰的我因羔羊的血塗抹，得以與神和好、與人和睦、於己和平：

「義果自天出也」[409]、「義者、正也」、「天欲義而惡其不義者也」、

「天子必且犧牲其牛羊犬彘，絜為粢盛酒醴，以禱祠祈福於天」、

「羔有角而不任，設備而不用，類好仁者；執之不鳴，殺之不諦，類死義者；故羊之為言猶祥與」[410]。

「義果自天出也」，道成肉身、神的兒子耶穌基督、無瑕疵的牷牲，成全救贖：

409《墨子》、〈天志〉、下；參 李生龍：《墨子讀本》，頁 192。
410《春秋繁露》、〈執贄〉；參【清】蘇輿：《春秋繁露義證》，頁 414。

　　「我們都如羊走迷、各人偏行己路．耶和華使我們眾人的罪孽都歸在他身上。他被欺壓、在受苦的時候卻不開口．〔或作他受欺壓卻自卑不開口〕他像羊羔被牽到宰殺之地、又像羊在剪毛的人手下無聲、他也是這樣不開口」～以賽亞書 53:6-7。於此、董仲舒道出了敏銳的觀察：「羔有角而不任，設備而不用，類好仁者；執之不鳴，殺之不諦，類死義者，故羊之為言猶祥歟」。

　　「天欲義而惡其不義者也」，「天子必且犓豢其牛羊犬彘，絜為粢盛酒醴，以禱祠祈福於天」，墨子洞徹體悟天其為救贖者～義從天出，並依歸於祂的路徑～獻祭；全然契合於聖經的啟示：「約翰看見耶穌來到他那裡、就說、看哪、　神的羔羊、除去世人罪孽的」～約翰福音 1:29。「神子耶穌既有人的樣子，就自己卑微，存心順服以至於死，且死在十字架上」～腓立比書 2:8。

祥 (3)

　　「祭以際天」，三代華夏初民，洞徹以羔羊獻祭祈求「祥」福。然考諸史實，在春秋後期，人們對天和對天的敬祭之信仰已經式微，「有識之士」對祭祀不再從宗教信仰來肯定其必要性，而是從祭祀禮儀的社會功能來予以肯認。「地官意識對天官思維的抗衡成為當時的突出現象。禮樂文化中的人文主義氣息在春秋時代發展越益」[411]。一種現實性質的政治倫理的產生傾向於以人的方式而非神的方式來看待人類的社會秩序。在「去神化」而「以人為中心」的思想發展，有識之士不信占卜、不重祭祀、崇德貴民。注重自己的行為和德性，人的眼光更多轉向人本身。然而當代哲人的睿智思想對社會的安定發展，似乎並未起到應有的正向作用。原來具有的「祥」[412]德～透過羔羊的祭祀，與天和好、與人和睦、內心平靜安穩的祥瑞福澤不再，概源於周人離天人本故也。

---

411 陳來：《古代思想文化的世界～春秋時代的宗教、倫理與社會思想》；台北：允晨文化事業股份有限公司，2006 年，頁 19。「地官意識」是指世俗的政治理性和道德理性，「天官思維」即指神秘的神話思維，其中心是以神靈祭祀為核心的宗教意識。（同書 頁 21）。

412 「天道曰祥…知祥則壽、知義則立、知禮則行」，《逸周書》、〈武順解〉言及的「祥、義、禮」和《國語》、卷三、〈周語〉、下、所述及的「祥、義、仁、順、正」，《國語》、卷二、〈周語〉、中述及的三德「祥、義、仁」極相近似：均講「祥、義」之德、確實是周人的特點。更將「祥」作為一主德，與祭祀有關。總言之，祥在西周和春秋早期頗為重要，然而隨著人心離棄天、帝，祥德也就從德目消失了。參 陳來：《古代思想文化的世界～春秋時代的宗教、倫理與社會思想》，頁 313-330。

《春秋繁露、執贄》「羔 有角而不任，設備而不用，類好仁者；

執之不鳴，殺之不諦，類死義者，

故羊之為言猶祥歟」。

《說文》「祥：福也。從示羊聲。一云善」。

　天恩浩蕩、天啓昭彰，西漢董仲舒、東漢許慎，再現久被遮蔽的真理：「祥」源於「示、羊」，獻祭以羊為犧牲，成就了「祥」德；董、許洞察天心，可謂其絕然契合於聖經啟示：道成肉身的耶穌～神的羔羊～無瑕疵的祭物，成全救贖之功，世人罪得赦免，得享祥和之福～與神和好、與人和睦、心中和平~有平安。

聖 (592)

《說文》「聖：通也。從耳呈聲」。

段玉裁　引「詩、傳」注「聖」有謂：聯結聖於善而曰「聖善」；聖、叡也。
　　　　引《周禮》曰：「聖」乃六德~智仁聖義忠和其一，又引申注「聖」曰：「聖通而先識」。
　　　　引《鴻範》注曰：聖、睿也～凡一事精通，亦得謂之「聖」。

　綜觀之、「聖」其字解聯通於「善」而謂「聖善」；又「聖」被詮釋為「叡/睿、通、識」。

　1. 就「聖」與「善」

　謹參照「郭店楚簡〈五行〉」[413] 析述於次：

　郭店楚簡〈五行〉、第一章，明確界定「五行」、其曰：

仁，形於內謂之「德之行」、不形於內謂之「行」

智，形於內謂之「德之行」、不形於內謂之「行」

義，形於內謂之「德之行」、不形於內謂之「行」

禮，形於內謂之「德之行」、不形於內謂之「行」

413郭店楚簡〈五行〉篇是在 1993 年 10 月、於湖北省荊門市沙洋區四方鄉郭店村一號楚墓出土，竹簡共有 50 枚，1600 字左右。

聖，形於內謂之「德之行」、不形於內謂之「德之行」

「仁智義禮聖」五者皆有形之於內~內在潛藏的天賦稟性的「德之行」~道德的心識功能、驅策，從〈五行〉第 2 章得知，其簡稱為「德」；又稱其為「天道」，因此可以說它的源頭是「天」。正如西周中期的《史牆盤》所記載「上帝降懿德」。在〈五行〉篇裡，作者子思多次引用《詩經》，從其引文可推論他所認知的「天」，是人可以與祂往來靈通，具有「位格」的上帝，而非「自然天」，亦非概念上的「形上天」。

然而「仁智義禮聖」外在顯發的行止，其不形於內者，於「仁智義禮」四者謂之「行」、而於「聖」的外在表彰、其「不形於內」者，與「形於內者」一樣都稱其為「德之行」。顯然「五行」之「聖」有別於「仁義禮智」。質言之，「聖」德的表現都源自天賦稟性的驅策；「仁智義禮」固然有其內在的稟性驅策，但也可以單單是因於外境所生之云為舉止。

聞一多在「天問釋天」中對「德」的表述：「『德』與『生氣之源』」相應」[414]。日本學者，天南一郎在他的著作《天命と德》定「德」為一種生命力，它源於「生命之氣」[415]，其源泉在天上。上帝賦予人以「生命之氣」，使人能感知神性的各種美德。這「生命之氣」就是孔子所謂的「天生『德』於予」的「德之行」。

「德之行」是人所具有的特殊天賦稟性，上帝將其自有屬性內鍵於受造的人：

「上帝按著自己的形像和樣式造人」~《聖經》〈創世記〉1:26 、

「耶和華神把『生命之氣』吹進人的鼻孔裡，人就成為有生命的活人」~〈創世記〉2:7

人之受造、領受了上帝所賦予得「生命之氣~נשמה、讀音為neshama、倪莎瑪，它的功能有二：

---

414 聞一多：《聞一多全集》、第二冊；開明書店、1948，頁 328。
415 余英時：《天人之際》、頁 95。

靈覺：也就是屬靈的覺知能力，人的靈能有聰明認知全能者：

「在人心裡面有靈、全能者的氣，使人有聰明~感知靈力」~〈約伯記〉32:8。

良知：這即是孟子所了悟的「四端」之所原由：

「人的靈、是耶和華的燈，探照人心肺腑」~〈箴言〉20:27。

「聖」德殊異於「仁義禮智」；人會有「聖」德的外在之「行」，一定是源自於內在秉性的「德之行」；換句話說，一個人的「聖德」的外在行為表現，不會像「仁智義禮」之「行」可以單單是外在符合社會規範，場合時宜的舉止。

〈五行〉篇的作者子思，確認「聖」有別於「仁義禮智」，清楚說明「聖」是那位賦予人「德之行」的「上帝」將自己的屬性~attribute 賦予了受造之的人，使人殊異於其他一切受造之物。

陳來對「聖」的看法：在字源學上「聖」根「知能」有關，根特別靈敏的聽覺有關；「聖」從耳從口，古代人認為「聖」有很高的聽覺，聽覺作為知覺能力，是能夠直接了解「天道」的，所以「聖」更多地表現為一種「能力」和「素質」。而作為「特定道德行為」的意義，則不是很清晰，這跟仁義禮智不同。[416]

對於陳來的迷思，參照《聖經》或能釋解：

一言以蔽之，「聖」德源於上帝，是上帝的屬性賦予人的殊異稟性。此殊異稟性乃是「神性」，這或就是，李顒~明末清初鴻儒（1627～1705）所稱謂的「靈原」就是「人生本原」[417]。

聖經所界定的「聖」的意義是「有別於」，人的受造是有別於其他一切受造之物，正如前述，人是按著神的形像和樣式受造的，上帝賦予人以「生命之氣」。這「有別」或可謂就是孟子所悟知的，那些微的，人所以與其他受造之物有所差別的那「幾兮」。「聖」的相對詞是「俗」，上帝聖別按著他自己形像而造的人，因此人不可偏離上帝，歸屬於上帝以外的任何「俗」物。執是之故上

---

416 講稿；頁 15。
417 韋政通：《董仲舒》頁 112；引《二曲集》、卷二〈學髓〉、卷首。李顒 （1627～1705），明末清初周至人，明清之際哲學家，與浙江餘姚黃宗羲、直隸容城孫奇逢並稱為海內三大鴻儒。

帝的定規的第一道命令就是：「除我以外不可有別的神」^{〈出埃及記〉、20:3}。

郭店楚簡〈五行〉、第二章再申論「天道」、「人道」；「德」、「善」的區別：

「德之行」五，和謂之「德」；

　「行」四，和謂之「善」。

　　　　善，人道也；

　　　　德，天道也。

這段引文，若以如下的對比排列，其意義會更清楚：

「德之行」五，和謂之「德」～「天道」也

「行」四，和謂之「善」～「人道」也

「天道」～「德之行」（簡稱曰「德」，其乃天賦稟性～仁智義禮聖），如〈五行〉第一章所注解的，是「上帝所降懿德」；余英時以為「『德』作為一種精神動力，也源出於天」。⁴¹⁸「人道」～是人形於外的表現、行諸於外的「「仁智義禮」外在善舉、行宜。

2. 就「聖」與「叡／睿、通、識」

世人原因於神的「生命之氣」成為能靈通於上帝的人，但又因其「自由意志」的抉擇而偏行己路、如羊走迷。上帝的恩典作為「道成肉身」讓世人得以歸向祂：

「我們也知道神的兒子已經來到，且將智慧賜給我們，使我們認識那位真實的；我們也在那位真實的裡面，就是在他兒子耶穌基督裡面。這是真神，也是永生」^{～約翰一書 5:20}。

「如今你們奉主耶穌基督的名，並藉著我們神的靈，已經洗淨、成聖、稱義了」^{～哥林多前書 6:11}。

所謂的「聖通而先識」即如《聖經》所啟示：「屬靈的人看透萬事」^{～哥林多前書 2:15}。「在人心裡面有靈、全能者的氣，使人有聰明^{～感知靈力}」^{～約伯記 32:8}；「聖」

---

418 余英時：《論天人之際》；頁 95。

以致「善」~良知、良能是因於「人的靈、是耶和華的燈，探照人心肺腑」~箴言20：27。

美（146）

《說文》「美：甘也。從羊從大。羊在六畜主給膳也。美與善同意」。

《逸周書》、〈武順解〉言及的「祥、義、禮」和《國語》、卷三、〈周語〉、下所述及的「祥、義、仁、順、正」；《國語》、卷二、〈周語〉、中述及的三德「祥、義、仁」極相近似：均講「祥、義」之德、確實是周人的特點。

「祥、義」之恩福，源自上帝的屬性～「美、善」；上帝的兒子~天子耶穌，道成肉身，成為贖罪的 羔羊~大、羊；完美，除去世人的罪孽，讓世人因著祂得以稱「義」與神和好~安祥。

「各樣美善的恩賜和各樣全備的賞賜都是從上頭來的，從眾光之父那裡降下來的，在他並沒有改變，也沒有轉動的影兒」~雅各書1:27。

「耶和華我們的主啊，你的名在全地何其美，你將你的榮耀彰顯於天！」~詩篇8:1

鬼（434）

《說文》

「鬼：人所歸為鬼。從人，象鬼頭。鬼陰氣賊害，從厶。凡鬼之屬皆從鬼」。

「人所歸為鬼」，世人氣絕身亡後、其所歸為「鬼」，蓋指其「魂」而言，或即為所謂的「鬼魂」；顯然人死非如燈滅也，以色列名王所羅門推斷說死後「人的靈是往上升」~傳道書3:21。

歸（68）

《說文》「止部、歸：女嫁也。從止，從婦省，

𠂤~音堆、ㄉㄨㄟ、𠂤：小𨸏也。象形。凡𠂤之屬皆從 聲」。

1. 女嫁：

「歸妹」意指少女出嫁；〈歸妹〉、「彖」曰：「天地之大義也…人之終始也」，

女子出嫁，別離娘家為「終」，進入夫家，有了新的歸宿，與夫婿共建新的家庭為「始」。

2. 婦省：

嫁出去的女兒冠上夫姓，和夫婿組建新的家庭，其回娘家~^{婦省}、也寓意著生命之溯源歸省。

3. 𠂤：

𠂤＝垖~^{音堆（ㄉㄨㄟ）}、指小土堆～黃土一坏，意指墳頭。人的生命結束後，其軀體的歸宿所在。以色列名王所羅門推斷曰「人的靈是往上升，獸的魂是下入地」~^{傳道書 3:21}；顯然人的軀體之外有靈，人在氣絕身亡之後，「人的靈往上升」。

生命原初 於造物主，也終 歸於祂。成就了救贖之恩、離世歸父、坐在高天至大者右邊的耶穌絕然曉諭：「我是阿拉法，我是俄梅戛；我是首先的，我是末後的；我是初，我是終」[419]。耶穌道成肉身在世上宣告說：「我就是道路、真理、生命。若不藉著我，沒有人能到父那裡去」。相信接受耶穌～歸依信道成為神的兒女，必然要藉著祂回歸於父、上帝。聖經啟對這樣的終極歸宿指陳其為「止」於更美的「家鄉」：「你們乃是來到錫安山，永生神的城邑，就是天上的耶路撒冷；那裡有千萬的天使，有名錄在天上諸長子之會所共聚的總會，有審判眾人的神和被成全之義人的靈魂，並新約的中保耶穌以及所灑的血。這血所說的比亞伯的血所說的更美」~^{希伯來書 12:22～24}。

結語

許慎挑明其撰著《說文解字》之目的：「理群類、解謬誤、曉學子、達神恉」。許慎字解的終極目的乃在「達神恉」。許慎懷抱「天心」，《說文解字》字解從「一、示」開篇；緊隨於「一」者乃「元、𠄌~^上、帝」；跟隨在「示」之後的其為「神、祭、祀、柴、禪」。如此這般的鋪陳、可謂許慎於「達神恉」的意

---

419 〈啟示錄〉22:13 希臘原文：ἐγὼ τὸ Ἄλφα καὶ τὸ Ὦ, ὁ πρῶτος καὶ ὁ ἔσχατος, ἡ ἀρχὴ καὶ τὸ τέλος.
亦參〈羅馬書〉、11:36：ὅτι ἐξ (原出) αὐτοῦ καὶ δι' (歷經) αὐτοῦ καὶ εἰς (回歸) αὐτὸν τὰ πάντα·

圖與用心昭然若揭。本文從「天啓~^示」、「創造~^{天神~引出萬物者}」與「救贖~^{祭祀}」面向，觀照《說文解字》字意，聯結於《聖經》啟示，約其大要蓋如下述：

　　本體上帝（神）「說有就有」、在恍惚間，成全~^{誠：言成}創造，受造宇宙穹蒼萬物彰顯~^{示、表明}其永恆<u>大能</u>~^{靈力}和神的慈愛屬性。

　　受造的人~^{萬物之靈}，運用其「自由意志」作主，違逆上帝吩咐，因於貪婪~^惏，選擇以「自我」為中心~^{己、我}，墜入如羊走迷的困境~^{辛、辠、罪、惡}，上帝預備了祭物~「神的羔羊」~^{示、犧牲、牷}、讓那些願意服膺於上帝主權者，得以透過「祭祀」、「羲」歸向祂，從而找到自己應有的正確定位~^{「義、祥、聖、美、歸」}。許多漢字，可因於「聖經啟示」而掘發其更深邃絕妙的意涵。

結論

　　聖人立言作文而成「經典」，經典是「恆久之至道、不刊之鴻教也」、是「文章奧府、群言之祖」[420]，故建言為文須宗經。「徵之周、孔，則文有師矣」[421]。本書立基於中國經典古籍，徵諸周、孔，萃取其「倚天恃命」精髓立論撰述：

　　甲骨文刻畫了殷商初民透過祭祀向「祂」尋求天意；

　　「詩書易」多所記述「天、帝」與初民的對遇聯通；

　　先秦諸子一則承傳經典～「恆久之至道」、一則自己也蒙受「天光、天啓」，吉光片羽、靈光乍現，記述了其所體悟之「天、帝、天意、天心」，及回歸上帝的路徑～「祭」；

　　《淮南子》匯集先秦諸子之見，也展現了對終極源起的確信～太上之道，生萬物而不有；《春秋繁露》明確指陳「祭、際也」，董子所體認的際天路徑，仍是今人歸依於天之路。「天人合一」是一個人「依恃於天、本於天心」的生命，並在現實中流露出「彼此相愛」[422]的生活，一如董仲舒訴求「以仁安人、以義正我」的人生[423]。

　　「究天人之際」是司馬遷著述《史記》的目的，司馬遷脈絡一貫的梳理「天

420【南朝、宋】劉勰：《文心雕龍、宗經》；參 羅立乾：《新譯文心雕龍》，頁 18。
421【南朝、宋】劉勰：《文心雕龍、徵聖》，參 羅立乾：《新譯文心雕龍》，頁 13。
422《聖經、約翰福音》13:35。
423《春秋繁露、仁義法》；參【清】蘇輿：《春秋繁露義證》，頁 242。

人之際」的具體實踐～「脩仁、行義」。

　　「達神恉」是許慎撰著《說文解字》的終極訴求，從「一」與「祭」開篇，顯見其「溯源就本」的良苦用心。

　　在人本思潮的玄學和本於「因緣、無自性空」的佛學中，華夏民族本然的「天觀」雖受衝擊遮蔽，然，於宋、明「循天理、致良知」溯原於天再成為思想之主流。明清賢君覓天、亦見其於「天壇」祭天以際天的作為。

　　一言以蔽之，本文論述依傍中國哲學思想發展脈絡為縱軸，蒐羅「經史子集」經典，竭力掘發華夏民族尋覓「天」的用心和其多面向體悟的記載。

　　「德里達（Jacques Derrida）有所謂「延異」（diff'erance）一說，其概念的根本目的是要解構傳統哲學本體追尋的最高目標；意即要與「本源」、「本體」相區別。不相信存在著永恆不變的知識基礎和能夠指導人生、超歷史的、不偏不倚的基本原則，當然也不會相信有所謂現象背後的本質和能夠決定整個世界命運的本體」[424]。「遊戲」 ~play 也是德里達提出的概念，為後現代哲學所沿用。德里達要用「遊戲」來消解一切超越的「本源、本體」。它不會被理性及其思維的傾向所束縛、所限制，它絕然與本源本體背道而馳。它已然將本體的追尋引向一個多元、異質、相對、不確定和特殊化、現象化、感性化的境遇。在今日離亂的後現代主義時代，凌亂不堪的思想瀰漫，事物繁蕪散亂無序，人心茫然，社會充滿不定性，統一性和通約性蕩然無存。

　　面對「後現代」的價值解構，本書從中國經典古籍中掘發華夏民族所覺知的「天」和「與天際遇」的路逕，並以之糅合聖經的相關啟示，嘗試指陳一條價值建構的可能出路。華夏族裔天觀明確，天人之際、依歸天道路徑分明。朱子曰：「秦漢以來，道不明於天下，而士不知所以為學。言天者、遺人而無用；語人者、不及天而無本」[425]。斯人智見，湛然明熙。本文立論窮究「昊天」，並探「天道依歸」，臻至「天人之際」，亟盼所論述者能「言天能及於人，語人及於天本」。「人心惟危、道心惟微」，天道式微日益、舉世籠罩在一個虛幻不

---

424 余治平：《唯天為大～建基於信念本體的董仲舒哲學研究》，頁25。
425《濂洛關閩書》、卷三十三，引自 成世光：《太初有道》，頁36。

實的網路世界中，惟願，「蒼天再現」，世人能從自我虛妄中回溯「依歸於天道」。

為文至此，殷殷亟盼、念茲在茲：

在中國經典中找回中國人原原本本的「天～上帝」。

挑明歸依上帝的路徑～「祭、際也，祭然後能見不見」[426]。「祭祀」是讓獻祭的「人」和受祭祀的「天」交際聯結、致至「天人之際」的實境。

希冀為肯認中國古典哲學思想者，對中國經典中所表述的「天觀」提供較為宏觀整全的認知視野。

亟盼對那些信奉執守《聖經》啟示者，亦能以寬廣的心、認識華夏民族天觀思想之燦然閃耀的天啟亮點與光芒。

在乖背相對立，各持己見的情狀下，當柔和大度、求同存異，彌平隔閡對立，達到和諧一致。

《聖經》中有明確關於「天」的啟示，本文試圖將之與中國古典經書中許多吉光片羽的「天啟」聯結、綰和。緣此、冀望得以釐清「基督教是西方的宗教」的扭曲認知。

在中國經書原典尋覓、以勾勒中國人本有的具足本體天觀、並以聖經天啟對觀、串綴；整體而言所作論述係屬概括通論，僅只是拋磚引玉，亟待激發更多視角、眼界的深化探究。

426《春秋繁露》、〈祭義〉；參【清】蘇輿：《春秋繁露義證》，頁436。

附錄～主要參考書目

一. 古籍

【漢】司馬遷：《史記》；（北京：中華書局，1974 年）

【漢】：劉安《淮南子》、何寧 撰：《淮南子集釋》；（北京：中華書局，2011 年）

【漢】班固：《漢書》、【唐】顏師古 注、楊家駱 編：《新校本漢書》；（台灣：鼎文書局，1999 年）

【漢】許慎：《說文解字》、【清】段玉裁：《說文解字注》；（新北：頂洲文化事業 2003 年）

【漢】孔安國 傳、【唐】孔穎達：《尚書正義》；（上海：古籍出版社，2007 年）

【南朝、宋】劉勰：《文心雕龍》、 羅立乾：《新譯文心雕龍》；（台北：三民書局，2014 年）

【宋】朱熹：《四書章句集注》；（北京：中華書局，2012 年）

【清】阮元 校刻：《十三經注疏：清嘉慶刊本》；（北京：中華書局，2015 年）

【清】孫希旦：《禮記集解》；（北京：中華書局，1989 年）

【清】孫詒讓：《周禮正義》；（台北：商務印書館，1968 年）

【清】陳立：《公羊義疏》；（台北：商務印書館，1982 年）

【清】郭慶藩集釋：《莊子集釋》（【晉】郭象 注、【唐】陸德明 釋文、【唐】成玄英 疏）；（台北：世界書局，1955 年）

【清】孫詒讓：《定本墨子閒詁》；（台北：世界書局，2018 年）

【清】王先謙；《荀子集注》；（台北：世界，2016 年）

【清】蘇輿：《春秋繁露義證》；（北京：中華書局，1992 年）

《聖經、和合本》（啟導本）；（香港：海天書樓，2015 年）

《聖經、和合本》（串珠、註釋本）；（香港：證道出版社，1988 年）

《聖經、和合本》（NASB、中英本、舊約：新標點版；新約：修訂版）（美國：CODRA Enterprise，2008 年）

《新約聖經》王正中：《中希英逐字對照本》；（九龍：浸宣出版社，1984 年）

《舊約聖經》王正中：《中希英逐字對照本》；（台灣：浸宣出版社，1988 年）

《聖經、現代中文本》；（九龍：香港聖經公會，1979 年）

二．近人著作

【董子思想】

阮芝生：《從公羊學論春秋的性質》；（台北：精華印書館，1969 年）

韋政通：《董仲舒》；（台北：東大圖書公司，1996 年）

賴炎元：《春秋繁露今註今譯》；（台北：台灣商務，2010 年）

王孺松：《董仲舒的天道觀》；（台北：教育文物出版社，1985 年）

李奎良、宋慶喜、魏彥紅：：《董學新論》；（長春：長春出版社，2018 年）

余治平：《唯天為大、建基於信念本體的董仲舒哲學研究》；（北京：商務印書館，2003 年）

劉國民：《董仲舒的經學詮釋及天的哲學》；（北京：中國社會科學出版社，2007 年）

黃樸民：《天人合一》～董仲舒與兩漢儒學研究；（長沙：岳麓書社，2013 年）

陳明恩：《詮釋與建構、董仲舒春秋學的形成與開展》；（台北：秀威資訊科技，2011 年）

馮樹勳：《陰陽五行的階位順序～董仲舒的儒學思想》；（新竹：清華大學出版社，2011 年）

魏彥紅：《董仲舒研究文庫》第一集；（成都：巴蜀書社，2013 年）

魏彥紅：《董仲舒研究文庫》第二集；（成都：巴蜀書社，2014 年）

魏彥紅：《董仲舒與儒學研究》第三集；（成都：巴蜀書社，2015 年）

魏彥紅：《董仲舒與儒學研究》第四集；（成都：巴蜀書社，2016 年）

魏彥紅：《董仲舒與儒學研究》第五集；（成都：巴蜀書社，2017 年）

魏彥紅：《董仲舒與儒學研究》第六集；（成都：巴蜀書社，2018 年）

【經書注釋】

高亨：《周易古經今注》；（樂天出版社影印，1972 年）

樓宇烈：《老子周易王弼注校釋》；（台北，華正書局，1983 年）

郭建勳：《新譯易經讀本》；（台北：三民書局，2013 年）

許紹龍：《易經的奧秘》；（台北：培琳，2001）

屈萬里：《尚書集釋》；（台北：聯經出版事業公司，1983 年）

韓崢嶸：《詩經譯注》；（台北：建安出版社，2002 年）

周秉鈞：《尚書譯注》；（台北：建安出版社，1999 年）

姜義華：《新譯禮記讀本》；（台北：三民書局，2014 年）

許嘉璐：《周禮》：（台北：建安書局；2002 年）

許嘉璐：《儀禮》；（台北：建安書局；2002 年）

楊伯峻：《春秋左傳注》；（台南：復文出版翻印，1986 年）

陳克炯：《左傳譯注》；（台北：建安出版社，1992 年）

李維琦：《春秋公羊傳譯注》；（台北：建安出版社，2002 年）

李維琦：《春秋穀梁傳譯注》；(台北：建安出版社，2002 年)

徐朝華：《爾雅校注》：(台北：建安出版社，2002 年)

張有池：《四書讀本》；(台北：智揚出版社，1992 年)

李佐豐：《荀子譯著》；(台北：建安出版社，1998 年)

【子書注釋】

樓宇烈：《老子周易王弼注校釋》；(台北，華正書局，1983 年)

胡汝章：《老子哲學》；(台北：博元出版社，1981 年)

水渭松：《新譯莊子本義》；(台北：三民書局，2012 年)

李生龍：《墨子讀本》；(台北：三民書局，2014 年)

賴炎元、傅武光：《新譯韓非子》(台北：三民書局，2013 年)

【歷史、傳記、雜書】

郝志達、楊忠賢《史記譯注本》；(台北：建宏出版社，1995 年)

朱伯崑：《易學哲學史》；(台北：藍燈文化事業，1991 年)

余敦康：《魏晉玄學史》；(北京：北京大學出版社，2016 年)

王夫之：《宋論》；(北京：中華書局，2017 年)

陳來：《古代思想文化的世界～春秋時代的宗教、倫理與社會思想》(台北：允晨文化事業股份有限公司，2006 年)

許進雄：《中國古代社會、文字與人類學的透視》；(台北：台灣商務，2013 年)

余英時：《中國文化與現代變遷》；(台北：三民書局，1995 年)

陳榮捷：《朱熹》；(台北：東大圖書公司，2003 年)

鄭曉江：《楊簡》；(台北：東大圖書公司，1996 年)

李日章：《程顥、程頤》；(台北：東大圖書公司，2001 年)

景海峰：《熊十力》；(台北：東大圖書公司，1991 年)　熊禮匯：《新譯淮南子》；(台北：三民書局，2018 年)

【哲學】

唐君毅：《中國哲學原論、導論篇》；(台北：台灣學生書局，2006 年)

唐君毅：《中國哲學原論、原性篇》；(台北：台灣學生書局，1989 年)

唐君毅：《中國哲學原論、原道篇弍》；(台北：台灣學生書局，1989 年)

唐君毅：《生命存在與心靈境界、下》；(台北：台灣學生書局，2006 年)

牟宗三：《才性與玄理》；(台北：台灣學生書局，2002 年)

馮友蘭：《中國哲學史》；(台北：台灣商務，2015 年)

徐崑生：《中國哲學思想要論》；(台北：台灣商務，1976 年)

金春峰：《漢代思想史》；(北京：中國社會科學院出版社，2006 年)

【金甲古文】

郭沫若主編：《甲骨文合集》；（上海、中華書局，1981 年）
陳夢家：《殷墟卜辭綜述》；（北京：中華書局，1988 年）
蔡哲茂：《甲骨綴合集》；（台北：樂學書局，1999 年）
趙誠：《甲骨文與商代文化》；（瀋陽：遼寧出版社, 2000 年）
【日】、島邦男 撰、溫天河、李壽林 譯：《殷墟卜辭研究》；（台北：鼎文書局，1975 年）
【日】、白川靜 著、蔡哲茂、溫天河 譯：《金文的世界》；（台北：聯經出版事業公司，1989 年）

【其他著作】

朱伯崑：《易學漫步》；（台北：台灣學生，1996 年）
余英時：《天人之際》；（台北：聯經，2015 年）
傅佩榮：《儒道天論發微》；（台北：聯經，2010 年）
齊益壽：《黃菊東籬耀古今》；（台北：台大發行，2016 年）
鄭毓瑜：《文本風景》；（台北：麥田出版，2005 年）
林安梧：《存有、意識與實踐》；（台北：東大發行，1993 年）
江建俊：《魏晉「神超形越」的文化底蘊》；（台北：新文本出版股份有限公司，2013 年）
李豐楙：《山海經圖鑒》；（台北：大塊文化，2017 年）
何儒育：《知天者》；（桃園：中央大學出版中心，2018 年）
高友工：《中國美典與文學論集》；（台北：國立台灣大學出版社，2011 年）
于凌波：《釋迦牟尼與原始佛教》；（台北：東大圖書公司，2015 年）
【德】伽達默 著；洪漢鼎 譯：《真理與方法》；（香港：商務印書館，2007 年）

【宗教、信仰】

楊惠南：《印度哲學史》；（台北：東大，2012 年）
南懷瑾：《金剛經說什麼》；（台北：老古文化，2000 年）
賴永海、楊維中：《楞嚴經注譯》；（台北：三民書局，2018 年）
李中華：《六祖壇經注譯》；（台北：三民書局，2000 年）
【日】白取春彥、林煌洲 譯《佛陀入門》；（台北：牛頓出版，1993 年）
【日】白取春彥、林煌洲 譯《佛教入門》；（台北：牛頓出版，1993 年）
【日】鎌田茂雄、關世謙 譯《中國佛教通史》；（高雄：佛光出版社，1985 年）
林道亮：《靈命知多少》；（台北：華神出版社，1981 年）
榮鳳、保羅：《讀經輔輯》；（香港；天道書樓，2000 年）
成世光：《太初有道》；（台南：聞到出版社，1985 年）
亨利提森 著、廖加恩 譯：《系統神學四十七講》（出版資訊、闕）
Brown-Driver-Briggs：《The new Brown-Driver-Briggs-Gesenius： Hebrew – English Lexicon》；（USA: Jay P.Green Sr. ）

Henry Carl Ferdinand Howard:《God、Revelation and Authority》，康來昌 譯：
《神、啟示、權威》；（台北：中華福音神學院出版社，1980 年）
James Legge：《Notions of the Chinese Concerning God and Spirits》、 理雅各：《中
國人對上帝與神靈的看法》
James Legge:《The Religion of China》、 理雅各：《中國的信仰》；(New York:
Charles Scribner Sons，1881)
James Legge: 《The Religion of China: Confucianism and Taoism Compared with
Christianity》；(London: Hodder and Stoughton，1880)
James Legge: 《Christianity and Confucianism Compared in Their Teaching of
the Whole Duty of Man》；(London: The Religious Tract Society，1883)
Karen Armstrong:《A case for God》、朱怡康 譯：《為神而辯》；（新北：八旗文化，
2019 年）
Louis Dupre 著、傅佩榮譯：《人的宗教向度》；（台北：立緒文化，2006 年）
Thomas Bien:《The Buddha，s way of Happiness》、盧郁心 譯:《佛陀的幸福課》；（台
北：臉譜出版，2011 年）

論文及期刊

周桂鈿：「董仲舒天人感應論的真理性」、《河北學刊》 2001 年，第三期
牛秋實：「董仲舒獨尊儒術罷黜百家說的形成及時人、後人之批判」；（河北：《衡水學院
學報》2010 年第 6 期）
賀廣如：「魏默深思想探究～以傳統經典的詮說為討論中心」；（台北：台灣大學，1997 年）
董群：「論王夫之對佛教的批判」
徐復觀：「西漢政治與董仲舒」；《民主評論》，六卷二十、二十一、二十二期
林麗雪：「董仲舒的人性論」；《孔孟月刊》，十四卷四期
戴君仁：「不說五行考」；《中央圖書館館刊》，新二卷二期
賀凌虛：「董仲舒的治道與政策」；《大陸雜誌》，四十二卷六期
陳夢家：「古文字中之商周祭祀」；（北京：燕京學報 第 19 期（1936 年）
賴炎元：「董仲舒生平考略」；《南大學報》，第八、九期
張亨：「天人合一的原始及其轉化」；（台北：漢學研究中心，1992 年）
吳冠宏：「魏晉玄理與感文化之關係初探、從慧遠『易以感為體』論起」；（台灣：《成大中
文學報》，第 48 期；2015 年、3 月）
游斌：「論比較經學作為漢語基督教經學的展開途徑：以朱子之讀經法為例」
魏彥紅：《衡水學院學報》、「董仲舒與儒學研究專欄」，（河北：衡水市、2018 第 1 期）
魏彥紅：《衡水學院學報》、「董仲舒與儒學研究專欄」；（河北：衡水市、2018 第 4 期）
魏彥紅：《衡水學院學報》、「董仲舒與儒學研究專欄」；（河北：衡水市、2018 第 5 期）
魏彥紅：《衡水學院學報》、「董仲舒與儒學研究專欄」；（河北：衡水市、2018 第 6 期）
魏彥紅：《董仲舒研究文庫》第一集；（成都：巴蜀書社，2013 年）

魏彥紅：《董仲舒研究文庫》第二集；（成都：巴蜀書社，2014 年）

魏彥紅：《董仲舒與儒學研究》第三集；（成都：巴蜀書社，2015 年）

魏彥紅：《董仲舒與儒學研究》第四集；（成都：巴蜀書社，2016 年）

魏彥紅：《董仲舒與儒學研究》第五集；（成都：巴蜀書社，2017 年）

魏彥紅：《董仲舒與儒學研究》第六集；（成都：巴蜀書社，2018 年）

學術研討會論文集

董仲舒與儒學論叢：董仲舒學術思想國際研討會文集、河北省董仲舒研討會；（河北：河北人民出版社，1996 年）

董仲舒哲學思想研究：全國首次董仲舒哲學思想討論會論文集；河北省社會科學院、河北省社會科學聯合會 彙編 （河北：河北人民出版社，1987 年）

天之際
～華夏民族之「天觀」與「祭義」綜覽～

作　者：徐鴻槇

發行人：黃振庭

出版者：崧燁文化事業有限公司

發行者：崧燁文化事業有限公司

E-mail：sonbookservice@gmail.com

粉絲頁：https://www.facebook.com/
　　　　sonbookss/

網　址：https://sonbook.net/

地　址：台北市中正區重慶南路一段六十一號八
　　　　樓 815 室

Rm. 815, 8F., No.61, Sec. 1, Chongqing S. Rd.,
Zhongzheng Dist., Taipei City 100, Taiwan (R.O.C)

電　話：(02)2370-3310

傳　真：(02) 2388-1990

印　刷：京峯彩色印刷有限公司（京峰數位）

國家圖書館出版品預行編目資料

天之際：華夏民族之「天觀」與「祭
義」綜覽 / 徐鴻槇著 . -- 第一版 . --
臺北市：崧燁文化事業有限公司，
2021.11
　　面；　公分
POD 版
ISBN 978-986-516-916-9(平裝)
1. 中國哲學
120　　　110018262

定　價：550 元

發行日期：2021 年 11 月第一版

◎本書以 POD 印製

電子書購買

臉書